2017年国家社会科学基金一般支持项目
“经济社会转型中的养老保险待遇调整法律问题研究”（项目编号：17BFX133）成果

Study on Legal Issues of Adjustment of Public Pension for an Aging Population

老龄化背景下基本养老保险待遇调整法律问题研究

张荣芳／著

法律出版社 LAW PRESS · CHINA
北京

图书在版编目(CIP)数据

老龄化背景下基本养老保险待遇调整法律问题研究 / 张荣芳著. -- 北京 : 法律出版社, 2022

ISBN 978-7-5197-6063-2

Ⅰ. ①老… Ⅱ. ①张… Ⅲ. ①养老保险-保险法-研究-中国 Ⅳ. ①D922.284.4

中国版本图书馆 CIP 数据核字(2021)第 207668 号

老龄化背景下基本养老保险待遇调整法律问题研究

LAOLINGHUA BEIJING XIA JIBEN YANGLAO BAOXIAN DAIYU TIAOZHENG FALÜ WENTI YANJIU

张荣芳 著

策划编辑 沈小英
责任编辑 毛镜澄
装帧设计 汪奇峰

出版发行 法律出版社
编辑统筹 法治与经济出版分社
责任校对 王晓萍
责任印制 吕亚莉
经　　销 新华书店

开本 710 毫米×1000 毫米 1/16
印张 18　**字数** 293 千
版本 2022 年 10 月第 1 版
印次 2022 年 10 月第 1 次印刷
印刷 北京虎彩文化传播有限公司

地址:北京市丰台区莲花池西里 7 号(100073)
网址:www.lawpress.com.cn
投稿邮箱:info@lawpress.com.cn
举报盗版邮箱:jbwq@lawpress.com.cn

销售电话:010-83938349
客服电话:010-83938350
咨询电话:010-63939796

书号:ISBN 978-7-5197-6063-2　**定价**:96.00 元

凡购买本社图书,如有印装错误,我社负责退换。电话:010-83938349

序　言

基本养老保险待遇是被保险人依法享有的一种新型财产权。我国自2005年建立城镇职工基本养老金正常调整机制以来,城镇职工基本养老金已经连续十多年上涨。社会平均工资的上涨、物价的上涨都是退休人员养老金调整的依据,建立健全与之相对应的养老金正常调整的法律机制是法治社会的应有之义。伴随经济调整、就业结构的变化,以及人口老龄化的影响,国家在扩大基本养老保险制度覆盖范围的同时,建立多层次的养老保险体系,降低基本养老金的工资替代率,延迟退休年龄,对基本养老保险制度进行众多调整以适应养老保险制度的永续发展需要。《中共中央关于制定国民经济和社会发展第十四个五年规划和二〇三五年远景目标的建议》中提出,要健全多层次社会保障体系,其中“健全基本养老、基本医疗保险筹资和待遇调整机制”是其重要目标。本书的研究具有重要的现实意义和一定的理论价值。

本书在分析现代经济发展和社会结构调整对养老保险制度的影响和调整的基础上,概括基本养老保险制度改革的趋势以及我国职工基本养老保险制度的特点,提出养老金权益调整面临的法律问题。要解决这些问题,首先,必须明确养老金权益的法律属性和形态。这是解决问题的前提条件和法理基础。其次,本书逐步分析了职工基本养老保险待遇正常调整、不利调整,以及不同体系养老金权益转移衔接的现行规则,并提出了完善措施。公职人员在传统退休金制度下享有的退休金权益与企业职工在养老保险制度下累积的养老金权益相比有其自身特点。这是由公职人员与国家机关的关系所决定的。退休金权益调整的法律措施亦有其自身的特点和要求。

本书在写作的过程中,武汉大学法学院经济法学博士研究生房海军、田蒙、孟现玉,硕士研究生郭凤郡、邱颖琪、张岩、刘若冰、周小雨、许味婷、梁文贵、浮文婷、张煜华等协助搜集资料和进行部分内容写作,在此一并感谢。囿于本人的学识能力,以及时间关系,本书的不足乃至错误在所难免,敬请各位同行专家批评指正!

2022 年 3 月 5 日

目录

绪　论

养老金以年金的方式提供。被保险人在参保缴费满足一定的年限要求时,达到法定退休年龄即有权依法按月领取养老金。从开始缴纳保险费之日起,直至养老金请领权终止相当长的时间内,被保险人的权益状态有哪些?法律属性为何?社会经济发展和物价水平的变化如何影响养老金的调整?经济新常态和就业的灵活化,以及少子老龄化人口结构变化均对基本养老保险制度提出新的调整要求。国家如何根据新的社会经济发展需要和养老保险基金收支状况调整养老金权益?多元化的养老保险体系亦要求国家构建更加合理的基本养老保险衔接措施。这些问题的核心便是参保人基本养老保险待遇调整的法律问题。

一、研究现状*

基本养老金权益调整涉及的法律问题,主要包括社会经济转型对基本养老制度的影响及各国的应对,基本养老金权益的属性与法律形态,基本养老金正常调整的法律机制问题,养老金权益不利调整的法律规制问题,在基本养老保险关系转移接续过程中如何保护基本养老金权益等。传统公职人员的退休金不是以养老保险的方式提取和支付的,而是作为用人单位的政府直

---

* 武汉大学法学院 2018 级经济法学硕士研究生梁文贵参与了本部分资料搜集和部分内容写作。

接在公职人员退休后提供的，本书将其作为一章，研究公职人员与国家之间的法律关系，讨论其退休金的属性及其调整的法律约束。我国理论界目前虽然对基本养老金权益调整涉及的问题进行了研究，取得了不少成果，但主要是从社会学、经济学、管理学的角度进行研究，较少从法学角度对基本养老金权益调整涉及的问题进行研究。

（一）关于社会经济发展对基本养老保险制度的影响及各国的应对措施

社会经济的转型，是指社会结构和经济体制的转变。在这一转变过程中，社会结构的各个方面，包括人口结构、家庭结构、社会的组织结构等各种因素对基本养老保险制度会产生不同的影响，其中，少子老龄化的人口结构对养老保险制度影响最深远。有关少子老龄化的现状和原因，现有的研究比较丰富。[1] 人口老龄化对基本养老保险制度的影响也是各国关注的重要问题。彼得·泰勒－顾柏将其作为后工业社会的一种新风险，认为这一新风险是导致欧洲福利国家转变的重要因素。[2] 人口老龄化被认为是德国福利国家面临的新挑战。[3] 我国学者对人口老龄化给基本养老保险基金的收支平衡带来的影响也有系统研究。[4]

经济体制乃至经济发展因素等变化都会对基本养老保险制度造成深远的影响。经济发展速度放缓、不稳定因素增加，会使企业无力支付高额的人力资源成本，包括社会保险费。而经济发展速度整体缓慢，企业吸收劳动力的能力亦会降低，失业问题随之出现。我国学者刘建军[5]研究了经济新常

---

〔1〕 参见原国家卫计委等部门统计资料，载 EPSDATA 官网，http://olap.epsnet.com.cn/；世界银行的资料，载世界银行官网，https://data.worldbank.org.cn/indicator/SP.DYN.CBRT.IN；穆光宗：《银发中国：从全面二孩到成功老龄化》，中国民主法制出版社 2016 年版，第 308 页。

〔2〕 参见［英］彼得·泰勒－顾柏编著：《新风险、新福利：欧洲福利国家的转变》，马继森译，中国劳动社会保障出版社 2010 年版，第 3 页。

〔3〕 参见 Franz-Xaver Kaufmann：《德国福利国家的挑战》，施世骏译，台北，五南图书出版股份有限公司 2002 年版，第 63 页。

〔4〕 参见杨怀印、赵清莹：《经济新常态下社会保障制度的调整研究》，载《云南社会科学》2015 年第 5 期。

〔5〕 参见刘建军：《养老保险如何适应经济新常态》，载《中国社会保障》2016 年第 2 期。

态对养老保险的影响,认为在经济新常态下,经济下行压力大,加之养老保险缴费率偏高,企业出现缴费困难,影响了养老保险基金收支平衡能力。以智能生产、创新驱动、数字集成、共享经济、弹性工作和灵活治理等为核心的新范式,[1]丰富了灵活用工方式,使非典型就业成为就业的常态。非典型就业给建立在典型就业形态基础上的基本养老保险制度带来诸多挑战。

为了适应新的社会和经济形势要求,近20年来,包括福利资本主义的欧美国家、发展中国家和转型中的东欧国家以及东亚国家,无不对其年金制度进行了重要改革。一些国际组织总结了各地养老保障改革的措施,提出了相关对策。2005年,欧盟执委会更是在共同报告中强调,“财务永续性比所得适足性重要”。[2] 国际劳工组织社会保护监测机构收集的数据表明,在2010~2016年,世界各地政府共宣布了169项养老金计划的收缩措施,主要涉及缴费型养老金计划。

(二)关于养老金权益的属性与法律形态的研究现状

(1)对养老金权益属性的研究。学者陈军从法哲学角度阐述了养老金的财产权属性。[3] 学者李志明[4]则从宪法层面将社会保险权界定为具有财产价值的主观公法权利。学者刘木林、杜虎[5]认为,公民在社会养老保险基金中对个人账户基金享有的所有权、对统筹账户基金享有的共有权以及享有的养老金领取权属于公民的财产权。因基本养老金对于被保险人具有私使用性、基本养老金期待权的取得是基于被保险人以往的相对付出、基本养老金期待权负有生活水准保障的作用,故基本养老金期待权成为财产权保障

[1] 参见孙乐强:《后金融危机时代的工业革命与国家发展战略的转型——“第四次工业革命”对中国的挑战与机遇》,载《天津社会科学》2017年第1期。

[2] 参见施世骏、梁婉玲:《变迁中的欧洲社会模式:考察欧盟年金政策的发展》,载《社会政策与社会工作学刊》2012年第2期。

[3] 参见陈军:《个体利益和社会利益相平衡:养老金财产权的精神实质》,载《晋阳学刊》2014年第1期。

[4] 参见李志明:《社会保险权:理念、思辨与实践》,知识产权出版社2012年版,第93~98页。

[5] 参见刘木林、杜虎:《社会养老保险基金中的公民财产权及其保护》,载《江西社会科学》2012年第11期。

的客体。学者祝沁磊[1]研究了基本养老保险个人账户中的权利,认为基本养老保险个人账户中的权利包括资金的筹集权、个人账户资金的所有权、基本养老金的申领权。其中,资金的筹集权由国家享有,具有公权属性,个人账户资金的所有权由公民享有,具有私权属性,基本养老金的申领权由公民所有,兼具公权与私权属性。学者冯彦君[2]从司法角度研究了退休金给付请求权的性质,认为退休金给付请求权与养老金给付请求权并非同一概念。

(2)对养老金权益的法律形态的研究。学者郑尚元、扈春海(2018年)[3]研究了社会保险待遇期待权与社会保险待遇请求权,认为养老保险被保险人累计缴费已满15年,但尚未达到法定退休年龄时,对于将来具备退休条件后,可按月领取养老金的预期构成社会保险待遇期待权。被保险人或受益人对于在积累制或部分积累制筹集模式下就个人账户资金在将来的一定条件下受益的权利体现为期待权。同时,学者郑尚元[4]论证了退休金请求权的存在,并探讨了如何塑造退休金请求权。而学者杨丰莞[5]则研究了养老金期待权,认为养老金期待权是在养老保险关系成立后、养老金领取条件成就之前被保险人的权利状态。

(3)对夫妻共同所有的养老金权益的研究。学者陈苇、黎乃忠[6]认为,婚姻期间夫妻一方个人实际缴付的养老金应认定为夫妻共同财产,同时夫妻一方在婚姻期间取得的养老金期待利益经过一定期间、符合一定条件后,可以转化为现实利益,故亦属于夫妻共同财产。学者陈信勇[7]认为,婚姻关系存续期间形成的养老保险个人账户资金均应认定为夫妻共同财产,并研究了

---

[1] 参见祝沁磊:《基本养老保险个人账户的权利属性与保护》,载《北京社会科学》2017年第6期。

[2] 参见冯彦君:《退休金给付请求权困境的破解》,载《社会科学辑刊》2017年第4期。

[3] 参见郑尚元、扈春海:《社会保险法总论》,清华大学出版社2018年版,第227~230页。

[4] 参见郑尚元:《企业员工退休金请求权及权利塑造》,载《清华法学》2009年第6期。

[5] 参见杨丰莞:《论基本养老金期待权的保障》,载《江汉论坛》2016年第9期。

[6] 参见陈苇、黎乃忠:《现代婚姻家庭法的立法价值取向——以〈婚姻法解释(三)〉有关夫妻财产关系的规定为对象》,载《吉林大学社会科学学报》2013年第1期。

[7] 参见陈信勇:《离婚时养老保险个人账户资金处理问题研究——以〈婚姻法解释(三)〉第十三条为中心》,载《浙江学刊》2014年第1期。

离婚时养老保险个人账户资金的处理问题。学者王玮玲[1]认为,养老保险期待利益属于夫妻共同财产,同时提出了夫妻离婚时分割养老保险期待利益的方式。学者陈苇、陈思琴[2]借鉴澳大利亚有关夫妻婚后所得养老金利益分配的立法经验,提出了完善我国夫妻离婚时养老金分割制度的建议。学者张荣芳提出,夫妻关系存续期间累积的养老金请求权、期待权和期待利益均属于夫妻共同财产。[3]

(4)我国台湾地区学者的研究。学者施文森[4]则研究了社会保险权益的性质,认为社会保险权益包括社会保险费返还请求权,社会保险费返还请求权属于财产权。学者钟秉正认为,年金请求权与年金期待权属于财产权,并阐述了年金作为财产权保障标的的条件,同时将年金的财产权保障分为保险开始至满足等待期前、已满足等待期但尚未达到法定给付年龄、满足等待期且已届给付年龄3个阶段,此外,还探讨了如何对年金财产权进行保障,形成了一套系统的关于年金财产权的保障理论。学者孙迺翊[5]通过介绍德国的离婚年金权利分配制度,论证了年金期待权与年金请求权为夫妻共同财产。

(三)关于基本养老金正常调整的研究现状

1. 对基本养老金正常调整的原因、可行性的研究

有学者研究了基本养老金正常调整的原因和可行性。学者袁中美[6]认为,基本养老金正常调整能够避免养老金因通货膨胀而贬值,从而保障退休人员的基本生活,且基本养老金正常调整能够增加老年人收入、刺激国内消费、缩小收入差距、减少老年贫困和老年劳动力供给,从而提高社会整体福利

[1] 参见王玮玲:《论离婚时养老保险期待利益的处理——以〈婚姻法解释(三)〉第十三条为中心》,载《大连理工大学学报(社会科学版)》2016年第2期。

[2] 参见陈苇、陈思琴:《澳大利亚夫妻离婚时养老金分割立法及其借鉴》,载《法商研究》2008年第6期。

[3] 参见张荣芳:《新型夫妻共同财产:婚姻期间的养老金权益》,载《法学评论》2018年第2期。

[4] 参见施文森:《论社会保险权益之性质》,载《军法专刊》1999年第10期。

[5] 参见孙迺翊:《离婚年金权利分配制度:以德国法为借镜》,载《中正大学法学集刊》2008年第25期。

[6] 参见袁中美:《养老金待遇调整研究述评》,载《社会保障研究》2016年第1期。

水平,间接促进经济增长;同时认为,由于被保险人个人缴费能力较强,养老金缴费风险几乎不存在,加之养老保险财政负担较轻,财政补贴标准具备提升空间,所以基本养老金正常调整具有可行性。

2. 对基本养老金正常调整的原则、启动条件的研究

首先,有学者研究了基本养老金正常调整的原则。吕志勇[1]认为,基本养老金正常调整的基本原则包括保证退休人员的实际生活水平不降低、退休人员能够分享经济社会发展成果、兼顾基本养老保险基金的承受能力。而黄佳莺[2]认为,基本养老金正常调整的基本原则还应包括考虑未来工资增长率和人口老龄化率的变化原则以及协调制度间、人群间的待遇差异以兼顾效率与公平原则。其次,有学者对基本养老金正常调整的启动条件进行研究。阳义南、申曙光[3]认为,应以消费物价指数与社会平均工资增长率作为参照指标,当参照指标达到或超过自动调整的临界条件时,自动启动养老金调整。薛惠元、仙蜜花[4]认为,当物价变动率和经济增长率均大于0,或物价变动率小于等于0、经济增长率大于0且经济增长率大于物价变动率的绝对值时,启动基础养老金调整机制。谭中和[5]认为,当城镇居民生活费用价格指数增长或者城镇在岗职工实际工资增长率增长时启动基本养老金调整机制。而张雷、何欣妍[6]则认为,当经济增长率和物价变动率达到一定幅度时,应启动养老金调整机制。

3. 对基本养老金正常调整机制的相关要素的研究

阳义南、申曙光[7]对基本养老金调整机制中的调整比例与调整基数进

---

[1] 参见吕志勇:《我国基本养老保险金正常调整机制研究》,载《东岳论丛》2010 年第 1 期。

[2] 参见黄佳莺:《健全退休人员基本养老金正常调整机制》,载《浙江经济》2016 年第 23 期。

[3] 参见阳义南、申曙光:《通货膨胀与工资增长:调整我国基本养老金的新思路与系统方案》,载《保险研究》2012 年第 8 期。

[4] 参见薛惠元、仙蜜花:《城乡居民基本养老保险基础养老金调整机制研究》,载《统计与决策》2015 年第 15 期。

[5] 参见谭中和:《建立养老金正常调整机制》,载《中国社会保障》2015 年第 1 期。

[6] 参见张雷、何欣妍:《完善养老金正常调整机制研究——以辽宁为例》,载《地方财政研究》2017 年第 11 期。

[7] 参见阳义南、申曙光:《通货膨胀与工资增长:调整我国基本养老金的新思路与系统方案》,载《保险研究》2012 年第 8 期。

行了研究,提出了与消费物价指数、社会平均工资增长率双挂钩的调整比例公式,并提出同时使用各地平均基本养老金、退休人员本人基本养老金共同作为调整基数。施岚[1]以养老金正常调整机制与养老负担之间的关系为视角,研究了基本养老金正常调整机制中的调整依据。其通过分析在以居民消费价格指数为调整依据的调整机制下或在以工资增长率作为调整依据的调整机制下维持养老负担不变的临界条件,得出了以工资增长率作为调整依据的调整机制是不可取的结论。葛霆[2]从公平视角出发,通过构建和分析企业退休人员养老金调整模型,认为企业退休人员养老金调整机制应是定额调整、定比调整、特殊调整相结合的机制。米海杰、王晓军[3]则阐述了自动调整机制的机理、特点和类型,并结合我国社会养老保险的实践,测算分析了不同调整机制对制度可持续性和待遇充足性的影响,探讨了自动调整机制在我国的适用性。薛惠元、仙蜜花[4]对城乡居民基础养老金调整机制中的调整幅度进行了研究,认为城乡居民基础养老金调整的幅度应为"物价上涨率+经济增长率×40%"或"与经济增长同步调整"。王斌[5]研究了企业退休人员基本养老金调整机制中的调整金额,认为企业退休人员基本养老金调整机制中的调整金额由普通调整金额、特殊调整金额、指数调整金额、缴费养老金额组成,同时还探讨了与企业退休人员基本养老金调整相关的系数。张雷、何欣妍[6]则对基本养老金调整机制中的调整指数与调整参数进行了研究,认为基本养老金调整机制中的调整指数包括物价指数与实际工资增长率,基本养老金调整机制中的调整参数包括缴费率、调整基数、调整比例。

---

[1] 参见施岚:《养老金正常调整机制与养老负担关系分析》,载《人口与经济》2012年第3期。

[2] 参见葛霆:《公平视角下企业退休人员养老金调整机制研究》,载《经济问题探索》2013年第7期。

[3] 参见米海杰、王晓军:《养老保险可持续发展调整机制研究》,载《统计研究》2014年第5期。

[4] 参见薛惠元、仙蜜花:《城乡居民基本养老保险基础养老金调整机制研究》,载《统计与决策》2015年第15期。

[5] 参见王斌:《企业退休人员基本养老金正常调整办法探讨》,载《中国劳动》2015年第23期。

[6] 参见张雷、何欣妍:《完善养老金正常调整机制研究——以辽宁为例》,载《地方财政研究》2017年第11期。

4. 对基本养老金正常调整机制存在的问题研究

田青、张水辉[1]认为，我国企业退休人员养老金存在的问题为没有确立一个合理的调整机制，调整具有相当大的随意性，缺乏统一的调整规范；企业退休人员养老金替代率偏离制度设计目标，同时由于调整比例持续低于在岗职工平均工资增长率，因此替代率将越来越低；未将“老人”“中人”“新人”加以区分，分别采取不同的调整机制。赵春发[2]认为，基本养老金调整公平性原则体现不足，各地随意设定照顾群体和对象，特殊照顾的群体过多。施岚[3]认为，目前基本养老金调整机制存在的问题为统筹层次较低，各地区之间存在差距；调整幅度不足；调整标准不固定。何文炯、洪蕾、陈新彦[4]通过建立和分析精算模型，认为现行的养老金标准调整增长过快，长此以往，养老保险基金将出现严重的支付危机。葛霆[5]则从公平视角出发，分析了当前企业退休人员养老金调整机制存在的问题，认为当前企业退休人员养老金调整机制存在的问题为垄断企业与非垄断企业退休人员的养老金增长差距大；工龄因素在目前企业退休人员养老金调整机制中的影响权重较小；“适当倾斜”所涉及的范围较小、缺乏公平性；当前企业退休人员养老金的调整与物价上涨指数等关键指标联系不够紧密。王其发、易菲[6]认为，目前基本养老金调整机制存在的问题为企业退休职工与农村居民之间的待遇差距大，且调整政策没有与现实经济发展状况建立科学联系，缺乏可持续性。

---

〔1〕 参见田青、张水辉：《建立合理的企业退休人员基本养老金正常调整机制——以动态合意替代率作为参照系的探讨》，载《人口与经济》2009 年第 1 期。

〔2〕 参见赵春发：《调待应建长效机制》，载《中国人力资源社会保障》2011 年第 11 期。

〔3〕 参见施岚：《养老金正常调整机制与养老负担关系分析》，载《人口与经济》2012 年第 3 期。

〔4〕 参见何文炯、洪蕾、陈新彦：《职工基本养老保险待遇调整效应分析》，载《中国人口科学》2012 年第 3 期。

〔5〕 参见葛霆：《公平视角下企业退休人员养老金调整机制研究》，载《经济问题探索》2013 年第 7 期。

〔6〕 参见王其发、易菲：《论建立城乡各类人员养老金待遇正常调整机制》，载《商》2016 年第 30 期。

5. 对基本养老金正常调整机制完善的研究

田青、张水辉[1]提出，以动态的基本养老金合意替代率为参照系，针对不同人群分别建立企业退休人员养老金的正常调整机制。吕志勇[2]从养老保险金收支平衡精算模型出发推导出养老金正常调整机制模型，认为基本养老金正常调整机制应体现对参保年限长的人员、个人缴费工资高于社会平均工资的人员、晚退休人员的激励。赵春发[3]认为，应由国家建立统一的基本养老金调整机制，并取消基本养老金调整中对其他所有"特殊群体"的倾斜照顾政策。何文炯、洪蕾、陈新彦[4]认为，应建立职工基本养老保险待遇调整的算法模型、建立健全社会养老保险各项制度待遇调整的协调机制、建立职工基本养老保险基金的动态评估机制。葛霆[5]从公平角度出发，认为应改革城镇职工基本养老保险征缴计发办法，适当减小缴费基数的影响权重，公平选择能够代表在职者贡献情况的因素，以此为基准征缴、计发，同时确保运行养老金调整机制所需资金的充足，并发展补充养老金、个人储蓄型养老保险，建设多支柱养老保障体系。谭中和[6]认为，基本养老金调整机制应将普通调整与特殊调整相结合。刘苳玲、任斌[7]认为，我国不同地区应因地制宜采取调整措施，并建立科学合理的基本养老金待遇调整评估机制。王其发、易菲[8]认为，应建立信息披露机制，方便立法机关和民众监督基本养老金待遇调整。张雷、何欣妍[9]认为，应推进政府机关和事业单位养老保险并

---

[1] 参见田青、张水辉：《建立合理的企业退休人员基本养老金正常调整机制——以动态合意替代率作为参照系的探讨》，载《人口与经济》2009 年第 1 期。

[2] 参见吕志勇：《我国基本养老保险金正常调整机制研究》，载《东岳论丛》2010 年第 1 期。

[3] 参见赵春发：《调待应建长效机制》，载《中国人力资源社会保障》2011 年第 11 期。

[4] 参见何文炯、洪蕾、陈新彦：《职工基本养老保险待遇调整效应分析》，载《中国人口科学》2012 年第 3 期。

[5] 参见葛霆：《公平视角下企业退休人员养老金调整机制研究》，载《经济问题探索》2013 年第 7 期。

[6] 参见谭中和：《建立养老金正常调整机制》，载《中国社会保障》2015 年第 1 期。

[7] 参见刘苳玲、任斌：《我国基本养老金调整机制保障了退休职工基本养老金待遇吗？——基于省际面板数据的实证分析》，载《人口与经济》2015 年第 5 期。

[8] 参见王其发、易菲：《论建立城乡各类人员养老金待遇正常调整机制》，载《商》2016 年第 30 期。

[9] 参见张雷、何欣妍：《完善养老金正常调整机制研究——以辽宁为例》，载《地方财政研究》2017 年第 11 期。

轨衔接,尽快建立农村统账结合的养老保险制度,推进养老保险在全国范围统筹,以有效分担由于地区历史原因产生的转制成本,同时进一步完善代际和区域收入分配制度,并采取多种方式应对未来的养老金缺口。

此外,刘苓玲、任斌[1]采用工具变量法实证分析了我国基本养老金待遇调整机制对基本养老金待遇的稳定性的保障作用。张登利、杨斌[2]专门对新型农村社会养老保险待遇的调整机制进行了研究,指出了新型农村社会养老保险待遇调整的必要性与可行性,并提出了新型农村社会养老保待遇调整的原则与具体方案。

我国台湾地区学者对发达国家年金调整机制的发展和变革进行了研究,研究对象包括 32 个经济合作与发展组织(Organization for Economic Co-operation and Development, OECD)成员,总结出这些成员全部采用与相关参数挂钩的年金自动调整机制。他们分析了发达国家年金自动调整机制建立的原因,除通过调整提高养老金给付保障老人长期的经济生活水平外,还有一个重要的原因是,以制度形式避免政治力量的不理性运作导致年金给付的过渡膨胀。[3] 日本学者的研究表明,目前,世界上已经有 38.5% 的国家建立了公共养老金定期调整机制,这些国家主要集中于欧洲。其研究表明,定期调整机制的建立是由国家的经济社会发展程度、国内养老金制度本身建立时间和成熟程度所决定的。[4] 在定期调整的国家中,各国选择的指标和指数类型存在较大差异。主要包括:一是根据物价指数或者生活费用价格指数标准调整养老金的水平;二是根据薪资指数变化调整养老金水平;三是将二者融合起来,物价指数和薪资指数两个要素变化都将对养老金变化产生影响。[5]

---

〔1〕 参见刘苓玲、任斌:《我国基本养老金调整机制保障了退休职工基本养老金待遇吗?——基于省际面板数据的实证分析》,载《人口与经济》2015 年第 5 期。

〔2〕 参见张登利、杨斌:《新型农村社会养老保险制度待遇调整的原则及战略选择》,载《贵州社会科学》2018 年第 4 期。

〔3〕 参见傅从喜等:《已开发国家年金自动调整机制之发展与变革》,载《台大社会工作学刊》2016 年第 33 期。

〔4〕 参见翁仁木:《养老金调整机制国际比较研究》,中国言实出版社 2016 年版,第 33 页。

〔5〕 See OECD and G20 Indicators, *Pensions at a Glance* 2017, DECD Publishing, p. 93.

由上可知,理论界目前对基本养老金正常调整的原因、可行性、原则、相关要素、存在问题、完善等进行了研究,取得了较多成果。但理论界目前对我国基本养老金正常调整的法律机制缺乏系统性关注,未能归纳我国现行调整机制的特点,法律机制建立的必要性和具体措施。

(四)养老金权益不利调整的法律规制研究现状

1. 对不利调整原因的研究

郑功成[1]研究了延迟退休年龄的原因,认为延迟退休年龄的原因为:人均预期寿命在持续延长;人口结构与劳动力供求在发生深刻变化;代际公平与性别平等的需要;工业化、城市化与现代化任务基本完成;国际上发达国家退休年龄的比较与参照。郑秉文[2]则研究了机关事业单位养老保险改革的原因,认为机关事业单位养老保险改革的原因为:经济正从高速增长转向中高速增长,财政收入下行压力加大;劳动力流动逐渐加快,改革是大势所趋;人口老龄化加剧,赡养率提高将加重养老金收支平衡的压力。

2. 对不利调整政策影响的研究

首先,有学者研究了延迟退休年龄的影响。刘万[3]认为,延迟退休年龄并不一定会损害退休者的退休利益,反而可能会提高退休者的养老金财富。延迟退休对退休者利益的影响如何,要看在岗职工工资增长率、养老金增长率、养老金贴现率等组合的情况。王茶香、罗良清[4]通过构建和分析模型,亦认为渐进式延迟退休政策不但不会使男女职工的养老金财富受损,反而能在一定程度上增进其养老金权益。而林熙、林义[5]通过构建和分析 Option

[1] 参见郑功成:《对延迟退休年龄的基本认识》,载人民网,http://theory.people.com.cn/n/2012/0912/c40531-18983814-1.html。

[2] 参见郑秉文:《机关事业单位养老金并轨改革:从"碎片化"到"大一统"》,载《中国人口科学》2015 年第 1 期。

[3] 参见刘万:《延迟退休一定有损退休利益吗?——基于对城镇职工不同退休年龄养老金财富的考察》,载《经济评论》2013 年第 4 期。

[4] 参见王茶香、罗良清:《延迟退休年龄对职工养老金财富的影响分析》,载《统计与决策》2016 年第 12 期。

[5] 参见林熙、林义:《延迟退休对我国劳动者养老金收入的影响——基于 Option Value 模型的预测》,载《人口与经济》2015 年第 6 期。

Value 模型,认为在当前养老保险计发办法下,延迟退休可能对男性劳动者和低收入劳动者造成明显的经济损失,而延长女性劳动者的退休年龄,也可能在特定假设条件下使其遭受经济损失。孟令国〔1〕通过建立和分析模型,认为延迟退休年龄有利于缓解养老保险的财政压力、保障老年人口的生活水平。苏春红、张钰、李松〔2〕从理论与实证角度分析了延迟退休年龄对失业率的影响,认为延迟退休能够降低失业率水平,同时延迟退休年龄的时机选择会对失业率造成不同的影响,故应审慎地选择延迟退休开始的时机,以稳定就业。金刚、柳清瑞、宋丽敏〔3〕认为,延迟退休年龄可以明显缓解城镇企业职工基本养老保险统筹基金支付压力。

其次,有学者对机关事业单位养老保险制度改革的影响进行了研究。薛惠元、宋君〔4〕通过构建和分析机关事业单位"新人"的基本养老金精算模型,认为机关事业单位养老保险制度改革后"新人"的养老金替代率更具弹性,改革并不一定降低了机关事业单位工作人员的养老待遇,改革是否降低了机关事业单位工作人员的养老待遇要视缴费基数、缴费年限、个人账户收益率等情况而定。郑秉文〔5〕认为,机关事业单位养老保险改革有利于促进公共部门与私人部门的劳动力流动;有利于推进国家治理体系和治理能力现代化建设;有利于促进社会公平正义;有利于经济发展进入良性循环,使替代率与经济发展水平相适应成为可能;有利于社会发展进入正常稳定的轨道,由福利制度诱发的社会不稳定因素被根除;有利于文化传统和国民性的张扬

〔1〕 参见孟令国:《二次人口红利视角下弹性退休制度对养老保险的影响》,载《经济经纬》2015年第3期。

〔2〕 参见苏春红、张钰、李松:《延迟退休年龄对中国失业率的影响:理论与验证》,载《山东大学学报(哲学社会科学版)》2015年第1期。

〔3〕 参见金刚、柳清瑞、宋丽敏:《延迟退休的方案设计及对城镇企业职工基本养老保险统筹基金收支影响研究》,载《人口与发展》2016年第6期。

〔4〕 参见薛惠元、宋君:《机关事业单位养老保险改革降低了工作人员的养老待遇吗?——基于替代率水平的测算与分析》,载《经济体制改革》2015年第6期。

〔5〕 参见郑秉文:《机关事业单位养老金并轨改革:从"碎片化"到"大一统"》,载《中国人口科学》2015年第1期。

趋于理性，从而正面影响制度选择。董振廷[1]通过对机关事业单位养老保险制度改革前后财政支付压力的变化情况进行模拟测算，得出了机关事业单位养老保险制度改革有利于降低财政负担的结论。侯冰、钟仁耀[2]专门研究了机关事业单位养老保险制度改革对公办教师养老金水平的影响。

最后，有学者研究了计划生育政策调整的影响。曾益、凌云、张心洁[3]通过构建与分析精算模型，认为"全面二孩"政策能够缓解城乡居民基本养老保险基金的支付压力。此外，有学者对各不利调整政策的影响进行了比较。王翠琴、田勇、薛惠元[4]通过人口预测和构建精算模型，认为延迟退休年龄对城镇职工养老保险基金收支平衡起到短期作用，而生育政策调整则对城镇职工养老保险基金收支平衡起到长期作用。邹铁钉[5]通过运用养老金缺口度量模型，对比分析了延迟退休和养老保险制度并轨的政策效果与就业效应，认为延迟退休年龄无法从根源上解决养老金亏空问题，其不但会降低现存工作代在退休后的养老待遇，还会加重延迟退休到期以后若干新生代的养老负担，同时对新增劳动力会产生就业挤出效应，不利于缓解劳动力市场供过于求的结构性矛盾，并使宏观经济的不确定性增加。而并轨养老保险制度有利于平衡养老财政预算和优化劳动力资源配置。

3. 对不利调整政策存在问题的研究

张彦、李春根[6]从公平的角度出发，认为机关事业单位养老保险制度改革后，在年金制度保障力度、覆盖率、养老责任分担、养老缴费负担、男女退休

---

[1] 参见董振廷：《机关事业单位养老保险改革对于财政支付压力的影响分析——以中小学教师为例》，载《社会保障研究》2016 年第 5 期。

[2] 参见侯冰、钟仁耀：《制度"并轨"对公办教师养老金水平的影响效应研究》，载《教育与经济》2017 年第 2 期。

[3] 参见曾益、凌云、张心洁：《从"单独二孩"走向"全面二孩"：城乡居民基本养老保险基金可持续性能提高吗?》，载《财政研究》2016 年第 11 期。

[4] 参见王翠琴、田勇、薛惠元：《城镇职工基本养老保险基金收支平衡测算 2016 ~ 2060——基于生育政策调整和延迟退休的双重考察》，载《经济体制改革》2017 年第 4 期。

[5] 参见邹铁钉：《延迟退休与养老保险制度并轨的财政及就业效应》，载《经济评论》2017 年第 6 期。

[6] 参见张彦、李春根：《企事业机关单位养老保险制度并轨后的公平性研究》，载《财政研究》2016 年第 12 期。

年龄差异、过渡性养老金计发、待遇调整方面还存在一些不公平现象。

4. 对不利调整政策方案的研究

首先，有学者研究了延迟退休年龄的方案。郑功成[1]认为，延迟退休年龄的理性方案应为“小步渐进、女先男后、兼顾特殊”。孟令国[2]认为，应设计合理、渐进式的推迟退休机制；应根据性别、年龄的不同有差异地推迟退休年龄；应根据不同的行业制定不同的退休政策；应针对不同的地区制定有弹性的退休政策。瞿婷婷、易沛[3]认为，为了配合延迟法定退休年龄的改革顺利实施，应适当提高女性参保人的养老金替代率，适度减少其待遇调整次数，同时完善工资和养老金待遇的增长机制，并解决好灵活就业人员和失业、下岗人员的退休及养老金待遇问题。林熙、林义[4]认为，应改革养老保险待遇计发办法，确保制度的精算公平性，并逐步增加老年就业机会，创造更好的老年就业环境，为渐进延迟退休年龄改革打下基础。金刚、柳清瑞、宋丽敏[5]则认为，延迟退休的时机应在平衡劳动力供求和养老金收支的基础上审慎选择，同时延迟退休应以实现男女65周岁同龄退休为目标。

其次，有学者研究了机关事业单位养老保险制度改革的方案。金赟[6]认为，机关事业单位养老保险制度改革的路径应以“增量改革”为基本思路，以减少改革阻力；应以“由试点到全覆盖”的方式有序推进，但对目标群体的划定不宜过度碎片化；应建立全社会统一的基本养老保险法律体系；应实现职业年金单独管理。薛惠元、宋君[7]认为，为了保障机关事业单位养老保险

[1] 参见郑功成：《对延迟退休年龄的基本认识》，载人民网，http://theory.people.com.cn/n/2012/0912/c40531-18983814-1.html。

[2] 参见孟令国：《二次人口红利视角下弹性退休制度对养老保险的影响》，载《经济经纬》2015年第3期。

[3] 参见瞿婷婷、易沛：《延迟退休与中国社会养老保险制度：相容还是互斥?》，载《金融经济学研究》2015年第2期。

[4] 参见林熙、林义：《延迟退休对我国劳动者养老金收入的影响——基于Option Value模型的预测》，载《人口与经济》2015年第6期。

[5] 参见金刚、柳清瑞、宋丽敏：《延迟退休的方案设计及对城镇企业职工基本养老保险统筹基金收支影响研究》，载《人口与发展》2016年第6期。

[6] 参见金赟：《养老保险双轨制历史沿革与改革路径研究》，载《浙江学刊》2015年第1期。

[7] 参见薛惠元、宋君：《机关事业单位养老保险改革降低了工作人员的养老待遇吗？——基于替代率水平的测算与分析》，载《经济体制改革》2015年第6期。

制度改革的顺利进行,应加快事业单位分类改革,完善机关事业单位工资制度;应落实延迟退休年龄政策;应加强基本养老保险基金和职业年金基金的投资运营;应增强制度的内在激励性,鼓励“长缴多得”;应建立基本养老金正常调整机制,保持养老金替代率的稳定性。

董振廷〔1〕认为,为了促进机关事业单位养老保险制度改革的进一步开展,应在条件允许的情况下,由专门的运营机构对基本养老保险基金和职业年金基金进行稳健的市场化投资运营;应注重账户做实比例,以应对空账压力;应注重改革配套措施的建设;应合理设定工资增长率;应注重公平性,避免机关事业单位的员工与企业员工的养老待遇差异过大。张彦、李春根〔2〕则从公平角度出发,认为机关事业单位养老保险制度改革应通过法治化等强制手段提高制度覆盖率及保障力度,并通过对缴费与发放办法的适当调整,体现对个体差异的考量,以实现制度向更加公平的方向迈进。呙玉红、彭浩然〔3〕通过构建与分析精算模型,认为机关事业单位养老保险制度改革若采用“大池子”方案即在计发机关事业单位工作人员与企业职工的养老金时,均根据统一标准的全社会在岗职工平均工资计发,则可以缩小机关事业单位工作人员和企业职工的基础养老金差距,从而体现缩小机关事业单位工作人员与企业职工养老保险待遇的不合理差距这一改革的主要目的。凌文豪〔4〕认为,机关事业单位养老保险制度改革应解决转制成本问题,保障“老人”“中人”的养老金权益,以减轻改革阻力,同时应稳步推进建立职业年金制度。

开始于20世纪80年代基本养老保险制度的改革过程,主要方向是降低基本养老金的给付标准和提高给付条件,以应对人口老龄化和基本养老保险

---

〔1〕 参见董振廷:《机关事业单位养老保险改革对于财政支付压力的影响分析——以中小学教师为例》,载《社会保障研究》2016年第5期。

〔2〕 参见张彦、李春根:《企事业机关单位养老保险制度并轨后的公平性研究》,载《财政研究》2016年第12期。

〔3〕 参见呙玉红、彭浩然:《“大池方案”还是“小池方案”?——机关事业单位养老保险制度改革新探》,载《中山大学学报(社会科学版)》2017年第4期。

〔4〕 参见凌文豪:《我国三类基本养老保险制度改革的理念和路径》,载《社会主义研究》2017年第4期。

制度永续发展压力。这一变更思路带来的主要问题是,养老金权益的性质问题和国家对养老金进行不利调整应当受到的宪法约束。针对这一问题,有学者进行了大量研究。日本学者菊池馨实专门接受了日本自20世纪90年代以来进行的年金制度改革,以及面临的宪法困境;在此基础上,分析日本年金受给权的构成和性质,介绍宪法法院确定的年金不利调整规则。[1] 我国台湾地区学者不仅从宏观上介绍了世界各国有关基本养老金不利调整的整体状况,而且分别介绍了德国、美国养老金不利调整的宪法约束。[2]

由上可知,理论界对养老金权益不利调整的原因、取得的成就、影响、存在的问题、方案等进行了研究,取得了不少成果,但这些成果主要为社会学、经济学、管理学领域的成果,少有从养老金的法律属性,以及调整应遵循的法律规则的视角进行研究,也未关注参保人养老金权益在不利调整中应当受到什么宪法约束。

(五)关于基本养老保险关系转移接续的研究现状

1. 对基本养老保险关系转移接续的定义、性质、对象、特点的研究

王怡[3]认为,养老保险关系转移接续泛指已参加养老保险的参保人基于种种原因发生职业或者工作地区的变动,为了达到累计计算其缴纳养老保险年限而将其养老保险关系转入新就业地社保机构的法律行为。同时探讨了养老保险关系转移接续的性质与对象,认为养老保险关系转移接续就法律角度而言,是一种公法强制行为,是国家为了实现其行政管理目的的行政法律行为,本质上是由国家强制实施、劳动者申请、社会保险经办机构之间办理养老保险转移接续手续的三方行为。养老保险转移关系接续的对象包括养老保险关系和养老保险资金,两者同时转移,而不能单一进行转移。此外,还

---

〔1〕 参见[日]菊池馨实:《社会保障法制的将来构想》,韩君玲译,商务印书馆2018年版,第87~103页。

〔2〕 参见钟秉正:《社会法与基本权保障》,台北,元照出版有限公司2010年版,第126~144页;邵惠玲:《社会基本权之法制实践与司法审查》,高雄大学高大法学丛书2016年版,第16~38页;孙迺翊:《离婚年金权利分配制度:以德国法为借镜》,载《中正法学集刊》2008年第25期;廖元豪:《政府可以违约吗——美国有关削减退休给付宪法争议判决分析》,载《月旦法学杂志》2019年第2期。

〔3〕 参见王怡:《我国养老保险转移接续的法律性质》,载《商场现代化》2012年第29期。

指出养老保险关系转移接续的特点为广覆盖、低费率。而罗静、匡敏[1]认为,我国现行城镇职工养老保险关系转移接续制度的特点为:对象较广泛,部分农民工被纳入其中;账户设置和待遇计算明确;户籍地与缴费年限关联共同判别养老地归属;转续手续清晰,参保信息平台统一。

2. 对现行基本养老保险关系转移接续制度存在问题的研究

张晨寒[2]研究了农民工养老保险关系的转移接续,认为现行农民工养老保险关系转移接续政策存在的主要问题为:独立的农民工养老保险缺乏对接制度,转移困难;直接覆盖农民工的城镇职工养老保险统筹层次低,阻碍了养老保险关系的转移;地区利益阻碍了养老保险关系的转移。沙治慧、罗静[3]亦研究了农民工基本养老保险关系的转移接续,认为现行农民工基本养老保险关系转移接续制度存在的问题主要为:转移接续制度基础日趋良好,但实施效果较差;转移接续责任分配界限模糊;在现行转移接续制度下,农民工只能转移个人账户,不能转移统筹账户,加之转移接续辅助制度苛责,农民工个人利益受到了严重损害。

罗静、匡敏[4]认为,现行城镇职工养老保险关系转移接续制度存在的问题为:未能实现养老保险待遇与经济发展成果挂钩;统筹层次对接困难;工作量较大,易引发转续高峰;转移接续仅涉及养老保险,其余保险仍不能转续,转续配套尚未完善,参保人仍面临权益的损失;尚未真正实现农民工养老保险转移接续;可能带来转移资金压力;对于中途中断购买养老保险部分是否能够续缴无具体规定。王佃利、杨妮[5]则从性别公平的视角指出,现行养老保险关系转移接续政策没有考虑男女两性既存的不平等现状,没有试图平衡

---

[1] 参见罗静、匡敏:《国内外养老保险关系转移接续经验借鉴》,载《社会保障研究》2011 年第 4 期。

[2] 参见张晨寒:《农民工养老保险关系转移机制探索》,载《河南师范大学学报(哲学社会科学版)》2008 年第 6 期。

[3] 参见沙治慧、罗静:《农民工基本养老保险关系转移接续机制研究》,载《经济体制改革》2012 年第 2 期。

[4] 参见罗静、匡敏:《国内外养老保险关系转移接续经验借鉴》,载《社会保障研究》2011 年第 4 期。

[5] 参见王佃利、杨妮:《性别公平视角下养老保险转移接续政策审视》,载《东岳论丛》2015 年第 11 期。

男女两性利益的举措。韦樟清[1]通过基金测算,认为现行基本养老保险转移接续政策短期内会给基本养老保险关系转出地养老金支付带来较大压力,而从长远看,则会给转入地养老金支付带来较大压力。张栋[2]认为,现行养老保险关系转移接续制度存在的问题为:责任界限分配模糊,不同级别和类型的管理机构之间责任划分不清;实际操作存在壁垒,壁垒主要为养老保险统筹层次相对较低,各统筹地区的养老保险转移接续的具体政策存在较大差异,同时在属地化管理背景下,各统筹地区的地方利益十分凸显;在客观上往往会造成参保人和承保地区权益的潜在损失,同时基金的转移还可能带来效率损失;转移程序依旧烦琐。项丽萍、陈正光[3]认为,在城乡居民社会养老保险和城镇职工基本养老保险的转移接续中,当被保险人由城乡居民社会养老保险转移至城镇职工基本养老保险时,被保险人在城乡居民社会养老保险中的缴费年限并不被承认,这可能使被保险人在城镇职工基本养老保险中的缴费年限达不到最低缴费年限要求,从而无法领取养老保险待遇,进而导致被保险人累积的基础养老金权益丧失。同时,被保险人由城镇职工基本养老保险转移至城乡居民社会养老保险时,只能转移个人账户,不能转移统筹账户,这使被保险人在城镇职工基本养老保险的统筹账户中累积的养老金权益丧失。

3. 对基本养老保险关系转移接续方案的研究

刘昌平、殷宝明[4]通过构建城镇基本养老保险和新型农村社会养老保险基础养老金权益计算公式和养老金既得受益权规则,提出了基本养老保险关系转移接续的方案,具体方案为:被保险人在不同的养老保险制度内的缴费年限应合并计算;以替代率标准计发新型农村社会养老保险基础养老金,

---

[1] 参见韦樟清:《省级统筹模式下地区间养老基金平衡研究——基于养老保险关系转移接续视角》,载《福建论坛(人文社会科学版)》2016 年第 12 期。

[2] 参见张栋:《我国养老保险制度转移接续的协调机制研究——基于欧盟经验》,载《现代管理科学》2016 年第 11 期。

[3] 参见项丽萍、陈正光:《我国基本养老保险关系城乡转移接续政策研究》,载《改革与战略》2017 年第 5 期。

[4] 参见刘昌平、殷宝明:《基本养老保险关系城乡转续方案研究及政策选择》,载《中国人口科学》2010 年第 6 期。

参保者在不同的养老保险制度中的养老金权益累积计算;应只转移养老金权益而不转移社会统筹账户资金,并以参保者退休前最后工资或收入为养老金计发基数,在不同的养老保险制度中单独计发基础养老金待遇。龚秀全[1]认为,城镇基本养老保险与农村社会养老保险的转移接续应实行"累计缴费年限 + 分别计算待遇 + 累计养老保险权益"的转移接续政策,即参保人在不同的养老保险制度中合计缴费满 15 年即可获得养老金权益,并基于权益和义务相对应的原则分别计算参保人在不同养老保险制度中的养老保险待遇。同时认为,不同养老保险制度的转移接续仅是养老保险发展中的一个过渡阶段,基本养老保险制度改革的最终目标应是建立城乡一体化的养老保险制度。罗静、匡敏[2]认为,应完善社会保障法律体系,为基本养老保险转移接续提供必要保障;养老保险关系转移接续时,应采取个人账户全部转移而统筹账户部分转移的方式,以平衡地方利益,兼顾财政公平;应成立专门管理机构,要注重管理机构的分工合作;可以将一种保险制度作为转移接续媒介,以完成不同保险模式的衔接,确保养老保险连续性,提高转续的保障力度;应构建基本养老保险关系数字信息平台。

沙治慧、罗静[3]则探讨了农民工基本养老保险关系转移接续机制的实现路径,认为应设立以新型农村社会养老保险为核心的转移接续平台;应整合转移接续制度、责任主体、转移流动模式、养老保险管理、监管等农民工基本养老保险关系转移接续机制的构成要素,以设计农民工基本养老保险关系的转移接续机制;应制定全国通用的转移接续规范文件;应合理确定转移接续的基金比例;完善户籍制度、就业政策等配套措施,以保障转移接续政策的有效运行。岳宗福[4]认为,应将国家机关、事业单位养老保险制度改革纳入

---

〔1〕 参见龚秀全:《城乡基本养老保险待遇衔接政策优化研究——以天津市城乡居民基本养老保险为例》,载《人口与经济》2011 年第 6 期。

〔2〕 参见罗静、匡敏:《国内外养老保险关系转移接续经验借鉴》,载《社会保障研究》2011 年第 4 期。

〔3〕 参见沙治慧、罗静:《农民工基本养老保险关系转移接续机制研究》,载《经济体制改革》2012 年第 2 期。

〔4〕 参见岳宗福:《城乡养老保险关系转续与制度衔接的路径思考》,载《中州学刊》2013 年第 5 期。

法制化轨道,统一制度模式,以顺利实现基本养老保险关系的转移接续,同时参保人员缴费年限应不受地域或制度限制而依法“合并累加计算”,跨制度参保人员的基本养老金应依法“分段计算、统一支付”。韦樟清[1]则认为,在养老保险关系转移接续过程中,应将统筹基金全部转移;应明确政府间责任,由各参保地承担参保人员在本统筹区进行缴费时段的基础养老金及其以后的调整待遇资金支付责任,并由最后参保地负责办理退休手续,汇总统一发放养老金;应设立基本养老全国调剂基金,以平衡因养老保险关系转移接续而出现的各统筹区间基金失衡问题;应做实个人账户;应进行制度的顶层设计,降低基础养老金替代率、提高统筹层次、实行中央统一管理。

由上可知,我国目前理论界对基本养老保险关系转移接续的定义、性质、对象、特点以及基本养老保险关系转移接续政策存在的问题、基本养老保险关系转移接续的方案进行了研究,取得了较多的研究成果。但这些研究成果主要是对基本养老保险关系转移的现象的描述,很少关注基本养老保险关系转移接续中所涉及的法律问题,很少从法学角度研究目前基本养老保险关系转移接续政策存在的问题,同时很少从法学角度研究如何设计基本养老保险关系转移接续规则以避免基本养老金权益在基本养老保险关系转移接续过程中被限缩。实际上,基本养老保险关系的转移接续在法学上属于债的转移,其转移规则应当从这一视角进行分析。域外有关这一问题的解决规则亦是将其基本养老保险关系作为一种继续性的法律关系,在发生引起其中止的就业中断等行为时,应当暂时封存该法律关系;而在参保人因为就业或者参保导致基本养老保险关系重新建立时,再次建立新的养老保险关系。在参保人整个职业生涯中,多次建立的基本养老保险关系无须转移,而是在参保人达到退休领取养老金条件时,由保险人累积计算各阶段的权益,最终一并支付。

综上所述,理论界目前基本未从法学角度系统研究经济社会转型背景下

---

[1] 参见韦樟清:《省级统筹模式下地区间养老基金平衡研究——基于养老保险关系转移接续视角》,载《福建论坛(人文社会科学版)》2016 年第 12 期。

影响养老保险待遇的因素，也未对基本养老金权益的属性与法律形态进行系统研究；同时，几乎未对基本养老金的正常调整、养老金权益的不利调整、基本养老保险关系的转移接续涉及的法律问题进行研究。因此，可参考域外的研究成果，在系统探讨经济社会转型背景下影响养老保险待遇的因素和基本养老金权益的属性、法律形态的基础上，研究如何通过法律对基本养老金正常调整、养老金权益不利调整进行规制，同时研究如何设计基本养老保险关系转移接续规则，以避免在对养老金权益进行调整的过程中，养老金权益被不当限缩。

二、研究意义

（一）学术价值

本书在参考域外养老保险法理研究的基础上，构建了一套有关养老保险待遇的财产权理论体系。为我国当下薄弱的社会保险基础理论研究增添了浓墨重彩的一笔，也为社会保险权利体系的构建和完善进行了理论探索。

（二）应用价值

（1）本书分析养老保险待遇的构成和属性，提出涉及待遇调整的养老保险规范应当遵循宪法财产保护原则。（2）以养老保险待遇的财产属性为基础，系统审视现有的养老保险规范和制度，以参保人的养老保险待遇为核心，分析其特点和不足。（3）以涉及参保人养老待遇调整的政策调整、不利调整以及不同养老保险体系衔接为切入点，建构养老保险待遇调整的法律规则体系。

三、研究思路和方法

（一）本书研究的基本思路

本书的研究建立在强烈的问题意识基础上——经济转型和社会变迁对养老保险待遇的影响状况以及养老保险待遇的调整机制问题。这是我国养老保险制度变更的核心问题，也是参保人最关心的问题，不仅决定目前的养老保险制度改革能否顺利进行，而且关系制度能否持续发展。从问题的初

"元"开始,探究养老保险待遇的法律属性,分析待遇调整的影响因子及调整机制。在此基础上,建构我国养老保险待遇调整的一般规则,进而解决养老保险待遇调整问题和制度衔接中的待遇维持问题。

(二)本书的具体研究方法

1. 问题导向研究方法。研究方向的确定以事实问题为先导,概括梳理当前经济社会转型对养老保险待遇调整带来的影响以及养老保险待遇调整中的法律问题。

2. 类型化研究方法。把握研究对象的本质特征,进行类型化分析,比如,结合我国养老保险制度改革的具体实践,分类归纳涉养老保险待遇调整的具体制度设计类型,区别制度正常运行、制度衔接等不同情形下的待遇调整背景,分类创建待遇调整法律规则。

第一章　社会经济发展与养老保险制度调整

第一节　新社会经济形势对世界养老保险制度的冲击*

一、少子老龄化对世界养老保险制度的冲击

新的社会形势主要体现在社会结构的新变化。社会结构是由若干分结构组成的,主要包括人口结构、家庭结构、城乡结构、区域结构、组织结构和社会阶层结构等。21 世纪以来,社会结构呈现新的特点,如少子老龄化、家庭核心化、家庭模式多样化等。这些新的社会形势对养老保险制度造成了不同程度上的冲击。目前,少子老龄化对世界养老保险制度的冲击最显著,主要是因为出生率低和人口老龄化。

从世界范围来看,一方面,由于女性投入劳动市场的比率升高、晚婚晚育观念的发展以及育儿成本的高涨,全球范围内出生率下降,少子化〔1〕现象显著。世界银行的相关数据显示,世界人口粗出生率(每千人)1990 年为 25.882 人,2000 年为 21.631 人,2016 年为 18.886 人。〔2〕 尽管出生率下降趋势有所放缓,但大多数国家已在 21 世纪初期面临超少子化、严重少子化、少

---

* 武汉大学法学院 2017 级法律硕士许昧婷参与了本节资料搜集和部分内容写作。

〔1〕 根据人口统计学标准,一个社会 0 ~ 14 岁人口占比 18% ~ 20% 为少子化,15% ~ 18% 为严重少子化,15% 以内为超少子化。

〔2〕 粗出生率表示年中时估计的一年内平均每千人中的活产婴儿数。用粗出生率减去粗死亡率就得出人口的自然增长率,即相当于不包括移民的人口变动率。See World Bank Open Data, Accessed July 19, 2022, https://data.worldbank.org.cn/indicator/SP.DYN.CBRT.IN.

子化等不同程度的困境。另一方面,随着科学技术的发展和医疗水平卫生的提高,人口平均寿命逐渐延长,人口结构也渐趋老龄化。“世界人口老龄化水平,2010 年为 11% ,将在 2025 年达到 15% ,2045 年超过 20% ,2050 年达到 21.9% ,相当于目前发达国家的水平;发达国家老龄化 2020 年超过 25% ,2035 年达到 30% 以上,2050 年为 32.6% ;发展中国家人口老龄化水平在 2016 年超过 10% ,2035 年将超过 15% ,2050 年达到 20.2% 。”[1]通过上述数据分析可得出,全球范围内老龄化新的发展特点:首先,全球人口老龄化进程在加快、加深;其次,发达国家人口老龄化速度相较世界老龄化速度慢,但老龄化程度持续加重;最后,发展中国家人口老龄化起步时间晚,但发展快速,将主导世界人口老龄化的发展态势。

“代际人口平衡是养老金收支平衡的基本人口学条件。”[2]因此,少子老龄化对养老保险制度的冲击主要体现在对养老金收支平衡的影响,从而引发对制度内一些因素的调整。从养老金的“收”来看,长期的低生育率或少子化意味着劳动年龄人口数量的减少,导致养老金的缴费减少。特别是对采取以收定支养老保险制度的国家来说,可以说,养老金危机实质上是少子化危机。从养老金的“支”来看,对于养老金支出的刚性增长趋势,老龄化呈现以下三方面的驱动因素:一是随着老年人口的快速增长,领取养老金的老年人口数量急剧增长,老年人口赡养比例不断趋高;二是随着老年人口余寿增加,老年人领取养老金的年限相应增长;三是基于老年人口的养老需求和经济发展趋势,养老待遇在权利层面有刚性增长的趋势。随着养老金收支缺口的不断扩大,最终会不堪重负,老年贫穷问题可能恶化。因此,人口结构的新形势对各国的养老保险制度提出了以下挑战:如何权衡养老金充足性和财政永续性?如何对养老保险制度进行调整以维持养老金的收支平衡?如何防范老年贫穷问题?

---

〔1〕 朱勇:《智能养老》,社会科学文献出版社 2014 年版,第 3 ~4 页。

〔2〕 参见穆光宗:《银发中国:从全面二孩到成功老龄化》,中国民主法制出版社 2016 年版,第 308 页。

二、经济与就业不稳定对世界养老保险制度的冲击

在全球化背景下，经济危机波及国家众多、影响持久，使经济持续不稳定。2008 年全球金融危机爆发，2008 ~ 2009 年西方主要国家社会经济呈现负增长，2010 年世界经济轻微复苏。“世界经济仍处于经济增长周期的萧条阶段，也是化解危机前期积累的泡沫和风险的消化阶段以及拉动经济增长新旧动力的徘徊或转换阶段。”〔1〕至今，经济危机的影响仍在持续，而且欧债危机和美债危机的影响还未消退。世界经济增长速度整体放缓，世界经济复苏乏力且不均衡。新兴经济体中，我国和印度保持较快增长，但其他国家增速较低，而且发展中国家整体发展态势不乐观。〔2〕

经济的持续不稳定以及缓慢增长加剧了就业不稳定性，带来了严重的失业问题。全球劳动力市场不容乐观，全球劳动参与率总体呈下降态势。“自 2009 年以来，全球平均失业率略有下降，但仍保持在 6% 左右；2014 年全球失业人数高达 2.013 亿，比 2007 年增加了 3100 万人。”〔3〕“2017 年全球失业率 5.8%，比上年增加 0.1 个百分点，相当于增加了 340 万失业人员。其中，年轻人占很大的比例。全球就业人口中有 42% 的人员处于脆弱就业状态。”〔4〕

经济与就业的不景气使养老保险制度遭受巨大压力。首先，经济的不稳定性使养老保险基金面临更大的市场风险，缴费确定型和储蓄制年金制度国家失利，动摇了养老保险基金筹集模式，而且政府的财政收入也因经济发展的缓慢有所减少，容易引发养老财政支出紧缩的局面。其次，随之带来的就业形势严峻和失业率上升，减少了工作年龄阶段的缴费人数，降低了工作年龄人口缴纳保费的能力，使国家面临养老保险保费收入减少与因失业人员增

---

〔1〕 上海社会科学院世界经济研究所宏观经济分析小组：《砥砺前行中的世界经济：新常态、新动力、新趋势——2015 年世界经济分析与展望》，载《世界经济研究》2015 年第 1 期。

〔2〕 参见邢伟：《国际经济形势变化对我国就业的影响》，载《中国人力资源社会保障》2016 年第 6 期。

〔3〕 ILO, *World Employment and Social Outlook—Trends 2015*, Accessed May 15, 2021, http://www.ilo.org/global/research/global-reports/weso/2015/lang--en/index.htm.

〔4〕 《经济发展与就业形势——2017 年国际就业形势研讨会》，载《中国劳动》2017 年第 12 期。

加养老保障开支的矛盾困境。

三、经济与就业新形态对世界养老保险制度的冲击

2012年美国国家科学技术委员会发布了《先进制造业国家战略计划》，2013年德国学界和实业界提出了《保障德国制造业的未来——关于实施"工业4.0"战略的建议》，2015年我国国务院发布了《中国制造2025》，2016年G20峰会通过了《二十国集团创新增长蓝图》，提出了"以创新、新工业革命、数字经济和结构性改革"为核心的经济增长模式。这些规划意味着第四次工业革命已成为当今时代发展的潮流。"第四次工业革命"是由克劳斯·施瓦布在《第四次工业革命》中提出来的，是指"以智能生产、创新驱动、数字集成、共享经济、弹性工作和灵活治理等为核心的新范式"。[1] 这次革命，一方面，催生了许多新型经济发展模式，如数字经济、共享经济、平台经济，丰富了灵活用工方式，使非典型就业常态化；另一方面，智能技术的广泛运用促使"机器换人"现象突出，就业市场呈现两级分化。

1.新型经济发展模式与非典型就业常态化

随着科技的进步和互联网的发展，世界经济步入了大数据时代。以数字经济、共享经济、平台经济为代表的新型经济发展模式彼此相互联系，本质上殊途同归，其共同点都在于利用互联网的大数据背景简化生产、交易的过程，降低人力、物力、财力的成本。数字经济，是指"主要以数字技术方式进行生产的经济形态"。[2] 共享经济和平台经济正是在此基础上蓬勃发展起来的。

共享经济的蓬勃发展使非正规就业人员的数量急剧增加，劳动力市场变得个体化、弹性化和非正规化。这对基于正规就业的社会保险关系产生冲击，"威胁到缴款性保障计划的财务可持续性，造成法律覆盖面扩大到新的工人们的必要性"。[3] 而且，随着共享经济的发展，非正规就业人员有了新的

---

〔1〕 孙乐强：《后金融危机时代的工业革命与国家发展战略的转型——"第四次工业革命"对中国的挑战与机遇》，载《天津社会科学》2017年第1期。

〔2〕 李长江：《关于数字经济内涵的初步探讨》，载《电子政务》2017年第9期。

〔3〕 张海燕：《社会保障的十大全球性挑战》，载《国际社会科学杂志（中文版）》2017年第2期。

含义,“从传统意义低技能、低报酬、就业者被迫选择的就业形态向技能较高的、回报较高、劳动者主动选择的新型灵活就业转变”。[1] 面对非典型就业常态化和非正规就业人员的新含义,非正规就业人员的劳动和社会保险权益保障问题日渐凸显。就对养老保险制度的挑战而言,基于扩大养老保险覆盖面和保障非正规就业人员的养老保险待遇的双重考量,非正规就业人员养老保险制度应当如何规制?该制度如何统筹多种用工方式?如何分配保险费的缴纳义务?目前各国尚未有完备的法律规定,仅有某些国家的做法具有倾向性。以共享经济下的网约车为例,“‘瑞士法定事故保险’和‘瑞士养老金’基金决定,通过应用软件提供出租车服务的公司应当被视为雇主,应当缴纳社会保险。理由是,在瑞士,完全依赖由某家公司运营总部提供工作的出租车司机从法律上讲不是自谋职业”。[2] 出于对维护劳动者权益以及防止雇主逃避缴纳社会保险费用的考虑,瑞士的做法仍建立于传统的劳资关系之上。面对这种非典型就业常态化的现象,我们是否可以采取将“个人—单位—社会保障”的模式转变为“个人—社会保障”模式,打破用人单位为主体的社会保障参与单一渠道?[3]

2. 智能科技与就业市场两级分化

“相对于此前工业革命对就业市场的改变,本次工业革命对就业市场的破坏范围更广,速度更快。此外,就业市场两级分化的趋势更为严重:认知性和创造性强的高收入工作机会和体力性的低收入工作机会都会增加,但是常规性和重复性的中等收入工作机会将会大幅减少。”[4] 第一次工业革命时期,由机器替代人类体力劳动;而在第四次工业革命,智能化浪潮又对脑力劳动者提出了巨大挑战。在本次工业革命过程中,智能科技的运用会使那些常规性的体力劳动和某些智力劳动面临被取代的风险,该工作内容的劳动者也

---

[1] 张成刚、祝慧琳:《中国劳动力市场新型灵活就业的现状与影响》,载《中国劳动》2017 年第 9 期。

[2] 张海燕:《社会保障的十大全球性挑战》,载《国际社会科学杂志(中文版)》2017 年第 2 期。

[3] 参见毛丙波:《适应 渐进 灵活 为“非正规就业”人员织就社会保障网》,载《人民论坛》2017 年第 8 期。

[4] [德]克劳斯·施瓦布:《第四次工业革命:转型的力量》,中信出版社 2016 年版,第 42 页。

随之面临失业的风险。“根据世界银行《2016 年世界发展报告》,在大多数国家和地区,中等技能工作岗位减少、高技能和低技能岗位增加,劳动力市场呈现‘两极化’趋势;这既发生在美国、西欧等高收入经济体,也出现在一些中等和低收入经济体。”[1]这就对劳动者个人以及社会保障部门提出了更高要求。一方面,劳动者需要相应地提升所需技能以符合岗位条件。另一方面,两类被代替的劳动人群所代表的阶级(一般为中产阶级)会整体萎缩,拉大高收入劳动者与低收入劳动者的两级分化。如何通过调整社会保障制度来保障该类中产阶级的基本生存问题以及缩小这种不平等的差距成为新的难题。另外,大数据时代下智能科技的发展为养老金缴费方式提供了新的可能。大数据使消费信息有据可查,因此采取税收的形式,特别是通过消费税和增值税模式代替传统体系下的社保工薪税可能成为一种选择。[2] 运用智能科技打造“智慧社保”等模式,加强社保网络信息平台建设,为参保人员提供便捷化的社保查询、缴费、转移接续等服务,是社会保险的发展趋势和要求。

第二节　世界养老保险制度的调整趋势*

自 20 世纪 90 年代以来,面临新的社会经济形势给养老保险制度带来的挑战,世界刮起了养老保险制度改革旋风。近 20 年来,包括福利资本主义的欧美国家,发展中的拉丁美洲国家和东欧国家以及东亚国家,无不对其年金制度进行了重要改革。针对养老金支出增加和收入放缓给养老保险基金和政府财政支付造成的压力,改革的主要方向是从传统福利资本主义向经济自由主义转变,涉及的相关措施尽管在各国存在差异,但总体而言包括两个方面:一是关注养老保险基金财务的永续性,减轻支付压力;二是改善养老待遇的充足性,避免老年贫困。

---

〔1〕 王永洁:《“全球化、结构变化与工作任务:新时代的中国劳动力市场”国际研讨会综述》,载《劳动经济研究》2018 年第 1 期。

〔2〕 参见 Robert J. Palacios:《全球养老金政策与实践:历史、现状与未来》,载《上海金融学院学报》2017 年第 6 期。

* 武汉大学法学院 2017 级法律硕士许昧婷参与了本节资料搜集和部分内容写作。

随着少子老龄化、世界经济发展缓慢造成的养老金收支不平衡，养老金财政面临债务危机。世界各国，特别是高收入国家和一些中等收入国家，开始正视养老金财政永续性的问题。2005 年欧盟执委会更是在共同报告中强调了“财务永续性比所得适足性重要”。[1] 各国采取财政整顿和紧缩政策，并在这一政策的指导下改革养老金制度。据国际劳工组织社会保护监测机构收集的数据，2010～2016 年，世界各地政府共宣布了 169 项养老金计划的收缩措施，主要涉及缴费型养老金计划。其中，103 项改革涉及延迟待遇获得的时间。这些改革措施包括提高退休年龄（72 次公布）、取消提前退休措施、处罚提前退休、引入或者增加对延迟退休的奖励措施，以及 13 项旨在增加资格期限或者收紧资格标准的措施（见表 1－1）。

表 1－1 2010～2016 年政府公布养老金改革（收缩）情况 单位：项

措施类型	项目数量
提高退休年龄（72 项），引入对延迟退休的奖励、对提前退休处罚，或取消提前退休，增加资格期限，收紧资格标准	103
修改计算公式，取消或减少福利补贴	25
引入或增加福利税，改革指数化方法，缩小计划或收益	12
其他包括提高缴费率（17 次公布），提高缴费上限，全部或部分取消计划，私有化或引入个人账户	29

资料来源：国际劳工组织，世界社会保护数据库，载 http://www.social-protection.org/gimi/gess/RessourceDownload.action? ressource.ressourceId = 54785。

同时，有些国家也对养老金结构性改革进行了反思，比如，从给付确定型向缴费确定型转变。与许多高收入国家采取收紧养老保险待遇的做法不同的是，许多中低收入国家（主要表现为发展中国家）则积极地向外拓展。例如，我国在 1998 年和 2009 年两次国际金融危机背景下采取扩张投资、刺激消费等措施。目前，我国已基本实现养老保险制度的全覆盖，并保持工资的

〔1〕 施世骏、梁婉玲：《变迁中的欧洲社会模式：考察欧盟年金政策的发展》，载《社会政策与社会工作学刊》2012 年第 2 期。

持续增长，积极通过税收优惠或推动立法发展职业年金和个人年金。

值得注意的是，这些对养老保险费用缴纳和待遇领取方面的紧缩措施在一定程度上侵害了参保人的养老金权益，存在损害社会保障最低标准和侵蚀社会契约的风险，养老金的充足性问题也是各国关注的重要问题。养老金的充足性问题可以通过扩大强制养老保险计划的覆盖范围和提高缴费率予以解决。2015 年联合国大会第七十届会议上通过的《2030 年可持续发展议程》要求实现对穷人和弱势群体的实质性覆盖，由于新的社会经济形势的变化，以下两类弱势人群的养老保险问题越发显著：第一，妇女的养老保险。国际劳工组织在报告中指出，妇女的养老保险法律覆盖面窄。事实上，妇女的寿命较长，面临的老年贫困风险更高，但由于就业与劳动力市场的性别歧视问题，难以获得与男性同等的养老金权利。而且由于对家庭承担更大的责任份额，可能会缩短或打断她们的就业，特别是当面临更高风险的工作时。这些因素都会在很大程度上影响她们建立养老金权利的能力。当前，世界各国采取有效措施来减少劳动力市场和养老金制度方面的性别不平等问题，如延迟她们的退休年龄以增加收入保障、在生育期间给予养老金账户等。在国际上倡导缩小因性别差距导致老年人收入保障不平等的背景下，提高妇女的养老保险法律覆盖率、保障她们养老金权利是世界各国未来努力的一个方向〔1〕。第二，非正规部门人员的养老保险。非正规部门人员，“一般是指那些在建筑、农业等部门工作的人员，或者自我雇佣的人员，或者是打零工的人员”。〔2〕 这类人员不是全日制工作、收入较低、很不稳定、频繁更换工作。对于许多国家，特别是发展中国家来说，存在大量非正规部门人员。由于收入、教育、参保途径等限制原因，他们很难符合缴费型养老金的要求，特别是被私人养老保险计划所覆盖。当前，对于保障非正规部门人员养老保险权益的主要调整趋势是设置合适的缴费水平和匹配缴费水平，最大限度地降低缴费收取成本和保持个人缴费记录信息，促进不同养老金方案利益的可携带性和在

---

〔1〕 See ILO, *World Social Protection Report 2017 – 2019*, Internation Labour Office, Geneva: ILO, 2017, p. 88 – 89.

〔2〕 田辉：《全球养老金改革亟待扬帆再起航》，载《清华金融评论》2017 年第 S1 期。

地区间的转移延续，从而将养老保险，特别是非缴费型养老金制度和私人养老金制度，扩大到非正规经济中的劳动者。同时，应当加快非正规经济向正规经济的转型。提高养老保险费率虽然有效，但会增加劳动力成本，反而会影响就业。通过提高基本养老金和最低养老金水平，并与放宽养老金资格标准相结合，可以解决充足性问题。[1] 尽管欧洲会员国和欧盟在过去几年中，特别是从 2015 年以来，OECD 成员的养老金改革步伐放缓，[2]但主要的改革措施依然是围绕上述两个方面问题展开的。

一、调整养老保险计划的结构

国际劳工组织和国际社会保障协会在 1995 年发布的第一份报告中评估养老金公共体系的改革方式时提及“structural reform”或“systemic reform”和“parametric reform”，可译为“结构性改革”和“参数改革”。[3] 结构性改革主要是指“公共养老金的筹资模式的改变以及与此相关联的资金管理和运营方式的改革”。[4] 简言之，结构性改革主要解决的是政府、市场、个人的责任比例问题。当前，全球关于结构性改革的整体趋势是由公共管理到私人管理，由国家责任到个人责任、由政府主导到市场主导。下文主要从筹集模式、支付依据、支柱类型和国家职能四个方面的转变阐述养老金结构性改革的趋势。

1. 基本养老金的筹资模式多元化

目前，基本养老金的筹集模式主要有现收现付式、部分积累式或完全积累式 3 种模式。全球人口结构的失衡和经济风险暴露了基本养老金筹集模式的缺陷：首先，现收现付模式在各国虽然仍占据主导地位，但因全球少子老

---

〔1〕 See ILO, *World Social Protection Report 2017 – 2019*, Internation Labour Office, Geneva: ILO, 2017, p. 89.

〔2〕 See OECD and G20 Indicators, *Pensions at a Glance* 2017, OECD Publishing, p. 21.

〔3〕 See ILO, 2017 – 19 *Word Social Protection Report: Universal Social Protection to Achieve the Sustainable Development Goals*, Internation Labour Office-Geneva: ILO, 2017, p. 123.

〔4〕 参见周弘：《欧洲国家公共养老金改革的路径选择：结构还是参数？》，载《欧洲研究》2017 年第 5 期。

龄化现象日益严峻,“以支定收”为原则的现收现付式极易出现“代际不公”的现象。其次,尽管越来越多国家倾向完全积累式,但因该模式采取个人账户储存积累的方式,不具有分配功能,而且养老金保值增值容易受经济不稳定形势的影响。最后,被越来越多国家考虑和采用的部分积累式看似结合了上述两种模式的优点,但该模式下如何合理确定收费率和积累率成为新的问题。由于筹集模式涉及养老保险制度的根本性改革,一般而言,一国不会轻易变动其基本养老金的筹集模式。对基本养老金的筹集模式进行改革的国家主要有东欧经济转轨国家、拉美国家以及东亚国家及地区。

(1)由现收现付式转向完全积累式。进行这种模式转向的国家有智利、墨西哥、玻利维亚、秘鲁、阿根廷、哥伦比亚等。值得注意的是,这些国家在转向完全积累式时,并非彻底摒弃了现收现付制。哥伦比亚把完全积累式作为基本制度,但允许工人有选择用现收现付式作为基本制度的权利。阿根廷则继续保留现收现付式作为基本制度,但它允许工人选择用现收现付作为基本制度的权利。另外,在此转向过程中,产生转轨费用成本,可能成为政府的隐形债务。现收现付式下,当期退休者的待遇是由在职工人的缴费来支付的;当转向完全积累式时,在职工人的缴费进入自己的个人账户,那么模式转变之前的退休者的待遇给付问题由谁承担?在一般情况下,由政府承担。

(2)由完全积累式转向现收现付式。这是极少数国家采取的做法,主要是印度尼西亚、尼日利亚。之所以实行这样的转变主要是因为管理上的因素。与现收现付式相比,完全积累式对管理制度、技术手段和资本市场的要求较高。对这些国家来说,现收现付式所需成本较低。

2. 基本养老金支付依据由给付确定型转向缴费确定型

给付确定型是根据社会标准支付公共养老金,而缴费确定型是根据个人贡献支付公共养老金。目前,基于养老金财政永续性的考量,基本养老金支付依据由给付确定型转向缴费确定型,是养老金紧缩政策的内容之一。给付确定型,是指社会保险人向参保人承诺确定的养老金给付标准和条件,在参保人承担了缴费义务后享受待遇请求权,基金管理运作的风险由保险人承担,国家财政是最后的担保人。缴费确定型将养老金支付的风险转移给被保险人,社会保险人只负责依法管理和运作基金,并按照基金的财务状况确定养老金的给付条件和标准。

3. 养老金私有化出现扭转现象

20 世纪八九十年代,英国等发达国家率先开始养老金私有化进程。至今,养老金私有化仍有强劲发展的趋势。世界各国大多推进私人年金(包括职业养老金和个人养老金)发展,整体呈现公私养老保险混合发展态势。OECD 成员为促进私人养老保险制度的发展,采取了抑制社会保险费率上升、降低公共养老金支出、提高私人养老金覆盖率(特别是针对非正规部门人员)。比如,德国里斯特养老金计划是一项参保人配偶也可参加的家庭保险计划;法国"人民退休养老储蓄计划"的参与者不受年龄及就业状况的限制,任何人都可参加;美国简易员工养老计划、工薪减税简易雇员养老计划及员工储蓄激励匹配计划专门针对中小企业参保人员而设立。[1] 然而,21 世纪初期,特别是 2008 年国际金融危机爆发以来,养老金私有化出现了扭转的现象,一些国家进行了重新改革以重回或加强公共养老金计划。阿根廷在 2008 年 12 月全球金融危机期间终止了其成员和受益人的个人账户,并将所有资金转入新设立的阿根廷综合养老金系统下的 PAYG 计划。匈牙利将私人养老金资产正式国有化,并在 2011 年取消了第二个私人支柱,重新回到了 1998 年以前的强制性 PAYG 公共养老金制度。2013 年,哈萨克斯坦政府将现有的 10 个私人养老基金与国营 PAYG 基金合并,形成由哈萨克斯坦国家银行控制的统一累积养老基金。2014 年,波兰政府将私人资金持有的政府债券转移至公共 ZUS 系统,从而大幅减少私人管理的股票。2016 年,捷克共和国完成了全面逆转,终止了其个人储蓄账户体系。[2] 上述私有化扭转的趋势根源于养老金私有化的固有弊端,即过度强调激励机制和效率目标,忽略了

---

〔1〕 参见朱俊生、袁铎珍:《OECD 国家促进私人养老金发展的措施及启示》,载《经济纵横》2018 年第 3 期。

〔2〕 See ILO,2017 - 19 *Word Social Protection Report*:*Universal Social Protection to Achieve the Sustainable Development Goals*,Internation Labour Office-Geneva:ILO,2017,p. 93 - 98.

社会团结、风险共担的原则,大大削弱了通过养老金向低收入人群进行收入再分配的能力,加大了贫富差距。在养老金私有化过程中,还呈现"低覆盖率、高管理成本、较低的养老金福利和替代率、高财政成本、缺乏社会对话"[1]的缺陷。在经济危机、经济不稳定的背景下,养老金私有化的弊端和缺陷被日益暴露和放大。

4. 政府责任定位的转变

全球经济下行的严峻形势亟须政府加大对养老保险领域的投入,但极易引起"福利危机",使养老保险陷入财政负担过重与"养懒汉"问题并存的困局,而且养老保险制度调整过程中因政府过度干预或责任缺位导致的养老保险乱象频发,这些迫使社会各界对政府、市场与社会的责任关系进行深刻反思。从当前的国际形势来看,政府在养老保险特别是基本养老保险中的责任定位经历了一个从"有限"到"无限"再到"理性回归"的过程。政府逐渐从养老金提供者转变为养老保险制度的规范者,更加注重回应公共监督、投资限制和给付保障机制等规范的需求。

二、扩大养老保险计划的覆盖面

在全球化背景下,经济发展的不稳定性加剧,非缴费型养老金制度对实现全球绝大多数劳动者老年收入安全的基本目标发挥重要作用。表 1 – 2 是对 192 个国家的养老金计划的分类和统计,可知实施非缴费型养老金计划的国家占 58%,覆盖率还是比较低的。国际劳工组织在《2014 ~ 2015 年度全球社会保护报告:促进经济复苏、包容性发展和社会正义》和《2017 ~ 2019 年度社会保护报告:提供全民社保,实现可持续发展目标》中要求,非缴费型养老金制度和缴费型养老金制度的协同发展,其中特别强调扩大非缴费型养老金制度。尤其是对于低收入和中等收入国家来说,他们的养老金制度存在发展可持续低、非制度化程度高、缴费能力低等问题,扩大非缴费型养老金成为他

[1] See ILO, 2017 – 19 *Word Social Protection Report: Universal Social Protection to Achieve the Sustainable Development Goals*, Internation Labour Office-Geneva: ILO, 2017, p. 93 – 98.

们养老保险制度调整的重点。

表 1 – 2 按计划和收益类型划分的 2015 年或最近一年的养老金计划概况

<table>
<tr><td colspan="6">国家立法养老金计划 186 个国家(97%)</td><td rowspan="3">没有国家立法养老金计划 6 个国家(3%)</td></tr>
<tr><td>缴费型</td><td>仅缴费型计划 72 个国家(39%)</td><td>—</td><td rowspan="2">缴费计划和非缴费方式测试计划 64 个国家(34%)</td><td rowspan="2">缴费计划和非缴费养老金测试计划 24 个国家(13%)</td><td rowspan="2">缴费计划和非缴费普遍计划 14 个国家(8%)</td></tr>
<tr><td>非缴费型</td><td>仅非缴费型测试计划 2 个国家(1%)</td><td>非缴费普遍计划 10 个国家(5%)</td></tr>
</table>

资料来源:国际劳工组织,世界社会保护数据库,载 http://www. social-protection. org/gimi/gess/RessourceDownload. action? ressource. ressourceId = 54653。

近些年来,全世界许多国家在有效覆盖率方面取得了实质性进展。在 2000 年,达到法定年龄的 90% 人口覆盖在养老金计划范围内的高覆盖率国家数是 34 个,2015 ~ 2017 年进入这一行列的国家数达到了 53 个。最新数据表明,覆盖率低于 20% 的国家在 2000 年是 73 个,2015 年减少到 51 个。[1]

三、延迟养老金给付年龄

提高退休年龄是应对人口老龄化带来的挑战的关键措施之一。提高缴费率或延长缴费年限容易造成社会负面反响,也会给企业和个人带来沉重的额外负担。因此,大多数国家不是通过直接调高缴费率或延长缴费年限,而是通过其他参数调整方式,以达到实际缴费的目的。延迟退休年龄、限制提前退休或鼓励延迟退休等退休方案,共性在于延迟养老金给付年龄,实质上为延长缴费年限。[2] 从延迟退休年龄来看,表 1 – 3 归纳了部分国家延迟

〔1〕 See ILO, 2017 – 19 *Word Social Protection Report: Universal Social Protection to Achieve the Sustainable Development Goals*, Internation Labour Office-Geneva: ILO, 2017, p. 80 – 81.

〔2〕 See OECD and G20 Indicators, *Pensions at a Glance* 2013, OECD Publishing, p. 23.

退休年龄的改革方案。值得注意的是,这些国家普遍采取循序渐进的方式,逐步延迟退休年龄,而且改革后男女退休年龄保持一致。从限制提前退休和鼓励延迟退休来看,表1－4归纳了部分国家对劳动者延迟退休与提前退休的养老金奖惩措施。其中,美国和德国的具体做法值得参考。美国社会养老保险规定,满62岁可以领取退休金,但是只可领取正常退休(65岁)养老金的80%,每延迟1个月,养老金增加0.56%,63岁能领取86%,64岁能领取93%,同时配偶获得的养老金也相应递增。[1] 德国劳动者可以选择在62～67岁领取养老金,65岁之前退休,每提早1个月,养老金减少0.3%;每延迟退休1个月,养老金增加0.5%,并且在1998～2006年逐渐生效。

表1－3 部分国家延迟退休年龄的改革方案

国家	方案提出年份	方案开始实施年份	方案结束年份	改革前	改革后	实施时间及具体操作步骤
美国	1983	2002	2027	男:65岁 女:65岁	男:67岁 女:67岁	2002～2027年,退休时间每年延迟2个月,中间停12年,继续每年延迟2个月,至67岁止
英国	2007	2010	2046	男:65岁 女:60岁	男:68岁 女:68岁	2010～2018年,女性退休年龄从60岁延迟至65岁;后从2034～2036年男女退休年龄同时由65岁延迟至67岁,2044～2046年共同延迟至68岁

〔1〕 参见杨琳琳:《福利国家延迟退休的模式与镜鉴》,载《四川理工学院学报(社会科学版)》2017年第6期。

续表

国家	方案提出年份	方案开始实施年份	方案结束年份	改革前	改革后	实施时间及具体操作步骤
日本	2000	2013(男) 2018(女)	2025(男) 2030(女)	男:60 岁 女:60 岁	男:65 岁 女:65 岁	退休时间每年延迟1岁
德国	2006	2012	2029	男:60 岁 女:60 岁	男:65 岁 女:65 岁	2012~2023 年,退休时间每年延迟1个月,2024~2029年退休时间每年延迟2个月
澳大利亚	2011	2017	2017 年提高至65.5 岁,2023 年提高至67 岁	男:60 岁 女:63.5 岁	男:67 岁 女:67 岁	退休时间每2年延迟0.5岁

资料来源:曹艳春、李琦:《延迟退休国际比较与经验借鉴》,载《中国劳动关系学院学报》2017 年第1期。

表1-4　部分国家对劳动者延迟退休与提前退休的养老金奖惩措施

国家	提前退休对养老金的影响	个人自愿延迟退休的养老金激励
德国	每提前1年退休,养老金减发3.6%	随着年龄的递增,养老金领取比例递增
爱尔兰	每提前1年退休,养老金减发4.5%	随着年龄的递增,养老金领取比例递增
瑞典	每提前1年退休,养老金减发0.5%	随着年龄的递增,养老金领取比例递增
加拿大	每提前1年退休,养老金减发0.5%	随着年龄的递增,养老金领取比例递增
美国	按照距离标准退休年龄的年数逐年递减	随着年龄的递增,养老金领取比例递增

资料来源:曹艳春、李琦:《延迟退休国际比较与经验借鉴》,载《中国劳动关系学院学报》2017 年第1期。

四、在养老保险费率和养老金待遇方面的调整

自2008年国际金融危机爆发后,各国致力控制养老金开支过快增长,减轻政府负债和财政压力,基本养老金参数改革受到更加广泛的重视。需要注意的是,参数改革并非仅仅为了遏制养老金开支的增长,而是为了养老金适切性与养老金财政永续性的同等重要目标。可以将公共养老金参数改革分为征缴阶段和给付阶段。前者包括调整缴费基数、提高缴费率、延长缴费时间、提高退休年龄、限制提前退休或鼓励延迟退休;后者侧重养老金待遇计算方式。

1.调整缴费结构。缴费结构主要包括调整缴费基数和缴费率。缴费基数,即养老保险费的征缴依据是什么?是最低收入标准,还是包括各项福利在内的全额收入,抑或是社会平均工资?诚然,缴费基数越大,征缴数额越高。目前不少国家将缴费基数延伸到各项福利收入。

就缴费率而言,为了应对人口老龄化给养老金支付带来的压力,当前基本趋势是提高缴费率,尤其是提高雇员的缴费率。第二次世界大战后德国养老金缴费率一路上升,从1950年的10%逐年爬升至1997年的20.3%,预计在2030年将达到25.5%。日本从2004年10月起,“厚生养老金保险”的费率每年提高0.354%,直至2017年,使保险费的金额提高到职工工资的18.3%。

2.给付条件和标准的调整。在财政压力下,许多国家(重要是高收入国家,也包括一些中等收入国家)出台了一系列影响养老金实足性的调整措施。这些措施主要影响了养老金领取资格和推迟领取,包括对提前退休的处罚、提高法定养老金年龄、指数化退休年龄以预防退休后剩余寿命的延长等。

给付阶段主要与公共养老金待遇正常的调整方式有关。养老金待遇确定方面与哪项参数挂钩?与缴费挂钩,体现多劳多得原则?还是与工资指数挂钩,使退休者也能分享社会财富的增长?或是与物价指数挂钩,以控制养老金过快增长?另外,养老金待遇调整方面,采取什么样的调整方式?是根据参数静态调整还是动态调整?是否建立相关给付公式?就养老金待遇确

定而言,世界各国大多将缴费、工资指数、物价指数纳入考量,而且近年来对于养老金待遇调整的举措较频繁,因此下文主要阐述养老金待遇调整的变化趋势。

随着人口老龄化和经济波动,21 世纪以来,养老金自动调整机制成为现收现付养老保险制度国家的一个调整方向。"自动调整机制的建立要求政策制定者通过立法,根据偿付能力或相关可持续性指标的要求预先设定制度参数,当经济或人口波动时,调整机制要求系统内某些参数组合自动进行调整,避免政府过多的直接干预。"[1] 当前,自动调整机制主要有两种类型。第一种是制度参数与预期寿命相挂钩的调整方式,其中又有 3 种实现形式:一是根据待遇领取年龄进行指数化调整;二是引入调减系数调整养老金待遇水平;三是实现与领取全额养老金缴费年限相挂钩。第二种是制度参数与制度偿付能力挂钩的指数化调整方式,这种方式要求综合考虑经济和人口因素的变化,比如,德国在 2004 年引入可持续人口因子,该人口因子不仅反映了预期寿命的变化,还考虑了人口迁移、生育率变化和劳动参与率等情况。[2] 可见,养老金待遇调整方式的参数选取纳入了更多的社会经济变动因素,具有时代适应性。此外,养老金待遇调整方式由临时性、随意性走向法制化和机制化。根据 OECD 成员的养老金待遇调整的方式,其中一个显著特征是立法先行,以法律形式明确调整依据、调整周期等,该做法既为老年人的养老权益提供了法律基础,同时也避免了政府的不正常干预。另外,值得注意的是,某些国家的养老金待遇自动调整机制呈现复杂公式化的特点,这对参保人了解机制实质内涵产生了阻碍,容易造成误解,这也对养老金自动调整机制的建立提出了释明化的要求。

---

〔1〕 刘桂莲、房连泉:《OECD 国家公共养老金调整机制变迁与新发展》,载《兰州学刊》2017 年第 2 期。

〔2〕 See ILO, 2017 – 19 *Word Social Protection Report: Universal Social Protection to Achieve the Sustainable Development Goals*, Internation Labour Office-Geneva: ILO, 2017, p. 93 – 98.

第三节 新社会经济形势对我国养老保险制度的挑战及其调整趋势

一、新社会经济形势对我国养老保险制度的挑战

新社会经济形势对世界养老保险制度的冲击,我国也深受影响。此外,我国社会经济发展形势在顺应世界潮流的过程中呈现特殊性,进一步加剧了对我国养老保险制度的挑战。

(一)少子老龄化对我国养老保险制度的挑战

按照老龄化社会的划分标准,[1]我国于2000年就已迈入老龄化社会。根据《社会体制蓝皮书:中国社会体制改革报告NO.6(2018)》的相关数据,截至2016年年底,中国60岁及以上的老年人口有2.3亿人,占总人口的16.7%,其中失能、部分失能老年人约4000万人,占老年人口的18.3%,“空巢”老年人占老年人口的51.3%。此外,我国人口老龄化还呈现下列显著特征:老年人口规模大、老年人口增长快、老年人口高龄化(特指80岁以上老人)趋势明显、女性老年人口数量多于男性、地区发展不平衡、未富先老、未备先老和孤独终老。[2] 我国人口老龄化的程度不断加深,这对我国的养老服务和社会保障体系提出了巨大挑战。

事实上,我国日益严峻的人口老龄化挑战除来自老年的长寿化外,更来自生育的少子化。除生育观念转变、生育成本提高等原因外,与世界各国相比,我国生育少子化很大程度上受制于特殊的生育政策导向。从20世纪70年代开始,考虑到我国国家大、底子薄、人口多、耕地少的特点,为符合人口与经济、社会、资源、环境协调发展的客观要求,控制人口增长被纳入国民经济发展计划,生育政策重点调整为“晚、稀、少”。我国于1980年实施“一胎化”政策,于1982年9月将计划生育确定为基本国策,于同年12月写入《宪法》。

---

〔1〕 老龄化社会,是指一个国家60岁以上人口或65岁以上人口占总人口的比例分别超过了10%和7%。

〔2〕 参见穆光宗:《银发中国:从全面二孩到成功老龄化》,中国民主法制出版社2016年版,第34~47页。

诚然，该政策确实为中国经济的发展和人民生活水平的提高创造了有利条件，但随着时间推移，人口结构不合理问题越来越突出，特别是人口老龄化程度日益加深，容易引发因代际失衡并导致养老金收支失衡的危机。“2010年~2016年期间，我国0~14岁人口比下降并维持在16%左右。”[1]这表明我国已达到了严重少子化的程度。“目前我国已经走到了人口红利的衰减期，2012年联合国发布的《世界人口展望》提到中国如果不改变生育政策，2015~2050年将迎来一个快速上升期，抚养比将单调上升，减少劳动力供给，给整个社会带来沉重的养老负担，经济则可能陷入停滞。”[2]为解决上述问题，我国着手调整计划生育政策以提高总和出生率。“中国曾先后出台‘一孩半’政策、[3]‘双独二孩’政策、[4]‘单独二孩’政策、[5]‘全面二孩’政策，[6]其中‘全面二孩’政策的实施标志中国人口和生育迈向新的台阶。”[7]

生育政策与人口结构、养老保险制度关系密切。一方面，生育政策通过提高或降低新生人口数量的方式，影响人口结构的变化，对养老保险制度提出了要求；另一方面，养老保险制度的可持续发展也能够通过调整生育政策得以实现。从我国生育政策的演变来看，生育政策越趋宽松，但仍未脱离计划生育的范围，值得思考的是，如何确定所提倡生育孩子的数量与控制人口老龄化速度、养老金收支平衡之间的关系？从我国生育政策的成效来看，首先应当明确，与延长退休年龄等对养老保险制度产生即时效应的措施相比，调整生育政策存在时滞效应，只有当新生人口参加养老保险，该政策才能逐步产生效应。另外，随着社会经济的发展，生育成本、生育观念对生育意愿的影响逐渐放大，生育政策可能影响式微。比如，2016年我国出台的“全面二

---

[1] 参见中华人民共和国国家统计局编：《中国统计年鉴2017》，载国家统计局，http://www.stats.gov.cn/tjsj/ndsj/2017/indexch.htm。

[2] 王骏：《简议“全面二孩”政策对我国社会养老保险的影响》，载《中国市场》2016年第27期。

[3] 在农村地区，当第一孩为男孩，不允许生育第二孩；当第一孩为女孩，允许间隔几年后生育第二孩。

[4] 当夫妇双方均为独生子女时，允许生育两个孩子。

[5] 一方是独生子女的夫妇可生育两个孩子的政策。

[6] 一对夫妇可生育两个孩子的政策。

[7] 曾益、凌云、张心洁：《从“单独二孩”走向“全面二孩”：城乡居民基本养老保险基金可持续性能提高吗？》，载《财政研究》2016年第11期。

孩”政策试图缓解少子化趋势，但似乎遭到明显冷遇。国家统计局于2018年1月公布的数据显示，2017年全年出生人口1723万人，比上一年减少了63万人，人口出生率为12.43‰，比上一年下降了0.52‰。受此影响，2017年人口自然增长率为5.32‰，比上一年下降了0.54‰。因此，在调整生育政策的同时，更应当完善生育的配套政策，其中包括政治、经济、法律、文化、教育、社会及医疗等各方面的协调和努力。

（二）家庭结构变化对我国养老保险制度的挑战

美国著名人类学家摩尔根在《古代社会》中提到，家庭“是个能动的要素，它从来不是静止不动的，而是随着社会从较低阶段向较高阶段的发展，从较低的形式进到了较高的形式”。[1] 家庭结构的变化是人口结构少子老龄化的一种体现，同时还受生育政策、社会变革、人口流动、生育意愿、婚姻家庭观念等多因素的影响。随着社会进步与经济发展，当今世界家庭结构变化趋势主要是小型化、核心化、多样化，我国也不例外。“根据国家卫计委发布的《中国家庭发展报告（2015年）》，中国家庭已经从大家庭型转向小型化，核心家庭占到6成以上，家庭户平均规模仅为3.02人、2人、3人家庭成为家庭类型主体，单人家庭、空巢家庭不断涌现。”[2]具体而言，我国的家庭结构变化可归纳为以下4个趋势：一是家庭规模日趋小型化。“1950年前家庭户均人数基本保持在5.3人，1990年缩减到3.96人，2000年‘五普’时为3.44人，2010年‘六普’时为3.10人。”[3]二是家庭结构核心化。不同于主干家庭，[4]这里的核心家庭是“现代都市和工业化社会最主要的家庭模式”，[5]一般是指由父母和未婚子女所组成的家庭模式。三是家庭类型多样化，包括单亲家庭、重组家庭、丧偶家庭、“空巢”家庭等。四是家庭关系离散化，主要

---

〔1〕 参见穆光宗：《银发中国：从全面二孩到成功老龄化》，中国民主法制出版社2016年版，第23页。

〔2〕 郑功成：《中国社会保障改革与经济发展：回顾与展望》，载《中国人民大学学报》2018年第1期。

〔3〕 穆光宗：《银发中国：从全面二孩到成功老龄化》，中国民主法制出版社2016年版，第23页。

〔4〕 主干家庭，是指父母与一对已婚子女生活在一起的家庭模式，一般包括祖父母、父母和未婚子女直系亲属三代人。

〔5〕 [美]戴维·波普诺：《社会学》，李强等译，中国人民大学出版社1999年版，第395页。

是因为异地分住的地理距离、现代生活形态与价值观念的改变。

与其他国家强调“自我价值”的文化不同,我国的“孝”文化历史悠久,是家庭养老得以维系的伦理和道德基础。在这种文化背景下,我国长期受“养儿防老”观念的影响。我国《宪法》更是明确规定,“成年子女有赡养扶助父母的义务”,这正是“养儿防老”观念在法律层面的体现。因此,受我国的“孝”文化和“养儿防老”观念的影响,传统家庭养老一直是我国养老的主要方式。但是,家庭结构的变化对我国养老方式产生了重要影响。随着家庭小型化、核心化、多样化,我国老年人的家庭角色式微,在家庭中的地位降低,对下一代的经济依赖性减弱,传统“养儿防老”观念逐渐转变,导致家庭养老功能的弱化,驱使养老方式由传统家庭养老向社会化养老转变。这一转变亟须我国扩大养老保障覆盖面、加大养老保障力度。然而,我国多元替代型养老保险制度还未健全,养老保险层次低、水平不足,仍有部分老年人口无法取得来自政府和市场提供的制度保障,少部分老年人已面临经济上被边缘化的风险。这对我国扩大养老保险覆盖面、提高养老保险水平、完善多元养老保险支柱提出了更高要求,特别是对包括社会养老金在内的非缴费型养老金以及家庭成员之间或代际之间非正规保障形式的需求。并且由于我国老年人口日益增长的养老需求,对于新兴的养老模式和养老服务,如医养结合、健康和长期照料等,如何将其与养老保险更好地结合。另外,在我国“未富先老”“为备先老”的困境下,因家庭结构变化产生社会化养老的多样需求意味着我国社会养老基金支付压力的增加,如何确定国家和社会承担的养老保险责任以及如何维持养老基金的可持续发展是我国面临的又一问题。

(三)新型城镇化对我国养老保险制度的挑战

我国作为最大的发展中国家,城镇化率以年均1.04%的速度快速提升,在2016年达到57.35%,表明我国是典型的处于城镇化中期快速发展阶段的国家。但不容忽视的是,我国的城镇化还存在不足,主要体现为“市民化滞后于城镇化、城镇化滞后于工业化、土地制度与城镇化、工业化不协调”。[1] 可

---

〔1〕 黄耀冬:《城镇化进程中的社会保障制度改革问题研究》,载《社会保障研究》2017年第2期。

见，我国城镇化正处于转型关键期，成就与问题并存。在此背景下，2012 年党的十八大报告中首次提出“新型城镇化”，并在 2013 年年底召开的城镇化工作会议上对新型城镇化的发展道路、目标取向和着力点作了全面的安排，之后更是在 2014 年中共中央、国务院印发的《国家新型城镇化规划（2014 ~ 2020 年）》、2016 年出台的《国民经济和社会发展第十三个五年规划纲要》等文件中，进一步强调“新型城镇化”的重要性和实现路径。新型城镇化对我国社会保障领域提出了新的或更高的要求，对养老保险制度的挑战更加突出。

首先，增强公平性方面。这主要是指城乡二元结构下，城乡发展不平衡，农村居民与城市居民养老保险待遇水平差距过大。随着传统家庭养老功能的弱化以及城镇化发展导致农民失地问题加剧，农村居民越来越依赖通过养老保险实现养老。这就要求在法律上建立适合农村居民就业特点和生活水平的养老保险体系。此外，城镇化进程中失地农民的养老保险问题引发建立农村土地流转与领取养老保险待遇挂钩机制的探索。〔1〕

其次，适应流动性方面。这主要是指农民工在农村与城市之间奔波，兼具农民与工人身份，但却因为户籍限制、统筹层次低，无法高效、完整地转移养老保险权益。劳动力的流动是城镇化的显著表现，因此，新型城镇化意味着劳动力更充分、自由地流动。这就要求，一方面，推进户籍制度改革，减少流动限制；另一方面，提高养老保险关系统筹层次，完善养老保险转移接续制度，保障流动中的养老金权益不改变。

（四）经济新常态对我国养老保险制度的挑战

改革开放以来，我国经济一直呈现高速发展态势。但从 2010 年开始，我国经济增长速度逐渐变慢，自 2012 年起连续 3 年以 7.7%、7.7%、7.4% 开始放缓，2015 年更是不足 7%。〔2〕 2015 年，我国进入了大调整、大改革的经济

---

〔1〕 参见张震宇：《关于农村城镇化进程中失地农民社会保障问题的建议》，载《民主》2018 年第 2 期。

〔2〕 参见张为杰、李少林：《经济新常态下我国的供给侧结构性改革：理论、现实与政策》，载《当代经济管理》2016 年第 4 期。

新常态时期。新常态是我国经济发展的必经阶段，主要呈现中高速、优结构的两大主要特征。

首先，经济增长速度上由高速转变为中高速。经济增速减挡，导致财政收入增速下降，政府对社会保障的资金投入减少。“根据国家权威数据统计，2015 年全国一般公共预算收入 152,217 亿元，同口径增长 5.8%，比上年回落 2.8 个百分点，低于年初预算目标，创 1998 年以来的新低。”[1] 然而，在人口日益老龄化的趋势下，社会养老保险待遇水平不断提高，[2] 因福利刚性难以下调，给政府造成了巨大的社会保障支出压力。[3]

其次，经济结构不断调整，产业结构优化升级。我国经济新常态下所面临的问题同时存在于供给和需求两侧，但矛盾的主要方面在供给侧，根源是重大结构性失衡。这主要表现为产能过剩、产能利用率下降、劳动生产率和全要素生产率下降。新常态下的经济结构优化依赖供给侧结构性改革。这种结构性改革的矛盾主要表现为供给侧中有效供给不足与产能过剩并存，即低端产品产能过剩、高端产品供给不足。这就要求在推进供给侧结构性改革的过程中以“三去一降一补”为工作重点，即“去产能、去库存、去杠杆、降成本、补短板”。在经济结构优化升级和供给侧结构性改革的过程中，由于过剩产能问题主要存在于建筑业、煤炭行业、水利水电等传统行业中，这类企业的淘汰或改制必然会造成结构性失业现象。由于经济下行压力，当前许多中、小、微企业陷入生产乏力；加上经济结构性挑战，企业亏损、破产以及重组屡见不鲜。这就明显削弱了其参保、缴费的持续能力。例如，在 2014 年，中断职工养老保险缴费的企业就达到了 143.6 万家，涉及人数为 3371 万人，同比增长了 11.6%；断保引发的脱保现象也呈现逐年递增的趋势。这给基本养老保险基金带来较大压力。

---

〔1〕 周红民：《经济新常态下我国社会保障制度改革探论》，载《经济师》2016 年第 4 期。

〔2〕 截至 2015 年 1 月，全国已连续 11 次上调养老金。已由 2004 年的月均 647 元提高到目前的 2000 多元，增长了 2 倍多。

〔3〕 参见杨怀印、赵清莹：《经济新常态下社会保障制度的调整研究》，载《云南社会科学》2015 年第 5 期。

二、我国养老保险制度的调整趋势

我国20世纪90年代开始进行养老保障改革。首先,改革传统的企业职工和机关事业单位保障机制,为城镇职工建立多层次、三方缴费的养老保险体系;为城乡居民建立社会养老保险体系。其次,逐步完善职工基本养老保险制度,以适应目前的经济发展和社会要求。

(一)建立城镇企业职工多支柱养老保障体系

在职业劳动者的养老保障方面,我国改革传统单位养老保障制度,为城镇职工建立起多支柱的养老保障体系。1997年国务院颁布了《关于建立统一的企业职工基本养老保险制度的决定》(国发〔1997〕26号),明确城镇职工基本养老保险制度改革的目标。到20世纪末,基本建立起适应社会主义市场经济体制的要求,适应城镇各类企业职工,资金来源多渠道,保障方式多层次,社会统筹与个人账户相结合,权利义务相适应,管理服务社会化的养老保险体系。建立强制性的职工基本养老保险制度,由职工和用人单位缴纳养老保险费,为职工退休人员提供基本的养老保障。

(二)建立覆盖全民的社会养老保险制度

我国传统的劳动保险制度和退休制度为国有企业职工和机关事业单位职工提供老年保障,其他类型的企业职工和劳动者未被覆盖在内。改革开放之后,我国于20世纪90年代初开始,探索为城镇企业职工建立缴费的基本养老保险制度,并于1997年建立起全国统一的城镇职工基本养老保险制度。经过几年的实施,2005年修改完善,将其覆盖范围扩展至城镇个体经营者和灵活就业人员。[1] 此时,覆盖所有城镇企业职工和灵活就业人员的基本养老保险制度与适用于机关事业单位职工的退休制度并行,直到2015年1月国务院决定为机关事业单位职工建立基本养老保险制度,将并行的两个独立制度予以并轨。[2] 在构建覆盖所有职工的基本养老保险制度的同时,国家

---

〔1〕 参见国务院《关于完善企业职工基本养老保险制度的决定》(国发〔2005〕38号)。

〔2〕 参见国务院《关于机关事业单位工作人员基本养老保险制度改革的决定》(国发〔2015〕2号)。

一直探索为城乡居民建立适合其特点的社会养老保险制度，于2009年探索建立适合农村特点和经济发展水平的社会养老保险制度，由政府主导和农民自愿相结合，实现个人（家庭）、集体、政府三方合理分担责任和权利义务的相对应。[1] 2011年为城镇未就业居民建立适合其特点的社会养老保险制度，秉承与农村居民社会养老保险制度相同的原则和模式。[2] 我国在扩大社会保险的覆盖范围方面取得了显著成就，得到国际社会的充分肯定和高度评价，2016年国际社会保障协会授予我国"社会保障杰出成就奖"。基本养老保险作为社会保险的关键一环，随着职工基本养老保险、城乡居民基本养老保险的实施和完善，其覆盖人数已经超过9亿人。但是，社保扩面的任务还未能最终完成，特别是被相关制度覆盖的人中还有一部分人的保障质量不高，如城乡居民基本养老保险特别是农民参加该保险的缴费水平太低，有的仅每年象征性地缴费100元，明显不足以解决未来养老金的需要问题。此外，由于监管缺失，还存在漏保、重保的问题。因此，还应当继续扩大基本养老保险的覆盖范围并提高制度保障的质量，关注特殊人群的基本养老保险制度的覆盖方式和保障质量。[3]

（三）相应调整基本养老保险制度

维持基本养老保险制度的永续性以面对老龄少子化的冲击，近些年我国基本养老保险制度进行了相应调整。

对领取养老金资格和标准的调整。(1)限制提前退休。在20世纪90年代末期，国家针对不规范的提前退休行为，明确提前退休的条件和程序，禁止提前退休行为的扩大化，保障养老保险基金的安全。[4] (2)对机关事业单位女性干部和技术人员退休年龄的调整，规定除本人申请可以在55岁退休外，

---

〔1〕 参见国务院《关于开展新型农村社会养老保险试点的指导意见》（国发〔2009〕32号）。

〔2〕 参见国务院《关于开展城镇居民社会养老保险试点的指导意见》（国发〔2011〕18号）。

〔3〕 参见郑成功：《社保扩面，怎样走好平衡木》，载《人民日报》2018年7月10日，第13版。

〔4〕 参见中共中央办公厅、国务院办公厅《关于停止执行有关下岗人员可以提前退休规定的通知》（厅字〔1998〕9号）、原劳动和社会保障部《关于不得违反国家规定办理企业职工提前退休的紧急通知》（劳社发明电〔1998〕5号）、原劳动和社会保障部《关于制止和纠正违反国家规定办理企业职工提前退休有关问题的通知》（劳社部发〔1999〕8号）。

党政机关、人民团体中的正、副县处级及相应职务层次的女干部,事业单位中担任党务、行政管理工作的相当于正、副处级的女干部和具有高级职称的女性专业技术人员,年满60周岁退休。[1] 强化缴费年限与养老金之间的关联关系。为了解决养老保险基金的永续问题,加快延迟退休年龄的研究和统一部署。

建立基本养老金的全国调剂金。2018年6月,全国人大常委会《关于批准2017年中央决算的决议》的审议部分中,要求尽快建立企业职工基本养老保险基金中央调剂制度及配套措施,积极推进养老保险全国统筹。2018年实施的基本养老金中央调剂金制度实际上是实现全国统筹前的过渡性方案,是我国在老龄化背景下为解决养老金缺口及地区差异悬殊、减少全国统筹阻力的一项缓和性制度。该做法只是暂时性做法,要真正解决我国基本养老保险制度中存在的多方面问题,最终还是应当尽快实现全国统筹,且应当做到实质性的全国统筹,做到制度、费率和待遇领取办法等各方面的统一;同时,还要健全管理机制体制,规范养老保险数据。另外,还必须跟进全国统筹的配套改革措施。

完善职工养老保险个人账户制度。我国职工基本养老保险制度的筹集模式实行"统账结合"。社会统筹实行现收现付制度,主要用于当期的养老金支出。个人账户实行积累制,这部分权益完全归个人所有。两部分分开管理,社会统筹不得占用个人账户。然而在实践中,由于对部分人员的权利处理不到位以及个人账户管理失序,导致个人账户资金被挪用和侵占,一些地方将个人账户资金用于发放当期的养老金,致使个人账户"空账"运行,而人口老龄化间接推动了"空账"的严重化。我国未来需要解决个人账户"空账"运行的问题,必须进行以下几点思考:第一,个人账户应该是实账还是虚账?第二,个人账户的规模应该多大?第三,个人账户在整个养老保险制度中的地位究竟是什么?第四,制度转轨的成本如何分担?

---

〔1〕 参见中共中央组织部、人力资源和社会保障部《关于机关事业单位县处级女干部和具有高级职称的女性专业技术人员退休年龄问题的通知》(组通字〔2015〕14号)。

（四）阶段性降低企业社会保险费率

在我国经济新常态下，为化解过剩产能、激发企业活力，促进实体经济发展，2015年开始实行降低企业社会保险费率。2016年4月13日召开的国务院常务会议决定，从2016年5月1日起两年内，对企业职工基本养老保险单位缴费比例超过20%的省份，将缴费比例降至20%；单位缴费比例为20%且2015年年底基金累计结余可支付月数超过9个月的省份，可以阶段性地降至19%。[1] 根据这一政策导向，上海、广东、天津、云南、甘肃、浙江杭州、福建厦门等地区陆续出台方案或实施办法，不同程度地降低社保费率。其中，广东、云南等地区不仅降低了单位缴费费率，同时也兼顾了降低个人缴费费率。2017年6月，国家发展改革委、工业和信息化部、财政部、人民银行联合发布《关于做好2017年降成本重点工作的通知》明确指出，继续适当降低"五险一金"有关缴费比例。2018年，人力资源和社会保障部（以下简称人社部）、财政部联合发布《关于继续阶段性降低社会保险费率的通知》，自2018年5月1日起，继续阶段性降低社会保险费率。"数据显示，自2015年以来，我国总体社保费率从41%降到37.25%，减少企业成本约3150亿元。"[2]在阶段性降低企业社会保险费率中，国家强调维持职工的待遇水平。国家有条件地降低企业社会保险费率为企业增添了活力，同时为养老保险制度改革创造了时机，为第二支柱和第三支柱的发展扫清了一些障碍。

（五）建立基本养老金待遇确定和基础养老金正常调整机制

至2017年，我国已经连续13年上调企业退休人员的基本养老金，企业退休人员月人均基本养老金水平从640多元提高到2017年的2500多元。根据人社部、财政部印发的《关于2018年调整退休人员基本养老金的通知》，按照2017年退休人员月人均基本养老金5%左右的总体调整水平提高基本养

---

〔1〕 参见《10余省出台社保降费方案强调职工待遇不会降低》，载腾讯新闻网，https://news.qq.com/a/20160525/001528.htm。

〔2〕 中国保障学会：《社保划转三焦点：税负只减不增合理下降、参保扩面做实费基》，载《经济参考报》2018年9月11日，A02版。

老金,预计将有1.14亿名退休人员受益。[1] 我国连续14年上调养老金的举措虽说使退休人员受益,但这种调整是依靠行政权能进行的,缺乏科学合理的依据,不利于养老金的收支平衡。我国法律层面早已呼吁建立基本养老金合理调整机制,《社会保险法》第18条规定,“国家建立基本养老金正常调整机制”,2016年我国“十三五”规划中再次提到“建立基本养老金合理调整机制”,但迟迟未能出台具体机制方案。2018年人社部、财政部《关于建立城乡居民基本养老保险待遇确定和基础养老金正常调整机制的指导意见》规定了相对具体的主要任务,迈开了实质性的一步。未来,我国要加快建立职工和城乡居民的基本养老金待遇确定和基础养老金正常调整机制,在定额调整、挂钩调整与适当倾斜相结合的理念下,出台具体的机制办法。

新的社会经济背景下的养老保险制度调整和改革,特别是基本养老金权益的调整,需要解决参保人基本老龄保障的现实问题,以及参保人的养老金权益保护的法律问题。本书主要针对参保人养老金权益调整的法律问题,包括国家通过调整和改革现有的养老保险制度减少或者限缩参保人基本养老权益问题(基本养老金权益的不利调整问题);国家为了维持养老金的购买力而建立的基本养老金正常调整机制;以及公职人员退休金调整的法律问题和不同体系的养老金权益转化、合并问题。本书的结构安排:第二章养老金权益的法律属性,第三章基本养老金正常调整的法律机制,第四章基本养老金权益不利调整的法律规制,第五章公职人员退休金调整的法律规则,第六章基本养老保险权益合并计算的法律规则。

第四节　共享发展理念下社会保险体系之完善*

现代社会中公民的年老、疾病、失业、工伤等风险属于社会现象,国家有义务建构制度或者直接提供资助加以保障。社会保险作为一种分散风险的社会保障机制,区分为基本保险体系和补充保险体系,既保障社会主体发生

---

[1] 参见中国保障学会:《连续14年上调养老金,今年预计将有1.14亿退休人员受益》,载《经济日报》2018年8月17日,第5版。

* 本节原载《东岳论丛》2019年第2期。

风险后的基本需求,也提供不同社会主体自由选择的空间。基本社会保险体系以强制国民缴纳保费的方式为其提供基本保障,国家的发展政策和理念主要通过这一体系予以实现。共享发展作为五大发展理念之一,其基本内容是发展为了人民、发展依靠人民、发展成果由人民共享。基本社会保险体系怎样才能最大限度地体现共享发展理念?我国现行的制度体系是否完全符合这一理念?存在哪些偏差?怎样矫正这些偏差?这是本节要解决的问题,下文将按照这些问题渐次展开论述。

一、自助互济与公平合理:社会保险体系之共享发展理念

社会保险作为一种风险分摊机制,其内容涉及风险种类和分摊风险的方式。社会保险体系,是指社会主体按照一定标准组成的风险分摊系统。参保对象、保险团体和风险保障状况是构建其体系的基本要素。参保对象决定社会保险体系的覆盖范围。保险团体的划分决定哪些群体共同分摊何种类别的风险。它可能是同一身份的主体共同分摊他们的所有风险,形成职工综合保险体系和居民综合保险体系;亦可能是所有的参保人共同分摊不同类别的风险,形成国民基本养老保险体系、基本医疗保险体系,以及失业保险体系和工伤保险体系。风险保障状况,是指社会保险待遇水平,基本社会保险在社会保险体系中提供何种程度的保障。保障水平与缴费负担之间的关联关系,决定国家强制干预社会风险补偿机制的程度。共享发展,意味着发展为了人民、发展依靠人民、发展成果由人民共享。全体人民是共享的主体,发展成果是共享的内容,共同建设是共享的途径和方式,共同分享是共享的目标与归宿。社会保险体系对共享发展理念的落实,亦主要体现在其基本要素的设置之上。

首先,社会保险体系应当覆盖所有具有风险分散需求的公民。共享发展,发展的主体是全体国民,人人参与、人人尽力是共享的前提条件。这一理念体现在社会保险体系的设置方面,要求社会保险涵盖所有与职业活动相关的社会风险,否则,风险漏洞的存在可能导致社会安全的漏洞。现代社会的风险多种多样,可以通过社会保险的方式分散风险的主要有:工伤(包含职业

病)、疾病和生育、老年和残疾、失业等风险。我国《宪法》第 45 条规定,中华人民共和国公民在年老、疾病或者丧失劳动能力的情况下,有从国家和社会获得物质帮助的权利。共享还意味着社会保险的覆盖范围应当包含所有需要分摊社会风险的主体,参与保险,做到应保尽保,让人民具有享受社会保险待遇的资格。就社会保险属性而言,其显著的特点是,“社会权利主要来自就业而不是公民权,或者来自那些切实的需要”。[1] 社会保险集中有风险预防能力和预防需要的主体,要求他们通过缴纳保险费的方式筹集资金,对其中发生风险后的主体进行补偿,使其免受这些社会风险的威胁。缴费与社会保险待遇之间的对应关系,使参保人的社会保险待遇请求权具有某种权利的属性,避免传统社会救助的国家恩惠特征。就社会保险对象而言,社会保险的保障对象应当包含所有具有风险保障需要,并有风险预防能力的主体。能够自己解决本人及其家人生、老、病、死等风险的高收入群体,没有风险分散需要无须强制参加保险;有风险分摊需求而无缴费能力的主体无法通过社会保险体系分摊风险。但在共享理念下,社会保险体系除覆盖所有具有风险分摊需求和分摊能力的主体外,还应包括有分散风险的需要但没有风险预防能力(缴费能力)的主体。将国民全部纳入养老和医疗保险体系,为他们提供基本的养老需求和医疗保障,这不仅是人权的基本要求,也是社会共享的基本目标。同时,政府通过缴纳保费的方式将无力维持年老生活和疾病保障的主体纳入社会保险体系,可以有效确定老年救济和医疗救济的成本,提高救助效率。这部分主体的保费由政府负担。

其次,共同建设是共同参与的应有之义。实现共享的途径是人人参与、共同建设。体现在社会保险体系的设置方面,共建意味着社会风险主体共同连带、互助共济,共同分摊社会风险。社会保险发端于具有连带关系的成员自发解决风险的模式,法国的互助会、英国的友谊社及德国的共济基金会就

---

〔1〕 [丹麦]戈斯塔·埃斯平-安德森:《转型中的福利国家——全球经济中的国家调整》,杨刚译,商务印书馆 2010 年版,第 103、130 页。

是各种有益尝试。[1] 社会连带的共同感，最典型的是来自同一职业、同一身份。俾斯麦即利用了劳工之间的连带意识，依据职业身份组成若干保险团体以分摊劳动过程中的职业风险。社会连带感也可能来自共同生活区域，以区域为单位的保险共同体，管理本辖区范围内的成员风险。在共享理念的指导下，保险团体成员风险同质性的特征逐渐减弱，国家从共享发展和社会再分配的目标出发，以更大范围的保险，甚至全民保险制度取代传统的职业团体或者区域共同体。保险团体的构成应当尽可能地符合公平和效率原则，以实现社会主体的共建和团结。

充分发挥每个社会成员的积极性和能动性，推动社会快速健康发展，丰富社会财富，是共享共建的前提。共享发展理念的这一要求正好契合社会保险的运行机制。保险团体是社会风险的分摊主体，其风险分摊金源于成员缴纳的保险费。保险费用与保险待遇之间的关联，包括从总体上源于参保人缴费累计的保险待遇支出，以及从个体上，每一个参保人都应当承担一定的保险费用，以体现成员对团体的贡献。对于从属劳动者来说，他们通过共同缴纳保费预防工作风险，实现群体之间的团结和连带；为了体现雇主对雇员的照顾义务，雇主亦为雇员缴纳部分保费，雇主与雇员之间的团结由此实现。自我缴费、分摊团体成员的风险，不仅体现了本人自我负责的理念，而且体现了本人对团体成员的帮助和贡献。国家财政对社会保险基金的补贴应当具有合理的依据。[2] "无论有多少社会政策上的叠加与连生，社会保险在这种意义上始终是保险，即通过面临共同风险威胁的人群的合理缴费，为将来可能发生并可以估测的需要而提供的一种集体保障。"[3]

最后，公平合理是共享发展的基本要求。人人参与和人人贡献是共享的前提条件，公平分享是成果分配的基本要求。参与保险、互助共建的目的是

---

〔1〕 参见[德]汉斯·察赫：《福利社会的欧洲设计：察赫社会法文集》，刘冬梅、杨一帆译，北京大学出版社 2014 年版，第 257～259、265、275 页。

〔2〕 参见熊伟、张荣芳：《财政补助社会保险的法学透析：以二元分立为视角》，载《法学研究》2016 年第 1 期。

〔3〕 [德]汉斯·察赫：《福利社会的欧洲设计：察赫社会法文集》，刘冬梅、杨一帆译，北京大学出版社 2014 年版，第 257～259、265、275 页。

参与共建成果的分配,在社会保险体系上,是指社会保险权益的配置问题。社会保险权益的公平配置是共享理念的应有之义。基本社会保险体系应当为国民提供合理的风险保障,其“保险权益公平配置”主要体现在以下两个方面:一是社会保险待遇应当达到一定的标准,能够为参保人提供风险保障。国家建构基本社会保险体系的目的是为社会成员分摊社会风险,使他们在年老、疾病、失业、工伤和失能等情形下,能正常生活以及承担扶养义务,国家因此也获得强制人民参保缴费、放弃一定的财产处分自由和选择其他保障方式的自由的权利。社会保险待遇虽然与保费之间具有一定的保险精算关系,但是,由国家强制建构的基本社会保险体系,突出体现为国家为其国民提供公共产品,保障他们发生社会风险时的经济安全和健康需求。二是社会保险权益应当具有一定的权利属性,不受国家的恣意限制或者剥夺。与社会救助等其他社会保障的权益不同,社会保险待遇是参保人参保缴费后的对价,是国家通过法律对参保人的承诺,不是国家单方面提供的恩惠。社会保险权益在不同阶段的表现形式存在差异。在保险关系承续期间,参保人发生规定的风险、符合请领待遇的条件时,其权益表现为待遇请求权;参保人符合待遇请求的条件,但风险事故并未发生,其权益表现为待遇期待权;在保险关系承续期间,既未发生风险、也未满足待遇请领的其他条件,参保人的权益表现为一种期待的可能性。[1] 赋予社会保险待遇,特别是养老保险待遇的请求权和期待权以财产权属性,将宪法财产权保障从私法财产权延伸至社会保险所产生的公法给付请求权,在德国宪法法院1980年的判决中就已经确立。[2] 在20世纪70年代发生的程序革命,美国联邦最高法院基于福利社会的“新财产”概念,极大扩充了正当程序的适用范围。“新财产”保护社会福利和公共职业等政府馈赠,从优惠变成财产,对它们的剥夺受到“正当程序”的限制。所以,社会保险权益无论哪种状态,均源于参保、缴费记载,国家不得任意限制或者剥夺。

---

〔1〕 参见钟秉正:《社会法与基本权保障》,台北,元照出版有限公司2010年版,第121页。

〔2〕 参见邵惠玲:《社会基本权之法制实践与司法审查》,台北,元照出版有限公司2016年版,第138页。

人人参与、风险同济以及保险权益的公平配置，是社会保险体系实现成员共享发展的基本要求。我国的社会保险体系在覆盖范围、社会团结和分享公平等方面还存在一定程序的不足。

二、以正规就业劳动者为参保对象背离应保尽保的共享原则

我国社会保险体系的构建一直以正规就业劳动者为保障对象。建立于20世纪50年代的劳动保险制度，以一定规模和范围的公有制企业职工为保障对象，季节性企业和季节性、临时性工人均未包含在内。[1] 随后确立的机关事业单位职员保险制度，也仅将国家机关、事业单位和社会团体的正式职员纳入覆盖范围。[2] 20世纪90年代初开始的社会保险制度改革，主要针对以企业为主体的经济组织及其职工。经历近20年的探索，直到2010年《社会保险法》的出台，我国初步建立起了以用人单位和职工共同缴纳社会保险费用、由专门的保险经办机构经办管理社会保险基金的社会保险体系。

以职业劳动者为保障对象的职工保险将非正规就业劳动者作为自愿参保人纳入其中。非正规就业形式，一般包括非全日制就业、劳务派遣、远程就业等。除被派遣劳动者外，[3] 我国其他非正规就业人员均不在职工的社会保险体系之内。非全日制就业人员依据国务院社会保险行政部门的规定，由用人单位为其办理工伤保险登记并缴纳工伤保险费用，[4] 其他风险如年老、残疾、疾病、生育等均未纳入保障范围。其他灵活就业人员，包括独立承揽人

---

〔1〕 1951年政务院颁布的《劳动保险条例》第2条规定，其覆盖范围主要为有一定规模的工矿企业，铁路、航空、邮电企业，部分建设单位和国营公司。第3条和第5条将季节性企业和季节性、临时性工人排除在外。

〔2〕 参见1952年政务院《关于全国各级人民政府、党派、团体及所属事业单位的国家工作人员实行公费医疗预防的指示》，1955年政务院《关于国家机关工作人员退休处理暂行办法》。

〔3〕 我国现行法律将被派遣劳动者作为派遣单位的职工纳入职工社会保险体系。参见《劳动合同法》第58条。

〔4〕 原劳动和社会保障部《关于非全日制用工若干问题的意见》第12条规定，用人单位应当按照国家有关规定为建立劳动关系的非全日制劳动者缴纳工伤保险费；原劳动和社会保障部《关于实施〈工伤保险条例〉若干问题的意见》（劳社部函〔2004〕256号）中也规定，职工在两个或两个以上用人单位同时就业的，各用人单位应当分别为职工缴纳工伤保险费。

和其他独立从业人员，在以个人的身份、遵循自愿原则参与社会保险体系时，由于需要承担高额的社会保险费用、[1]职业活动不稳定以及劳动收入不高等原因，导致这部分群体很难被纳入职工社会保险体系。

农业劳动者被视为具有农村户籍的居民，与城镇居民一同纳入居民社会保险体系。城镇居民未从事职业劳动，其风险主要是年老和疾病（包括生育风险），不存在工伤和失业问题。其保险类别与之对应，只有基本养老保险和医疗保险。但农村居民中绝大多数是农业劳动者，他们面临的风险除年老、疾病外，工作中的伤害和职业疾病等职业风险不可避免。我国现行的社会保险体系并未区分农村劳动者与农村居民，农业劳动者在农业生产活动中的职业灾害，不能被现行的工伤保险制度所保障，[2]他们的失业风险也未纳入失业保障范围。

对于城乡居民来说，其养老保险和医疗保险虽然纳入了基本社会保险的范围，但该社会保险体系基本不具备分摊养老风险和疾病风险的属性：无论是基本养老保险还是医疗保险，目前均属于自愿参保；基本养老保险没有统筹基金，每个居民只存在保险个人账号，本人缴费和地方政府的缴费补贴全部归入账号收入，[3]参保人之间不存在风险共摊、互助共济。就保险待遇而言，农村居民的养老金甚至没有达到最低生活救助的基本水平。[4] 其医疗保险，特别是农村居民医疗，不仅医疗服务目录范围完全取决于统筹地区医疗保险基金的盈亏状态，而且在乡镇医疗机构中，医疗卫生服务资源较贫乏，在很多情形下根本无法解决农村居民的基本医疗需求。

以正规就业人员为保障对象的社会保险体系：一是将同样具有风险分散需求和风险分散能力的非典型就业人员排除在外。社会保险的强制性仅适

---

〔1〕 除享受国家给予的部分保险费优惠外，他们必须缴纳相当于职工个人和单位应缴的费用。参见国务院《关于完善企业职工基本养老保险制度的决定》（国发〔2005〕38 号）第三部分。

〔2〕 参见《工伤保险条例》第 2 条。

〔3〕 参见国务院《关于开展新型农村社会养老保险试点的指导意见》（国发〔2009〕32 号）和《关于开展城镇居民社会养老保险试点的指导意见》（国发〔2011〕18 号）。

〔4〕 2014 年，城乡居民基本养老保险平均待遇水平达到 89.9 元/月；而 2015 年全国农村最低生活保障月人均补助水平是 144.6 元。参见郑功成：《中国社会保障发展报告 · 2016》，人民出版社 2016 年版，第 36、89 页。

用于职工保险,非全日制就业人员、个体劳动者以及其他自由职业者均作为自愿参保人,由个人选择是否参保。农业劳动者,限于户籍制度的约束,他们即使自愿,也不能参加城镇职工的社会保险体系,只能以居民身份参加非职业人员的社会保险体系。二是未覆盖其他具有风险分散需求但缺乏缴费能力的社会弱势群体。这一群体社会风险解决措施,尽管可以由社会救助体系予以完成,但是从我国现有的城乡居民社会保险体系看,国家试图通过社会保险体系统一解决,这也符合救助效率原则。但是,由于政府财政补贴社会保险费的力度未完全到位,导致这部分群体的年老和健康风险依然存在隐患。其结果是,将众多具有风险分散需求的群体排除在职业劳动者的社会保险体系外,剥夺了他们参与社会团体、与他人共同分摊社会风险的资格,违背了共享发展理念中关于人人参与的原则和要求。我国职工的社会保险维持了雇主承担绝大部分缴费责任的制度特征,绝大部分保险费源于用人单位。[1] 而用人单位的保费如同企业的间接税,由企业通过产品和服务价格的方式分散给广大消费者。作为消费者的被保险人,在承担了包含保费在内的较高价格的产品和服务的同时,享受了社会保险待遇。被排除在社会保险团体之外的社会主体,只承担了高价格的产品和服务消费品,却无法通过保险团体分散社会风险。这无疑造成了对这部分弱势群体资格的剥夺。

将社会保险的覆盖范围限于典型的从属劳动者,与当今社会保险的发展趋势不吻合。社会保险这个19世纪后半叶发明的基本模式,被用来对抗产业工人的工伤、疾病及老年风险。为了适应现代经济社会发展的需要,其制度体系已经进行了广泛扩张。其一,覆盖范围的扩张。受保障的人群从产业工人扩张到受其扶养的家庭成员,以及所有雇佣劳动者、“边缘人群”(如家庭手工业者)和其他类似需要保障的人群,甚至是自由从业者,最终孕育出“全民保障”的理念。其二,通过社会保障来化解的风险也在进一步扩展:将职业病纳入职业风险中,与生育相关的风险纳入疾病风险,以及因为企业破

---

〔1〕 建立于20世纪50年代的劳动保险制度,全部保险基金源于用人单位缴纳费用,劳动者个人不缴费。现行职工社会保险费用占职工工资总额的40%左右,其中30%以上由用人单位承担。

产导致的收入丧失作为一种最新的风险予以纳入。[1]

三、风险基金的构成及管理运营无法实现成果共享

我国社会保险基金的设置分散,保险团体小,风险分散能力弱,成员之间的互助共济功能难以实现。按照职业和身份设置的职工保险和居民保险,并非组成全国统一的职工保险基金和居民保险基金,而是被行政区划和户籍要素再次分割,形成了特定统筹区域的企业职工社会保险基金、机关事业单位职工保险基金以及居民保险基金。每一统筹基金的成员构成一个风险共济团体,共同缴费、共担风险。不同统筹基金之间独立运行,互相不得共济。保险团体随着统筹级别的下移而不断分化。对职工来说,他们不属于一个群体,而是被分为企业职工或者机关事业单位职工,以及某省、某市,甚至某一县的企业职工和机关事业单位职工。这不仅违背了保险的大数法则,而且破坏了保险本来具有的团结连带关系。社会保险团体的构建基础主要是风险的同质性。职工的身份相同、风险相同、预防风险的愿望和能力相同,传统的社会保险制度就是利用这些特点建立起职工互助团结的风险分摊机制,在不改变国家财政分配体制的前提下,实现保障产业工人社会安全的目标。

分散设置的保险基金将参保人之间的互助团体限制在十分有限的范围内,而保险基金独立性的欠缺使参保人有限的互助和共济丧失殆尽。社会保险的互助机制是通过保险团体集聚保险资金共摊风险实现的。我国社会保险基金独立设置,参保人的缴费全部纳入其中。但是法律没有明确基金的收支与参保人的缴费负担和待遇水平之间的关联性。参保人的保险待遇依法规定或者由有关政府主管部门决定,与基金的盈亏或者缴费负担之间的关联性不强,《社会保险法》第65条规定,社会保险基金通过预算实现收支平衡。参保人对统筹基金的收支平衡责任被政府责任取代。这样,参保人之间不以风险高低为缴费基础而建立起来的连带关系被政府的无限介入冲淡了,雇主

---

〔1〕 参见[德]汉斯·察赫:《福利社会的欧洲设计:察赫社会法文集》,刘冬梅、杨一帆译,北京大学出版社2014年版,第257~259、265、275页。

通过缴费帮助雇员预防社会风险的目标也因为政府财政的包揽而模糊化。

政府在承担社会保险基金最后担保人责任的同时,完全包揽社会保险经办事务,排除被保险人的参与。[1] 社会保险的风险管理可以由参保人自治完成,此时,参保人自我筹集资金、自治管理,基金的盈亏由参保人自己承担责任。风险管理也可以委托其他主体,包括国家专门成立的公法人或者政府,或者私人保险公司。我国的社会保险事务完全由政府包揽,社会保险经办机构专司其职。参保人除可以通过一定的机制行使知情权和监督权外,无权参与风险管理决策。他们的保险待遇绝大部分由政府确定,有的甚至是统筹级别的政府。政府在行使社会保险人决策权的同时,亦决定参保人的待遇水平。作为参保人,他们除依法缴纳社会保险费外,只关注自己的保险待遇,至于风险团体成员的构建、风险基金的管理运营状况都与其无关。政府对社会保险基金管理运行和支付责任的包揽,不仅侵蚀了社会保险的本质属性,而且破坏了社会成员之间的团结互助。[2]

四、保险待遇的权利属性不明确使社会保险体系的公平性大打折扣

社会保险又称社会预护制度,是参保人缴纳保费或者累计年资为将来可能发生的风险作出安排。[3] 参保人的保险权益主要体现为社会保险待遇,不仅与其事先缴纳的保险费或者参与的劳动之间具有对应关系,而且体现国家保障国民经济安全和健康需求的义务和责任。这也是社会保险体系公平性的当然要求。但我国现行社会保险体系关于社会保险待遇的权利属性模糊,待遇目标、待遇依据和设置及变更程序还存在较大不足。

首先,我国基本社会保险待遇水平未能实现国家为国民提供安全保障的目标。工业革命后,离开土地的劳动者仅靠工资收入维持本人及其扶养的家

---

〔1〕《社会保险法》第80条规定,参保人员的代表组成社会保险监督委员会,对社会保险进行监督。

〔2〕参见熊伟、张荣芳:《财政补助社会保险的法学透析:以二元分立为视角》,载《法学研究》2016年第1期。

〔3〕参见钟秉正:《社会保险法论》(修订二版),台北,三民书局股份有限公司2012年版,第34页。

庭成员的生活，劳动者的收入过低，无法凭借自身的力量解决劳动中出现的失业、年老等收入中断的风险或者疾病、伤害等支出增加的风险。劳动者面临的这些风险被视为社会风险，要求现代国家承担积极义务，该义务可能体现为国家建构社会保险制度，或者直接由国家提供金钱或者服务等社会保险待遇，国民因此享有请求国家保障其享有最起码的生活权利，即社会基本权利。第二次世界大战以后，社会基本权利除在各国宪法内或多或少获得肯定外，也在一些重要的国际公约中得以体现。[1]《经济、社会和文化权利国际公约》第9条规定，本公约缔约各国承认人人有权享受社会保障，包括社会保险。但是，我国《宪法》第45条并未将社会保险权作为公民的基本权利加以确认，而是规定，"中华人民共和国公民在年老、疾病或者丧失劳动能力的情况下，有从国家和社会获得物质帮助的权利"。作为一种"物质帮助权"，权利主体受帮助的程度和标准只能依据施助主体的能力予以确定，不能取决于权利主体的需求状况；况且，帮助义务人除国家外，还包括"社会"。我国公民的"物质帮助权"与现代社会的风险保障权存在很大差异，不仅保障目标与受助主体需求之间的关联性无法体现，而且受助权利相对方的义务主体不限于国家。国家保障公民在发生风险时的经济安全和健康的义务被稀释。与《宪法》的规定一致，我国《社会保险法》第2条亦未将公民的社会风险保障确认为基本社会保险制度的目标，而是明确其仅限于保障公民在年老、疾病、工伤、失业、生育等情况下，依法从国家和社会获得物质保障的权利。在具体制度的设置中，《社会保险法》没有明确被保险对象的待遇标准和保障水平，而是代之以"按照国家规定"或者"由国务院规定"等笼统规范，使保险待遇标准具有较大的随意性。

其次，社会保险待遇设定与保险费之间的对应关系不明确。为了实现国民获得物质帮助的宪法权利，国家通过《社会保险法》建立强制基本社会保险制度，规定劳动者必须参加保险、缴纳社会保险费。作为实现公民"物质帮助权"的《社会保险法》，未涉及社会保险待遇标准问题，参保人的社会保险

〔1〕 参见陈新民：《德国公法学基础理论》(增订新版·下卷)，法律出版社2010年版，第434页。

待遇由国务院的有关条例、决定等予以设置,部分内容甚至由国务院有关部委的规范予以确立。相关规范确立的社会保险待遇标准,与社会保险基金之间是否存在保险精算关系？如何体现？均不得而知。如国务院《关于完善企业职工基本养老保险制度改革的决定》(国发〔2005〕38号)明确规定了企业职工基本养老保险待遇的依据和标准,但实际支付给被保险人的养老金却未完全遵循该规定。相对于养老保险待遇,医疗保险以医疗服务的方式给付,其给付标准更难以确定,由有关权威部门提供医疗服务目录来确定医疗给付的基本范围是各国的普遍做法,我国亦如此。但是,《社会保险法》并未明确规定医疗服务目录由谁制定,作为社会保险主管部门的人社部自然成为决定医疗目录的权威机构,同时,人社部还授权省级政府根据各地医疗保险统筹基金的承受能力确定给付范围。[1] 所以,目前有国家、省(直辖市、自治区)、统筹市县三级医保目录,存在多层级决策。这种被国务院部委和地方政府单方决定的医疗目录,是参保人医疗保险待遇的强制标准,超出目录范围的医疗服务完全由参保人自费承担,无论该药物是否属于维持病患生命或者健康的必要范围,参保人无法通过一定的程序对此表示异议。

不仅社会保险待遇确认依据不明确,而且其调整亦具有随意性,调整主体和调整依据都无相应的规则。例如,自2005年起,连续11年按不低于10%的比例提高城镇职工基本养老保险金水平。[2] 职工基本养老待遇标准由2005年国务院《关于完善企业职工基本养老保险制度的决定》(国发〔2005〕38号)确定,但人社部和财政部于2005年发布《关于调整企业退休人员基本养老金的通知》,决定自2005年起,连续3年提高企业退休人员基本养老金。3年之后,人社部和财政部决定继续调整,至今已有10多年。人社部、财政部于2016年4月15日印发《关于2016年调整退休人员基本养老金的通知》,直接决定2016年的调幅为6.5%。无论是之前10%的调整幅度、

---

〔1〕 参见人力资源和社会保障部《关于印发〈国家基本医疗保险、工伤保险和生育保险药品目录〉的通知》(人社部发〔2009〕159号)。

〔2〕 参见熊伟、张荣芳:《财政补助社会保险的法学透析:以二元分立为视角》,载《法学研究》2016年第1期。

还是2016年6.5%的调整幅度,均由有关部门直接根据“实际需要”予以确定,既未考虑保险费与待遇之间的关联性,也未考虑调整的职权和程序问题。而医保药品目录,从2000年劳动和社会保障部正式颁布《国家基本医疗保险药品目录》,到2004年修订的《国家基本医疗和工伤保险药品目录》,2009年又制定、2016年再次修订,相关目录产生的依据和标准到底是什么?参保人都无从知晓。饱受争议的失业保险基金支出范围更是如此。我国的失业保险基金长期以来收大于支,存在大量的结余。[1] 自2006年起,国务院以及人社部一直致力扩大失业保险基金的就业促进支出,发布了一系列的通知、规定。在《社会保险法》未授权、《失业保险条例》亦未修改的情形下,有关部门的这些调整并没有上位法的基础和依据。

五、共享理念实现途径:社会保险体系之完善

针对我国社会保险体系中存在的不足,必须按照共享发展理念的要求予以适当调整。

首先,扩大我国社会保险的覆盖范围。针对工业革命过程中的劳工问题建立的传统社会保险制度,解决的是劳动者在暂时或者永久丧失劳动能力或者劳动机会时的收入替代和健康保障问题。后工业时代的新社会风险有很大的不同:随着大量女性劳动力从家庭中走出来从事有偿劳动,子女和家庭的照顾风险日趋社会化;人口老龄化程度的提高,老年人医疗和照顾风险的社会化要求也随之提高;社会服务业的大量兴起导致劳动力市场的灵活性不断加强;从不断萎缩的工业领域排挤出来的大量劳动力和大量进入城镇就业的劳动力进入就业大军,这些受教育程度相对较低的劳动力的失业风险更大。[2] 所以,后工业时代社会风险,不仅种类增多,而且扩大了风险人群。为了应对这些变化,传统的社会保险制度有了相应的调整。社会风险体系除

---

〔1〕 根据财政部公布的2015年全国社会保险基金预算报告显示:截至2015年年底,失业保险基金年末滚存结余4998.84亿元。

〔2〕 参见[英]彼得·泰勒-顾柏编著:《新风险 新福利:欧洲福利国家的转变》,马继森译,中国劳动社会保障出版社2010年版,第2~4页。

保障年老、疾病、工伤、失业风险外，老年人和残疾人员的照护问题也被纳入其中，德国已于1994年将老年人的照护纳入社会保险体系。[1] 工作不稳定、就业时间灵活的非典型就业人员，按照缴费与待遇相关联的原则，其保险待遇要达到维持风险发生时的基本生活需要，国家给予更多的补贴。将公民权的内容引入社会保险体系，由国家承担为全体公民提供基本的养老保障、医疗保障和失业保障的义务，通过社会保险体系实现公民的社会安全权利，是现代社会保险体系发展的基本特点。[2]

依据人人参与、人人共享的理念，我国社会保险体系应当尽可能地将典型化的社会风险纳入其中。在传统的养老、疾病、工伤、失业之外，还应当包含照护保险，将家庭、个人的照护风险纳入社会化管理体系，以适应家庭成员结构和照顾专业化方面的要求。[3] 非典型就业人员，可以选择参加职工保险体系和居民保险体系。通过对职工保险和城乡居民保险的养老金水平、替代率、投入产出比进行比较后发现：在相同的缴费水平下，职工保险的养老金水平、替代率、投入产出比均高于城乡居民保险；随着缴费年限的增加，城乡居民保险和职工保险提供的养老金水平之间的差距不断增大。在经济条件允许的情况下，灵活就业人员参加职工保险比参加城乡居民保险更划算。[4] 灵活就业人员的理性选择是参加职工保险。现有的职工保险的缴费负担使绝大多数灵活就业人员无力参加。适当降低职工社会保险的费率，加大对灵活就业人员缴费的政府补贴，可以增加灵活就业人员参加社会保险的比例。对于农业劳动者来说，国家应当设置与其就业特点一致的社会保险体系，真正解决他们的职业风险。

其次，增强保险的连带互济功能。社会保险团体的划分主要基于风险和

---

〔1〕 参见[丹麦]戈斯塔·埃斯平-安德森编：《转型中的福利国家——全球经济中的国家调整》，杨刚译，商务印书馆2010年版，第103、130页。

〔2〕 参见蔡维音：《社会国之法理基础》，台南，正典出版文化有限公司2001年版，第64页。

〔3〕 2016年7月8日，人力资源和社会保障部办公厅发布《关于开展长期护理保险制度试点的指导意见》（人社厅发〔2016〕80号），决定在河北省承德市、吉林省长春市、上海市、重庆市等15地开展长期护理保险制度试点。

〔4〕 参见薛惠元、仙蜜花：《灵活就业人员参加养老保险的制度选择——基于职保与城乡居保制度比较的视角》，载《保险研究》2015年第2期。

预防能力的差异性。具有风险同质性和缴费能力一致性的参保人,连带关系密切,团体的认同度高,更容易组成互助共济的风险分摊团体。多层次、复合式社保体制是当下福利国家社会政策实践的主流趋势。[1] 我国社会保险体系的构建按照风险类别和职业劳动的参与状况,分为职工的养老、医疗、失业、工伤保险,以及居民的养老和医疗保险,具有相当的合理性。但是,社会保险团体按照劳动者的户籍和身份、用人单位的性质和所属的行政区划等要素进行再次分割,缺乏合理依据。摒弃这些人为因素,使社会保险基金真正回归到以风险分摊和管理效力为基础的保险团体。以职工社会保险体系而论,企业职工与机关事业单位职工基本养老保险制度的统一,只是第一步。在这一基础上,还需要针对机关事业单位职工的基本养老保险统筹基金单独建账、分别管理使用的现状,[2]进行调整和整合,将其统一纳入统筹基金,共同分摊养老风险。职工的基本医疗保险制度,自 1998 年国务院《关于建立城镇职工基本医疗保险制度的决定》(国发〔1998〕44 号)实施以来,已经覆盖了城镇所有的用人单位。现阶段,需要解决的问题是,如何真正按照上述规定调整到位。整合城乡居民基本医疗保险,建立统一的居民医疗保险制度是实现城乡居民公平享有基本医疗保险权益的举措,已由国务院部署实现:各省(区、市)要于 2016 年 6 月底前对整合城乡居民医疗工作作出规划和部署,各统筹地区要于 2016 年 12 月底前出台具体实施方案。[3] 这些举措已经确定了制度调整的方向,贯彻落实还有赖各级地方政府的努力。提高统筹层次仍然是解决保险团体分散的重要措施。《社会保险法》第 64 条明确规定了统筹的目标:基本养老保险基金逐步实行全国统筹,其他社会保险基金逐步实行省级统筹。社会保险的基金独立和管理民主是建立保险团体成员连带互济关系的必要条件,也是我国社会保险制度必须加以调整的重要内容。

最后,强化社会保险待遇的权利属性。社会保险的参保人在缴纳保险费

---

〔1〕 See Watson Andrew, *Social Security for China's Migrant Workers-Providing for Old Age*, Journal of Current Chinese Affairs, Vol. 2009, p. 98 – 106.

〔2〕 参见国务院《关于机关事业单位工作人员养老保险制度改革的决定》(国发〔2015〕2 号)。

〔3〕 参见国务院《关于整合城乡居民基本医疗保险制度的意见》(国发〔2016〕3 号)第五部分。

的同时,即从风险管理者(可能是国家或者国家授权的社会公法人)那里获得了一种安全保障权,即在他们发生法定的社会风险(疾病、工伤、失业、年老、残疾等状态)时,有权要求获得相应的社会保险待遇。社会保险关系相当于一种"契约关系",是一种依法成立的权利义务关系,这种关系使社会保险待遇给付具有某种权利的属性,与由国家单方面提供的社会福利给付的恩惠性有很大差异。通过社会保险获得的安全并不仅仅意味着社会安全,也意味着法律的确定性。社会保险的个人化还暗含一种主体权利。[1] 如果说,社会权或者社会保障权的基本权利属性在很多国家还处于探索阶段,社会保险权利则已被广泛确认。面对社会保险待遇随意性的问题,只能从法律上强化其权利属性。第一,在《宪法》中明确公民的社会保险权,即规定中华人民共和国公民在年老、疾病、失业、工伤等情形下,享有社会保险权。该权利作为基本权利,要求国家立法机构通过法律对之加以确认和保障。第二,《社会保险法》等基本法律应对社会保险待遇加以规范和保障。社会保险权在基本法层面主要体现为社会保险待遇请求权,是公民参加保险、缴纳社会保险费的对价。所以,参保人的社会保险待遇与社会保险基金之间的财务关系应当清晰,并且能够满足其发生风险时的经济需求。此外,无论是确立、还是变更或者限制剥夺的依据,都应当遵循法律保留原则,除非有明确的授权,否则政府及其有关部门都无权对其进行调整。

---

〔1〕 参见[德]汉斯·察赫:《福利社会的欧洲设计:察赫社会法文集》,刘冬梅、杨一帆译,北京大学出版社2014年版,第257~259、265、275页。

第二章　养老金权益的法律属性*

近年来，国内一些社会法学者，乃至宪法学者对退休人员所享有的权利问题颇为关注，有不少学者从宏观方面分析社会保障权或社会保险权，也有部分学者研究退休金（给付）请求权，[1]还有个别学者研究养老金期待权。[2] 宪法学者则主要探讨养老保险权的宪法保障和合宪性问题。而鲜有人探讨完整的养老金权益的含义、属性等。养老金权益作为基本养老保险制度中最基础的问题，明确其范围及属性是保障被保险人合法权益的需求，对于整个制度的发展完善也有重要意义。本章从理论和有关国家的立法实践分析基本养老金权益的形态和法律属性，具体从婚姻关系存续期间的养老金权益范围这一视角解决在私法关系上其财产地位的确认问题。

第一节　基本养老金权益的法律形态和财产属性

一、养老金权益的含义及其法律形态

（一）养老金权益的含义

养老金权益，是指依据养老保险制度，公民参加养老保险体系后请求给付养老保险待遇的权利（包括在退休金制度下劳动者通过累计年资获得的退

---

* 武汉大学法学院 2016 级经济法学硕士研究生郭凤郡参与了本章资料搜集和部分内容写作。

〔1〕 参见郑尚元：《企业员工退休金请求权及权利塑造》，载《清华法学》2009 年第 6 期；冯彦君：《退休金给付请求权困境的破解》，载《社会科学辑刊》2017 年第 4 期。

〔2〕 参见杨丰菀：《论基本养老金期待权的保障》，载《江汉论坛》2016 年第 9 期。

休金权利)。[1] 基本养老保险的运作方式为被保险人在其工作期间让渡一部分劳动报酬给保险人,待其退出劳动力市场后向保险人请领养老金。即被保险人在参保期间必须履行缴纳保费的义务,在满足法定条件后,获得请求保险给付的权利。养老保险待遇的给付额度是以被保险人参保年资与工资水平为基础计算的,而养老保险待遇给付的资金也大多源于被保险人所缴付的保费。其他社会保障制度,如社会救济、社会福利,均是由国家财政单方面支出,受领人只需符合法定条件,而无须支付任何对价即可获得相应待遇。养老保险待遇的获得必须以缴纳保费为前提。因此,被保险人所缴纳的保费与其所能享有的养老金具有一定的对价性。另外,养老保险具有所得重分配之特性,其不仅在参保人之间具有分配效应,更重要的是,在代际之间产生重分配效果。养老保险制度是一种世代契约,由当代缴纳保费的群体承担当代已退休人员的养老金支出,以实现代际养老。被保险人之所以忍受保费义务产生的财产减损以及经济自由之限制,实乃基于保险人对被保险人所作的未来养老金给付之承诺。[2] 因此,当养老保险关系成立,被保险人缴纳的第一份保费即应当呈现为相当的财产价值地位,被保险人也对此享有相当的权利地位。此外,根据权利与义务相统一的原则,任何社会成员只要履行了一定的义务就应该享有相应的权利,被保险人履行了缴纳保费的义务,就应享有相应的权利。如前文所述,养老金是被保险人履行缴费义务的对价所得,属于劳动报酬的一部分。被保险人在其年老退休后,达到领取养老金的条件或者即使未达到相应条件,依法退出养老保险体系时,应享有取回其劳动报酬的权利,即享有对保险人一定的给付请求权。

(二)养老金权益的法律形态

社会保险作为一种风险预防方式,参保人在工作时缴纳保险费,待其出现疾病、年老等事由,暂时或者永久退出劳动领域时,可从社会保险基金处享有相应待遇。参保人的保险待遇请求权,是指在社会保险关系有效期间,发

---

〔1〕 参见张荣芳:《新型夫妻共同财产:婚期期间的养老金权益》,载《法学评论》2018 年第 2 期。

〔2〕 参见邵惠玲:《社会基本权之法制实践与司法审查》,台北,元照出版有限公司 2016 年版,第 151 页。

生法定的保险事故时,请求保险人依法给付保险待遇的权利。因为风险持续状态不同,社会保险待遇的给付方式分为短期给付和长期给付。医疗保险、生育保险和工伤保险等保险给付,其防范的是当期发生的风险事故,仅限于补偿本次事故的经济损失,属于短期性给付。失业保险、养老保险防范的是未来一段时间内的风险事故,其给付期限一般需要持续相当长的时间。失业保险给付需要持续到被保险人终结失业状态,到重新就业为止。养老保险给付需要持续到被保险人死亡等情形发生。对于长期给付类的保险,法律一般规定被保险人请领给付的条件,除发生保险事故外,还需要一定的等待期。为了减少行政负担、防止制度遭到滥用以及达到保障老年安全的目的,所以,在基本养老保险制度设计时,被保险人请求养老保险待遇需满足一定的缴费年限条件(提供劳动或者累计年资),即所谓享受社会保险待遇的等待期。例如,我国《社会保险法》规定,养老保险的被保险人领取养老金的条件,除达到退休年龄外,还需要累计缴纳养老保险费达到 15 年。在漫长的养老保险关系存续期间,被保险人所享有的权益形态因所处阶段不同而存在差异。根据满足养老金领取的两个条件:等待期及法定退休年龄。养老金的权益可以分为 3 个阶段:保险关系开始至满足等待期前,已满足等待期但尚未达到法定给付年龄或者未出现其他养老保险事故,以及满足等待期并发生法定养老保险事故。第一种情形,养老金请求权的两个条件即保险事故和等待期均未达到,参保人对养老金既无请求权也无期待权,但由于被保险人履行了缴纳保费的义务,其仍可以要求返还已经累计的保险费。第二种情形,参保人的权益属于年金财产权的期待权,在此状态下无论被保险人是否继续履行缴费义务,只要达到法定退休年龄即可请求保险人支付养老金。第三种情形,参保人满足等待期并且已经达到给付年龄,此时被保险人的风险事故已发生,即已经享有请求保险人支付养老金的权利。所以,基本养老金权益的形态包括 3 种:养老金的请求权、养老金的期待权以及请求返还累积的保险费的权利。

二、现代私有财产权的范围及功能

(一)私有财产权范围的发展与扩张:从私法上的财产权到公法上的财产权

随着工业社会的到来,社会生活的日益复杂,个人利益与公共利益的矛盾日益激化。这些变化使权利的范围不断得以发展和扩张。意大利宪法专门列了"社会伦理方面"和"经济方面"两章,对个人的家庭保障权、健康权、穷人免费医疗权、教育权、劳动权、同工同酬权、社会救济和保障权等作出了明确规定。美国通过联邦宪法修正案以及法院判例形式确立了个人隐私权、社会福利权等。[1] 权利并不是超社会存在的绝对理念,也不是与生俱来的,更不是天赋的,而是人类社会发展到一定阶段后,适应人类社会既存基础和发展的需要并由社会自身自觉创造出来的特有社会和法律现象。[2] 权利与一定的社会经济基础相适应。作为上层建筑范畴,在不同的社会形态和同一社会形态的不同发展阶段,权利的内容是不同的,并直接取决于当时的经济基础。由于社会经济社会总是向前发展的,因此,权利的内容也总是呈现一种扩大的趋势,并向专门性和特殊性的方向发展。[3]

财产权属于权利的范畴,亦非一成不变的。财产权最初是因人类利益纷争而生的,此乃财产权之源流。因此,传统意义上的财产权仅指代所有权,即包括个人对于传统的土地、动产、钱财等实物享有的权利。财产权长期被视作民法领域研究的重要内容,强调其为私权利,应由意思自治主导私法调整,而尽可能地禁止公权力对其进行干涉。[4] 随着生产形态由农业社会、工业社会逐渐转变到商业社会,传统的所有权远远不能满足人们自由发展的需求。大陆法系与英美法系的财产权构造体系在内容上已远远大于所有权。

---

〔1〕 参见程燎原、王人博:《权利论》,广西师范大学出版社2014年版,第103页。

〔2〕 参见陈云生:《权利相对论——权利和(或)义务价值模式的历史构建及现代选择》,载《比较法研究》1994年第Z1期。

〔3〕 参见张新民:《养老金法律制度研究》,人民出版社2004年版,第93页。

〔4〕 参见[英]洛克:《政府论》(下),叶启芳、瞿菊农译,商务印书馆1964年版,第77页。

德国作为典型的大陆法系国家，其财产权理论源于罗马法，最初亦认为财产权仅限于私法领域，而且财产权的保障仅限于具有实体的财产形式，排除公法领域由国家给付形成的财产。目前，德国宪法保障4种类型的财产权：动产、不动产及其索求权利，知识产权，工业与商业财产以及社会保险权利。作为福利国家的发展结果，德国财产观念在第二次世界大战后发生显著扩充。德国早期实务界认为，公法上的财产给付大多依附国家，若承认公法上财产价值的给付属于财产权，则形同于赋予私人主体对抗公权力主体以削减社会给付的主观公法权利。而且，财产权的存续保障使给付无法变更，从而牵制日后为了应对社会经济环境变更而作出的法律和政策措施。因此，普遍否认公法上财产给付的财产权保障。但随着公权力的扩张以及公民权利的需求，自20世纪50年代起，德国学界逐渐掀起要求公法上财产给付亦受财产权保障的声浪。1971年联邦宪法法院法官胡普·冯·威胡奈克(Rupp-v. Vrunneck)于一项判决书中提出，随着工商业的发展，大部分国民经济生活之安全都依赖工作所得以及相关团体的保障措施，如果将财产权保障的范围仍局限于传统民法上的所有权，则会对国民权益造成极大损害。〔1〕为确保人民自由发展人格、规划自主负责的人生，宪法上财产权之保障对象应扩及人民生存经济基础之公法上权利。因此，公法上的财产权应运而生。最终在1980年的一个判决中，将宪法财产权保障从私法财产权延伸至社会保险所产生的公法给付请求权。〔2〕根据现代德国主观公法权利体系，私主体在公法上享有的请求权属于财产权的范畴，属于宪法上的基本权利。宪法上的基本权利首先是针对国家公权力机关行使的权利，国家公权力机关是其无可争议的义务主体。〔3〕

与大多数大陆法系国家一样，法国的财产权也发源于民法，法国传统的财产权全部规定在《法国民法典》之中。但法国财产权体系是一个开放的体

〔1〕参见孙迺翊：《社会给付权利之宪法保障与社会政策之形成空间——以德国联邦宪法法院关于年金财产权保障及最低生存权保障之判决为中心》，载《台湾大学法学论丛》2012年第2期。

〔2〕参见钟秉正：《社会法与基本权保障》，台北，元照出版有限公司2010年版，第89页。

〔3〕参见徐以祥：《行政法学视野下的公法权利理论问题研究》，中国人民大学出版社2014年版，第16页。

系,法国财产权客体一直处于扩张和发展的状态。法国学界认为,财产权客体的扩张是对社会生活中有价值的财产进行确定的过程。从古代的土地所有权到现代的工业产权等特殊权利,法国社会的发展越发显得《法国民法典》对财产权的规定不足,私有财产的观念受到了广泛冲击。当传统的财产权不能适应社会生活需要时,立法者和法官便会通过一般规则确认新的财产权类型。而财产权不仅在私法领域得以扩张,在公法领域也得以拓展。国家权力的增加使公法开始渗透到私法领域,公民的财产权利受到了诸多限制,甚至有可能被剥夺。为了公共利益,国家可以征用或者征收私有财产;各种各样的税收增加了私有财产的负担,但却增加了国家的财政收入;国家垄断了许多行业和产业,如铁路、烟草等,使公民所能获得的财产资源变少;社会保险制度的建立,国家介入劳动者的收入分配,强制劳动者缴费等现象都体现了公法对私有财产权的干预。国家对经济活动的干预越来越多,公法在财产权体系中亦发挥越来越重要的作用。[1] 因此,法国在其社会发展过程中,逐步将私有财产权的范围扩张至公法领域。

在20世纪70年代以前,美国正当程序保护下"财产"概念的范围相当狭窄,它主要包括财产法通常定义的不动产、动产、金钱或证券。社会福利、政府职位和经营许可都被认为是政府授予的恩惠,而非个人享有的财产权利。美国私有财产权范围的扩张源于"新财产权"理论的出现。赖希(Reich)教授于1964年在《新财产权》(*The New Property*)一文中首次提出"新财产权"的概念。"新财产权"的发展基于现代福利国家的产生。Reich教授认为,一个主要看重物质福利的社会中,政府开始成为财富的主要源泉,政府供给的财富逐渐取代传统形式上的财富,个人的财富越来越多地依附政府。越来越多的人依附政府的供给生活:这种由政府按自己规定的条件进行分配,并由符合"公共利益"之条件的接受者持有。[2] 政府分配的财物有多种形式,但它们有一个共同特征:它们正在取代传统财富形式,即私人财产权,如社会保

---

〔1〕 参见童彬:《法国财产权体系之源与流》,法律出版社2014年版,第206~208页。

〔2〕 参见[美]查尔斯·A.赖希:《新财产权》,翟小波译,载《私法》2006年第2期。

险取代了个人储蓄。基于强制,个人成为公共保险的参与者,个人不能再通过存款或商业保险来保有这些财产,相应地,其独立满足需求的能力被相应减损。个人收入减少后,就需要在很大程度上依靠政府的帮助,从而创造了“依附循环”。个人权利的减缩对应政府权力的增拓,政府在供给的同时就自动获取了对供给进行必要监督的权力。而且法律往往会授予政府供给的机构解释自己权力的广泛的自由裁量权,而法院通常也容许行政机关拥有广泛的制定政策和解释立法政策的自由裁量权。这就使政府供给的授予、管制和撤销及运作的程序,在不同程度上代表了一种捷径:它以接受者利益为代价,增加了授予者的权力。而在传统的认识上,政府的供给对于接受者来说是一种恩惠而非权利,这就使行政机构撤销或剥夺某种经行政机构已分配或承诺分配的财富变得如此简单,而不受任何限制。政府有时甚至把权力当作制裁工具来使用,剥夺公民的财产。这对个人自由、尊严造成了极大的挑战和侵蚀。赖希教授以自由主义为视角,敏锐地发现政府供给对个人前所未有的重要性和行政权力滥用的巨大风险之间的紧张关系,需要一种理论和制度支持个人对于这些给付利益的权利要求,这些就构成了新财产权的现实基础。他认为,新财产权主要包括以下几种类型:(1)来自政府的收入,如社会保险利益、失业补偿金、孩子抚养费等;(2)为政府的工作。这些人员直接受聘于联邦州和地方政府;(3)特许经营权;(4)政府的行政合同;(5)对个人和企业的补助;(6)政府的公共服务;(7)公共资源的使用权。他认为,这些财产都是现代社会重要的财产形态,对这些财产的分配虽然是通过公法实现的,但其对于个人的生存和发展具有极为重要的作用。尤其是在当代政府不断地通过法律创造新的财产形式,将这些新的财产形式纳入财产权体系中有益于充分保障与实现个人的相关权益。赖希教授在该文中还特别提出,没有任何形式的政府供给,会比养老金更关系个人或个性。没有任何形式的政府供给,像养老金一样,如此明显的是接受者应得的,因为接受者和他的雇主在其工作时,向政府缴付了社会保障基金。没有任何形式的供给,像养老金一样,如此明显是私有财产必要的替代品。没有任何形式的政府供给,像养老金一样,如此有力地支撑了财产权,并如此经常被认为是财产权。没有任何形式的政府供给,像养老金一样,对个人独立与尊严是如此的关键。在失业补偿金、公共补助和养老金等相关概念中,权利概念是非常必要的。这些利益的基础是:人们承认,不幸和匮乏通常是由非个人所能控制的力量造成的。这些利益的目的是确保个人的自足,恢复其健康,使其成为家庭和共同体中有价值的一员。只有将这些利益转化为权利,福利国家才能实现它的目标:在每个人都不可能完全是自己命运的主人的社会中,为个人的福利和尊严提供最低限度的基础。[1] 在 1970 年的"Goldberg v. Kelly 案"中,美国联邦最高法院第一次提出,政府通过制定法而赋予公民的社会福利是一种财产,应当受到正当法律程序的保护。[2]

(二)现代财产权的功能

财产权的功能随着财产权范围的扩张在不断变化。财产权最原始也是最基本的功能是实现定分止争、物尽其用。在传统的农业社会,大多数人之生存基础多依赖房屋、土地等具有实体性的物上财产权,人们对私有财产的追求和保护只是为了生存和防御侵夺者,强调对财产的占有及财产的经济价值。进入现代社会后,除房屋、土地等财产外,人们的生活更多的是依靠薪资以及部分政府给付,而非实际占有某种实体物。随着社会生活的多样化,人们对于自由的追求需求越来越大。财产权的功能也变为在确保人民于稳固的经济基础之上,使权利人得以自由发展人格、规划自主负责的人生。财产权作为宪法保障的自由权,其功能除防御私人主体的侵犯外,也在于确保人民的私有财产不受国家的不法干预,以实现社会主体的经济生活自由。国家如果要对公民的财产权进行限制或者剥夺,涉及私有财产的限制和征收,除应当具备公共利益方面的理由外,还必须给予相应的补偿。

---

〔1〕 参见[美]查尔斯·A. 赖希:《新财产权》,翟小波译,载《私法》2006 年第 2 期。
〔2〕 See Goldberg v. KeUy,397 U. S. 254,262(1970).

三、基本养老金权益的财产属性

(一)养老金权益是公法上的请求权

基本养老保险法律关系是保险当事人之间依法形成的收取和缴纳社会保险费、支付和享受社会保险待遇的权利义务关系,主要包括基本养老保险费用征缴法律关系和基本养老保险待遇给付法律关系,其中,基本养老保险待遇给付法律关系是基本养老保险法律关系的核心。基本养老保险关系的特点有:首先,从保险关系的主体上看,职工或者居民参保人作为被保险人,以社会保险经办机构为代表的主体作为保险人。社会保险经办机构虽为进行社会保险业务活动的事业单位,但其实际上是代表国家实施社会保险事务的公权力主体。其次,从基本养老保险关系的内容上看,为了避免保险产生逆选择,形成弱体保险的现象,以及为了达到危险分摊以及所得重分配的目的,现代社会保险制度一般都需遵守强制性原则。[1] 根据我国《社会保险法》第 10 条的规定,"职工应当参加基本养老保险,由用人单位和职工共同缴纳基本养老保险费"。我国职工基本养老保险即为强制性保险。城乡居民养老保险处于制度的试点阶段,暂时未规定参保人强制加入。因此,基本养老保险关系的成立基于法律的强制性规定而产生。再次,有关双方当事人的权利义务也都是基于法律明确设定的。例如,被保险人申报、缴费等义务以及保险人提供给付的内容、条件、水准等,都是依据法律产生的。因而无论是保险关系的产生、对象,还是内容形成方面,都毫无私人意思的介入空间。即使在保险关系成立后,保险给付的条件与内容以及保费的高低也仅由法律或主管机关单方的决定而改变,被保险人毫无意思自治的空间。我国台湾地区学者蔡维音教授亦认为,社会保险费是被保险人承担的"公法上金钱负担义务"。[2] 最后,从争议解决途径来看,根据《社会保险法》第 83 条的规定,社会保险经办机构侵害被保险人合法权益的,被保险人可以提起行政复议与行

---

〔1〕 参见钟秉正:《社会保险法论》,台北,三民书局股份有限公司 2005 年版,第 133 页。

〔2〕 蔡维音:《社会国之法理基础》,台南,正典出版文化有限公司 2001 年版,第 139 页。

政诉讼。[1] 由此亦可推知,立法者是将社会保险关系定位为公法关系。国外也大多将基本养老保险关系纳入公法关系的范畴。德国是社会保险制度的“开发者”,德国联邦法院院长乔治·万纳加特(Georg Wannagat)曾对社会保险作了如下定义:社会保险是为了大多数就业国民在面临工作能力受损、死亡及失业等事故时,由国家主持,依照自我行政原则所建立的公法上的,而且主要以强制力为基础的一种保险制度。[2]

请求权这一概念源自民法。1856 年,德国学者温德沙伊德将请求权从罗马法的诉权中分离出来,形成一项新的实体权利。德国民法受此影响,并将其移植到实体私法中,成为德国民法中极其重要的一个概念。随着行政给付的不断发展,政府不再仅仅是“守夜人”,而成为各类社会给付的提供者。学者开始关注请求权理论在公法领域的理论意义,并将其移植至公法领域,形成了公法请求权。私法中的请求权通常是指基于基础性权利,法律赋予权利主体为满足自己的利益或需求有要求特定主体为或不为一定行为的权利。[3] 即请求权的基本逻辑为——基础权利与请求权,请求权是为了保障基础性权利实现的一种救济性权利。而公法请求权也遵循该基本逻辑,即公法请求权是基于基础性公法权利,请求特定主体为或不为一定行为的权利。[4] 我国《社会保险法》规定,达到法定条件,被保险人有请求保险人支付养老金的权利。该权利是法律赋予被保险人满足自己的利益,要求保险人为一定行为的权利。那么,该项权利是否是为了保障基础权利的实现?社会保险制度在国家与公民之间构建了权利义务关系,我国台湾地区学者蔡维音教授将其称为“公法上之债”的关系。[5] 即国家与公民之间存在一个债权债务关系,而公民对国家所享有的债权即作为基础性权利,并衍生出请求权。养

---

[1] 《社会保险法》第 83 条第 1 款规定,用人单位或者个人认为社会保险费征收机构的行为侵害自己合法权益的,可以依法申请行政复议或者提起行政诉讼。

[2] Wannagat, lehrbuch des Sozialversicherungsrechts, Band 1, 1965, S. 25. 参见钟秉正:《社会法与基本权保障》,台北,元照出版有限公司 2010 年版,第 71 页。

[3] 参见徐以祥:《行政法上请求权的理论构造》,载《法学研究》2010 年第 6 期。

[4] 参见徐以祥:《行政法上请求权的理论构造》,载《法学研究》2010 年第 6 期。

[5] 参见蔡维音:《社会国之理论基础》,新北,正典出版文化有限公司 2001 年版,第 147 页。

老金权益作为被保险人在退休(或满足其他条件)时所享有的请求保险人支付养老金的一项权益,本质上是保障被保险人对保险人所享有的债权的一项救济性权利,即属于公法上的请求权。

(二)养老金权益是具有对价性的请求权

工业革命以后,工业化与资本主义化并未给人民带来预期的幸福,反而在社会上形成了贫富差距。贫困、疾病等成为社会问题,国家因此设置了一系列的社会保障制度,主要包含社会保险、社会福利、社会救助、社会促进和社会补偿。社会保障主体请求国家或者社会主体支付社会保障待遇的权利统称为社会给付请求权。社会给付请求权,包括社会保险给付请求权、社会福利请求权、社会救助请求权、社会促进请求权和社会补偿请求权,是社会主体依法请求国家或者公法组织提供相关给付的权利。如果将这一系列的社会给付请求权全部纳入财产权的保护范围,是否意味着国家如果根据社会经济形势对社会给付请求权进行调低或者取消时,也应当给付相应补偿?这样势必会限制立法机关根据社会经济形势适时对社会保障制度进行调整。所以,各国立法对将社会给付请求权纳入财产权的保障范围,都持极谨慎的态度。

与其他社会保障制度不同,社会保险的制度设计是以“保险原理”为基础,其运作仍然坚守“风险共同体”与“对价平衡”两大基本理念。社会保险制度自身需要遵守“精算平衡”的原则,这与私人保险的原理基本吻合。相比其他社会给付请求权,社会保险给付请求权是基于被保险人参保并缴纳保险费这一基础。其他社会给付请求权是国家基于对国民的生存照顾以及其他社会目的,以税收为财源对社会主体的单方面给付。以养老金请求权为代表的社会保险给付请求权,参保人在国家强制保险制度的约束下,被强制缴纳保险费,牺牲被保险人当期的财产处置自由和行为自由,以换取国家对自己未来社会风险的保障。这种强制性的社会保险关系相当于保险人与参保人之间依法形成的债,保险人有权依法请求参保人缴纳保险费,同时承担依法向被保险人支付保险待遇的义务,这与私人保险中保险人与被保险人之间的债权债务关系相当。参保人承担参保并缴纳保险费的义务,享有在发生法定保险事故时请求保险人给付保险待遇的权利。特别是养老保险,参保人在工作时缴纳保险费或者累计年资,待其因年老或者残疾退出劳动领域时,请求保险人给付养老金以维持自己的生活。这种自我给付体现了养老金与劳动者之间的属人关联性。这种关联性尤其体现为社保机构向被保险人支付养老金的多少与被保险人的缴费年限长短成正比,被保险人所缴纳的保费与所领取的养老金之间呈现财产权利的"对价性",这种对价性使养老保险比其他社会保险险种更有保障的必要。

(三)基本养老金权益的功能:维持退休人员的基本生活

社会保险是人类社会进入工业文明时代的产物。在传统的自然经济下,个人生活、生产依赖农业生产,其所面临的年老、疾病、伤害等风险完全由个人与家庭自己解决。工业革命后,工业机器化生产代替了手工生产,使大部分人从传统的农业中解放出来,传统的家庭保障体系逐渐瓦解,个体性的生存风险防不胜防,从而严重危害社会成员的基本生存,而且个人疾病、工作意外、老年等问题成为危害社会安全的问题。因此,社会保险制度应运而生,以社会保障取代传统的家庭保障、团体保障。养老保险制度即是为了化解老年生活风险而建立的。不像疾病、失业、职业伤害等风险,只要发生疾病、失业、遭遇职业伤害,被保险人就能享受相关的待遇。养老金权益的获得必须以"年老"为必要条件,"年老"的标准往往由法律予以规定。但年老是一个必然事件,其并非风险的范畴。因此,养老保险所防范的并非年老,而是由于年老丧失劳动能力而缺乏生活来源导致的经济风险。在传统的农业社会中,工作即是生活的方式之一,年老仅仅是工作角色的转换。相较之下,工业社会中的年老则通常代表体力与工作能力的降低,年老的劳动者,其体力往往无法再与年轻的劳动者相提并论,最终必须依据市场法则让出原有的工作机会,其结果是失去固定的工作收入。人们当然可以从年轻时起即利用各种理财手段,如个人储蓄、投资等来应对老年生活所需。但是由于理财专业能力的不足以及投资存在较大的损失风险,可能使当事人"血本无归"。而仅仅依靠个人储蓄又难以应对通货膨胀及货币贬值带来的风险。相较而言,养老保险通过代际养老的方式,将养老的负担分配给整个社会保险团体,使被保险人在年老退休后有权获得长期的、持续性的金钱给付,为被保险人化解老年生活风险提供了物质保障。

第二节　有关养老金权益财产属性的法律实践

基本养老金权益是参保人参加基本养老保险关系、缴纳养老保险费之后享有的一种请求保险人提供一定给付的权益。该权益可能表现为养老金的请求权、期待权或者可期待利益。它不仅是参保人支付了保险费之后对社会保险人享有的一种请求权,而且是参保人自己年老或者健康缺失、退出劳动领域后的基本生活保障或者死亡后其遗属基本生活保障的物质基础。该权益是否具有财产权的地位,各国立法史上也经历了一个不断发展的过程。

一、德国有关养老金法律属性的立法与实践

德国是世界上最早实施社会保险的国家,1889 年议会即通过了《老年和残障社会保险法》。第二次世界大战之后,德国实行了基金累积制的养老保险制度。随着制度的实施,累积制表现出一些弊端,特别是大规模基金投资管理难度较大、成本较高,难以规避通胀贬值风险和投资风险。1957 年,德国对其法定养老保险体系进行了全方位的改革。这次改革的“颠覆性”体现在具有关联性的两个方面:一是由基金累积制转变为现收现付制;二是养老金额度由实缴累计金额改为构成较复杂的动态养老金额度(Dynamische Rente)。自 20 世纪 80 年代起,受人口老龄化不断加快、经济发展趋缓等因素影响,养老金收支矛盾日益突出,养老保险制度逐渐陷入困境。为此,自 1992 年以来,德国相继采取了一系列开源节流的重大改革措施,多次提高缴费率,延迟养老金领取年龄,引入养老金水平调整机制。

随着德国养老保险制度的改革,德国理论和实务界对养老金权益属性的态度也逐步发生变化。总体而言,德国将公法上的养老金权益纳入宪法财产权的保护范畴并非一蹴而就,而是经历了从保守到将其认定为主观权利的过程。主要分为以下 3 个阶段:

(一)第一阶段:完全否认养老金权益的财产权地位

德国早期实务界认为,社会给付具有较强的社会性质。若赋予社会给付请求权主体对抗公权以削减社会给付的主观公法权利,则意味着立法者很难根据经济社会的变迁而出台相应的法律政策并对养老保险制度进行改革。而且,立法者在设置私有财产权制度与设置社会安全制度上所扮演的角色迥异。私有财产权具有防御权功能,用以对抗公权力主体制定法律来限制私人财产权利的行为。而社会安全制度赋予的社会给付请求权具有社会权的内涵,是立法者基于宪法的委托,实现国家对人民生存照顾义务的手段。传统财产权依附具体的实物,社会给付的内涵随社会状况变化而变化,抽象且不确定,具体内涵由立法者确定。再者,社会给付是民生福祉的产物,通常必须借助财政补贴来平衡支出,因此,若将各类繁杂的社会给付等同传统的财产权加以保护,会使释宪机关陷入财政平衡与人民财产权保障冲突的两难境地。出于上述种种考量,德国实务界对包括社会保险给付请求权在内的社会给付请求权予以财产权保障持否认态度。

(二)第二阶段:仅将请求权和期待权纳入财产权的保障范围

由于通货膨胀与战争等状况的多变,个人积蓄已经无法因应多样化的形势,国民经济安全受到极大冲击。而一个现代的“社会国”理当要负担起照顾国民的责任。由于社会保障制度的建立,使多数国民经济生活之安全皆依赖工作所得以及相关的团体保障措施,传统观念下的财产权定义也受到一定的冲击。最终在1980年有关离婚年金权利分割案件中,确立了年金给付请求权及年金给付期待权等具有财产价值之主观公法权利受宪法上财产权之保障。[1] 该判决认为,宪法财产权所保障的是权利人可以借由财产权保障范围不再受限于财产的实体,而由功能取向所决定。[2] 换言之,年金财产权的给付如同私法上的财产权,具有确保自由的功能。因为养老保险使年老者退休后有了生活保障,被保险人在其年轻时可以自由地追求当下的人生,实

---

〔1〕 参见孙迺翊:《离婚年金权利分配制度:以德国为借镜》,载《中正法学集刊》2008年第25期。
〔2〕 参见钟秉正:《社会法与基本权保障》,台北,元照出版有限公司2010年版,第89页。

现更多的自由权利。基于社会国原则和信赖保护,立法者负有义务,不得使动态养老金调整造成被保险人已取得的养老金请求权(期待权)价值发生实质性贬损的结果,即不得造成请求权落空。

此判决关于社会保险年金权利受财产权保障之见解,对于社会保险制度具有指标性意义。它意味着公法上的请求权与期待权受宪法上财产权的保障,国家除给予相当之补偿外,不得任意加以剥夺。但是,并非养老金权益的所有形态均能纳入财产权的保障范围。为了解决养老金财产权于何时成型,公法上之财产权保障的范围如何界定等问题,该判决制订了一套具体的标准,即符合以下3个要件即可获得宪法上财产权的保障——具备私使用性、基于相当的个人给付、负有生存保障的作用。“具备私使用性”,是指具备排他性质的财产价值地位,主要依据被保险人是否对养老金享有期待权利。如若被保险人已经对养老金享有具体的请求权或者期待权,则具备私使用性,属于财产权保障的范畴。也就是说,将只是单纯享有一种期待利益的状态排除在财产权保障的范围外。“基于相当的个人给付”被视为社会保险给付得以享有宪法财产权保障的关键要素。被保险人所得的养老金并非由国家税收支付,而是由个人缴纳保费形成的,保费与养老金给付之间存在一定的对价关系,其意义相当于个人依其能力所获得的私有财产,因此,所获得的保障应当与私法上之财产权相当。基于此项标准,可以将社会救助、社会福利等完全由国家财政支付的其他保障给付排除在外。[1] 由于社会保险乃是确保自由与生活安定之功能而受财产权保障的,“生存保障的标准”也因此成为保障的前提。而此标准也备受争议,“生存保障”系指最低生存保障还是生活水准保障,尚未厘清。

以上3个标准明确了养老金期待权和请求权受宪法上财产权的保障。但随之而来的问题是,在这种保障模式下,一旦国家通过法律或者政策限制被保险人的养老金权利,有可能会产生侵犯其财产权的后果,进而将会大大

[1] 参见孙迺翊:《社会给付权利之宪法保障与社会政策之形成空间:以德国联邦宪法法院关于年金财产权保障及最低生存保障之判决为中心》,载《台大法学论丛》2012年第2期。

限制立法形成的自由。随着社会经济的变迁，在国家主导社会保险制度运行的过程中，势必需要对制度进行一定的调整，如何平衡财产权保障与国家立法与政策的自主裁量权，值得进一步思考。

基于上述考量，德国联邦宪法法院于1981年“免缴保费期间判决”及后续几项判决中，依照德国法定养老金计算公式及随收随付制的财务运作方式，分析被保险人之期待权与请求权系由哪些因素所构成的，进而发展出一套“层级化财产权保障”的方法。联邦宪法法院认为，对法定养老金给付权利内容的限制是否属于立法者的决定权限，取决于形成该权利的各项要素特性。具体而言，被保险人养老金权益由“个人关联性”与“社会关联性”两项要素组成，二者共同形成一个完整权利。被保险人通过缴纳保费取得的权益，具有个人关联性，属于财产权保障的核心，立法者不得任意删减；相对地，未缴纳保费，根据法律规定仍予以计算的待遇，则具有社会关联性。具有社会重分配之功能，立法者对该类待遇有较大的自由调整空间，但仍受比例原则、信赖保护原则等限制。影响养老金给付的各种因素属“个人关联性”还是“社会关联性”并没有明确地列举，而是通过具体个案进行认定的。[1]

（三）第三阶段：将期待利益权纳入财产权的保障范围

在达成法定最低缴费年限之前，养老金期待权和请求权尚未成型，养老金权益属于期待利益权（Anwartschaft）。期待利益一般认为是法律保证的、一般情形下不可撤销的对于一项权利的取得预期。养老金期待利益一般认为是基于保费缴纳而成立的，这种利益在早期是不受财产权保护的，近年来，德国法院逐渐将该种权益也纳入财产权保障的范围。最初，这种期待利益的财产权性质主要体现在婚姻关系解除时，即对于其中一方的养老金期待权益的分配上。[2] 在夫妻离婚时，即使一方未达到法定退休年龄，也未满足最低缴费年限，该方基于缴费所形成的养老金权益，即期待利益，仍属于夫妻共同

〔1〕 参见孙迺翊：《社会给付权利之宪法保障与社会政策之形成空间：以德国联邦宪法法院关于年金财产权保障及最低生存保障之判决为中心》，载《台大法学论丛》2012年第2期。

〔2〕 Güntner in Kasseler Kommentar Sozialversicherungsrecht, Vorbemerkungen zu § 76, Rn. 25 ff; Klaus Mleczko, Rentenversicherung (SGB Ⅵ) und Scheidung, FPR 2009, 440, 442.

财产,在离婚财产分配时,另一方有权要求分割。在2012年的一个判决中更是明确这种期待权益是受《德意志联邦共和国基本法》(以下简称《基本法》)第14条的财产权保障规定保护的,即第14条保障的是作为一个整体对象的个人养老保险法律地位(rentenversicherungsrechtliche position);[1]亦有学者指出,假如被保险人由于某些原因导致期待权或者请求权无法成就即退出养老保险关系时,财产权保障应由养老金给付转化为已缴保费之返还请求权。[2]

二、美国有关养老金权益属性的法律实践

美国是联邦制国家,每个州对于养老金权益性质的看法不一,目前主要有3种方式确定退休人员的利益:恩惠、合同权利和财产权。[3] 其中,主张“恩惠说”的仅有阿肯色州、印第安纳州、得克萨斯州将退休基金的给付单纯当作“恩惠”和“礼物”,而不具有权利的地位。[4] “恩惠说”主张,州法律和政策可以随意调整职工的养老金权益而不受任何限制。部分州认为,养老金权益属于一种合同权利;少数州认为,养老金权益为财产权;还有部分州是结合合同权利和财产权。由于“恩惠说”不利于被保险人权益的保障,且主张该说的州极少,不具代表性。因此,以下仅介绍“合同权利说”与“财产权说”。

主张“合同权利说”的州认为,退休制度的建立相当于国家与企业之间订立了一个合同,这种合同利益是不能受到损害的。[5] 联邦宪法明确禁止国家行为破坏合同权益。[6] 虽然大多数州都认同养老保险关系是一种合同

---

〔1〕 BVerwG, Beschluss vom 13.04.2012 – 8 B 86.11.

〔2〕 Jarass, Sicherung der Rentenfinanzierung und Verfassungsrecht, aaO, S. 545; (Hrsg), Handbuch der desetzlichen Rentenversicherung(HDR), 1990, S. 281 ff; Papier, Grundgesrtz, Kommentar z. GG, aaO, Rz. 146 ff, BVerfGE58, 80(112). 参见钟秉正:《社会法与基本权保障》,台北,元照出版有限公司2010年版,第130页。

〔3〕 See Amy B. Monahan, *Public Pension Plan Reform: The Legal Framework*, Education, Finance de Policy, Vol. 5, 2010.

〔4〕 See Kent, supra note 11, at 4 – 5. 转引自廖元豪:《政府可以违约吗——美国有关削减退休给付宪法争议之判决分析》,载《月旦法学杂志》2019年第2期。

〔5〕 See Amy B. Monahan, *Public Pension Plan Reform: The Legal Fram Work*, Education, Finance de Policy, Vol. 5, 2010.

〔6〕 See case U. S. Const, Art. I, § 10, cl. 1.

关系,但是对于合同何时形成以及合同涵盖并保护的条款方面存在较大分歧。一些州认为,合同权利在雇佣的第一天就开始存在;另一些州则认为,需在职工退休之后合同才存在。因此,在此之前可以自由地对相关权利进行变更。[1] 其中,加利福尼亚州对于合同权利的认定最具影响力,在此作简单介绍。加利福尼亚州的法院不仅认定养老金制度创造合同权利,并且认为这种合同权利在雇佣的第一天即已形成。法院不允许国家行为对合同作任何不利修改,除非这种不利益会被新的利益所抵销。这就是所谓的"加利福尼亚州规则"。[2] 这种做法对职工的退休金权益保护范围远远超过认为合同权利仅存在于职工满足一定条件后的做法。关于具体如何认定相关立法行为是否违反了养老金的合同权利,加利福尼亚州法院采取3个步骤进行分析:(1)确定合同是否存在。法院要综合考虑该项规约中的用语和语境,来证明其立法意图,即创造与国家有关的合同性质的私人权利之意图。(2)确定州立法行为是否构成对合同权利的重大损害。如果它在事实上改变了双方之间的契约关系,就会出现对利益的损害。(3)审查调整的目的。如果调整的目的是促进公共利益,且是正当的、合理的、必要的,则允许其调整;反之,限制其调整。[3] 关于加利福尼亚州规则也有很多学者对于合同权利说提出了质疑,主要有以下理由:(1)违反了法律推定的原则。法律本身并没有产生合同权利,没有明确具体的证据表明立法机关要对自己进行这种约束。(2)加利福尼亚州规则提到合同不仅保护应该享有的养老金权益,还应保护这种保险利益的增长率,这与联邦合同条款关于"合同的潜在变更不应当视为违宪"的理念是相悖的。(3)这种解释会导致经济效率低下。职工当下的工资与其退休后的养老金是相互联系的,如果过度保护职工的养老金权益,会使用人单位降低工资或者减少其他福利。而职工可能更愿意接受较低的未来才能获得的养老金权益,而不愿降低现在的薪酬。所以从整体分析,加

[1] See, e. g., Klamm v. State ex rel. Carlson, 126 N. E. 2d 487, 489 (Ind. 1955); State ex rel. Horvath v. State Teachers Ret. Bd., 697 N. E. 2d 644, 654 - 55 (Ohio 1998).

[2] Allen v. City of Long Beach, 287 P. 2d 765 (Cal. 1955).

[3] See C/. S. Tnif Co. o/iV. y., 431 U. S. at 17 - 25.

利福尼亚州规则并不能保护职工的经济利益，反而损害了原本想要保护的职工利益。这与职工对自己经济利益的期待是背道而驰的。[1]

另外，少数州认为，养老金权益应当认定为财产权，这些州的法院均以立法机关没有明确的规定赋予被保险人合同权利为由来否定"合同权利说"，而将养老金权益归属于财产权。财产权受美国联邦宪法第五修正案和第十四修正案的保护，即征用条款和正当程序的保护。正当程序由两个部分组成：程序性正当程序（procedural due process）和实质性正当程序（substantive due process）。前者是指政府在剥夺财产之前，需要公示并让可能受到影响的人反映大家的看法。实质性程序要求原告必须基于宪法保护的基本权利提出诉求，且政府"武断粗暴"地剥夺了此项基本权利。[2] 不同于正当程序分析，征用条款的法理基础集中在法律制度的实施效果上。[3] 但在司法实践中，单独提起征用条款诉求的案例并不多，往往征用条款和合同条款一起提出，将两个诉求结合在一起往往能够发挥很好的效果。[4] 但是，这不意味着合同权利是征用条款适用的前提，这样就忽略了合同权利和财产权利的区别，忽略了参保人即使没有合同存在也具有可被保护的财产权利。[5]

笔者认为，美国不同的州将养老金权益作为合同权利以及财产权并不冲突，合同权利即财产权是从两个维度考虑其属性的，"合同权利说"认为，国家与参保人之间存在契约关系，是一项合同，合同的主要内容应该是明确的，合同双方当事人不得任意更改，其主要目的是解决当国家单方面剥夺和限制被保险人权益时，权利人可以依据其享有的合同权利予以抵御，实际上是当国家侵犯权利人的养老金权益时赋予权利人另一种救济途径。但"合同权利

---

〔1〕 Amy B. Monahar C. , Statutes as Contracts? The "California Rule" and Its Impact on Public Pension Reform lowa Law Reviem, Vol. 97, 2012.

〔2〕 Walker v. City of Waterbury, 601 F. Supp. 2d 420, 424 (D. Conn. 2009). Internal citations omitted.

〔3〕 Lingle v. Chevron U. S. A. , Inc. , 544 U. S. 528, 540 – 543 (2005).

〔4〕 See, e. g. , Parella v. Ret. Bd. of R. I. Emps. Ret. Sys. , 173 F. 3d 46, 58 – 59 (1st Cir. 1999); Frazier v. City of Chattanooga, 151 F. Supp. 3d 830, 838 (E. D. Tenn. 2015).

〔5〕 Amy B. Monahan, *Public Pension Plan Reform: The Legal Frame work*, 5 Educ. Fin. & Pol'y 617 (2010).

说”并未揭示被保险人对养老金所享有的权益性质为何,而直接将养老金权益认定为财产权,实际上就是揭示了养老金权益的性质,其属于一种具有财产价值的权利,权利人可以通过宪法上财产权保障的途径解决权益被剥夺和限制的问题。

如前所述,养老金作为一种“劳动报酬”,是维系职工退休后基本生活的物质基础。洛克认为,“人类对维持他们生存所必需的东西所拥有的权利都应称为财产权”。[1] 养老金为职工在退休前实现人格自由发展创造了机会。因此,被保险人的养老金权益作为一种具有财产价值的权利,符合财产权的基本理念,应纳入财产权的范畴。除美国与德国外,其他实施社会保险的国家也通常将养老金权益定义为财产权。如欧洲人权法院在处理社会给付请求权案件时,经常援引《欧洲人权公约》第1条财产权保障的规定,作为审查依据。[2] 日本学者美浓部达吉曾指出,公法与私法在某种程度上各有特殊性,同时又在某种程度内有共通性。而在其具有共通性的限度内,可以说两者当然适用共通的规律。当公法关系以财产的价值为内容时,性质上与私法关系最类似。而同样性质的法律关系应遵循同样的规律,才符合公正的要求。2004年日本《国民年金法》《厚生年金保险法》等法规修改时,导入了离婚年金分割制度,明确规定了年金夫妻共同财产。[3] 因此,将养老金权益纳入财产权的保障范围已是各国普遍的做法。

三、我国基本养老金权益属性的法律实践

我国《宪法》并未明确社会保险权或者养老金权益的法律属性。《宪法》关于社会保险制度的规范分散在“总纲”及“公民的基本权利和义务”两章。总纲第14条第4款规定:“国家建立健全同经济发展水平相适应的社会保障制度。”该条的性质为宪法政策,其效力主要体现在要求国家机关构建一定的

---

〔1〕 [英]詹姆斯·塔利:《论财产权:约翰·洛克和他的对手》,王涛译,商务印书馆2014年版,第10页。

〔2〕 参见廖福特:《欧洲人权公约之监督机构:国际人权最强而有力之监督者》,载《司法改革杂志》2002年第39期。

〔3〕 参见张荣芳:《新型夫妻共同财产:婚姻期间的养老金权益》,载《法学评论》2018年第2期。

制度和规范。具体而言,主要是指国家立法机关和行政机关按照法定分权构建社会保障制度,至于制度应达到的目标,《宪法》并未规定,而是赋予立法机关相对的自由裁量权,唯一的要求是相关制度应当与社会“经济发展水平相适应”。《宪法》关于公民养老保障权的规定主要体现在《宪法》第 44 条的规定,即“国家依照法律规定实行企业事业组织的职工和国家机关工作人员的退休制度,退休人员的生活受到国家和社会的保障”第 45 条第 1 款的规定,“中华人民共和国公民在年老、疾病或者丧失劳动能力的情况下,有从国家和社会获得物质帮助的权利。国家发展为公民享受这些权利所需要的社会保险、社会救济和医疗卫生事业”。《宪法》中关于公民物质帮助权的规定,虽然包括了社会保险权和社会救助权,但并未直接赋予公民请求国家或者社会提供一定给付的权利,而是规定国家建构退休保障制度和社会保险、社会救助制度的义务。《社会保险法》第 2 条规定,国家建立基本养老保险、基本医疗保险、工伤保险、失业保险、生育保险等社会保险制度,保障公民在年老、疾病、工伤、失业、生育等情况下有从国家和社会获得物质帮助的权利。在此,公民参加基本社会保险、缴纳保险费,发生相应保险事故后,只是有权获得一定的物质帮助。该物质帮助权是否具有财产权的属性?其构成要件和内容是什么?国家对其限制或者剥夺的条件是什么?这些都有待探讨。

宪法中关于基本养老金权益的法律属性,主要解决国家作为义务人与权利人公民之间的基本权利和义务关系的性质。社会保险法在此基础上设定社会保险人与参保人之间的社会保险给付关系,婚姻家庭法等私法则在此基础上明确夫妻和其他家庭成员之间的对于社会保险给付这一财产的归属问题。但有关基本养老金请求权和期待权的属性,同样适用于社会保险法律关系和私法法律关系。

第三节　新型夫妻共同财产:婚姻期间的养老金权益*

现代社会绝大多数公民的老年安全都不同程度地依赖各种养老金。养老保险给付请求权和期待权是否具有财产属性,以及夫妻双方在婚姻存续期

---

* 本节原载《法学评论》2018 年第 2 期。

间所累积的养老金权益是否属于夫妻共同财产,不仅关涉从事家务劳动配偶方的劳动价值,而且直接影响其离婚后的老年安全。我国《社会保险法》并未确认养老金权益的财产属性,《民法典》第1062条明确列举的夫妻共同财产范围也未包含养老金权益。最高人民法院《关于适用〈中华人民共和国民法典〉婚姻家庭编的解释(一)》规定,婚姻关系存续期间"男女双方实际取得或者应当取得的养老保险金",婚后以夫妻共同财产缴纳基本养老保险费,离婚时一方主张将养老金账户中婚姻关系存续期间个人实际缴纳部分及利息作为夫妻共同财产分割的,人民法院应予支持。[1] 属于该条概括的"其他应当归共同所有的财产"。养老金权益的范围和属性是什么?是否属于我国《民法典》规定的夫妻法定共同财产?养老金权益的特点如何影响该共同财产的认定?以及在离婚时怎样分割养老金权益?本节在界定养老金权益的范围和属性的基础上,分别探讨这些问题。

一、安全与价值:我国从事家务劳动的配偶离婚后老年保障之现状

(一)居民养老保险体系无法保障家务劳动者的老年安全

夫妻双方作为生活的共同体,男方往往外出工作,获得劳动报酬以维持本人及其家庭的生活;女方照顾丈夫生活、抚育子女、照顾家庭,解除丈夫的后顾之忧。在公民的老年生活主要依赖国家或者社会组织提供的各种养老给付的背景下,从事家务劳动的一方在劳动年龄段无法累积相当的养老金权益。因为养老保险作为社会保险的重要类型,从其产生之日起就与稳定的职业活动相关,目的是预防职业劳动者的老年风险。[2] 随着养老保险制度的发展,各国养老保险的覆盖范围都有不同程度的扩张,甚至很多国家建立了覆盖全民的养老保险体系。但是,没有职业劳动经历或者从事部分工作的家庭主妇,她们以居民身份获得的养老保险待遇远远低于稳定的职业劳动者。

---

〔1〕 参见最高人民法院《关于适用〈中华人民共和国民法典〉婚姻家庭编的解释(一)》(法释〔2020〕22号)第25条和第80条。

〔2〕 参见[德]汉斯·察赫:《福利社会的欧洲设计:察赫社会法文集》,刘冬梅、杨一帆译,北京大学出版社2014年版,第265页。

特别是在我国养老保险体系严格区分为职工养老保险和居民养老保险的情况下，二者的覆盖范围、保费负担、保险待遇存在较大差异。对于职业劳动者来说，其养老保险有两个层次，即职工基本养老保险和用人单位的补充养老保险。[1] 职工的基本养老保险体系属于强制保险范畴，自其入职之日起，用人单位必须为其办理养老保险参保手续，本人及其用人单位依法缴纳基本养老保险费，待劳动者退出劳动领域后，由养老保险经办机构向其支付基本养老保险金。在基本养老保险体系之外，我国为职工建立了补充养老保险体系（企业职工的企业年金和机关事业单位工作人员的职业年金），由职工个人和用人单位按月缴纳保险费，全部进入个人账户予以管理，在参保人达到国家规定的退休年龄时（或者达到规定的退休条件并依法办理退休手续后），领取补充养老保险金。[2] 职工基本养老保险待遇和补充养老保险待遇能为其提供 80% 替代率的养老金，[3] 保证其退休后维持不低于工作状态时的生活水平。而居民养老保险体系是单一层次，虽然他们同样是在劳动年龄段缴费、达到法定退休年龄（60 岁）时领取居民养老金，但现阶段，这一制度还处于试点时期，居民自愿参加，城乡居民基本养老保险的参保率于 2015 年显示为 69.7%，还有 30.3% 的居民没有参加养老保险；更重要的是，因为个人缴费标准较低，除政府给予一定补贴外，并无其他缴费来源。所以，居民在达到 60 岁时领取的养老金，即使包含政府提供的基础养老金，其待遇总额仍较低，全国 2015 年城乡居民养老金月人均 116.7 元，根本无法与职业劳动者的

---

[1] 职工补充养老保险分为企业职工的企业年金和机关事业单位的职业年金。

[2] 参见《企业年金办法》第 3 条、第 11 条和《机关事业单位职业年金办法》（国办发〔2015〕18 号）第 6 条和第 9 条。

[3] 2015 年企业离退休人员月人均养老金 2240 元，按照人均养老金与人均缴费工资之比计算，其替代率为 67.5%。（参见人力资源和社会保障部社会保险事业管理中心编：《中国社会保险发展年度报告 2015》，中国劳动社会保障出版社 2016 年版，第 19 ~ 20 页）；加上 12% 缴费率对应的补充养老保险金，离退休人员的养老金应当超过 80% 替代率（为作者计算）。实际上，2015 年企业领取人数为 89.7 万人，领取金额 260.6 亿元（参见人力资源和社会保障部社会保险事业管理中心编：《中国社会保险发展年度报告 2015》，中国劳动社会保障出版社 2016 年版，第 102 页），人均企业年金为 29,052.39 元，大大超过了该替代率。

养老金相提并论，也无法维持本人老年最基本的生活要求。[1]

（二）离婚配偶经济帮助制度功效不足

在婚姻关系存续状态下，从事家务劳动、照顾子女和家庭生活的家庭主妇，由提供有偿劳动的丈夫支付生活费用。这不仅是其家务劳动的对价，也是夫妻合理分工的必然要求。双方一旦离婚，共同生活体解散，传统婚姻法设置离婚扶养制度来解决家务劳动一方的生活困境，我国《民法典》也规定了类似离婚扶养制度的配偶经济帮助制度。该法第1090条规定："离婚时，如果一方生活困难，有负担能力的另一方应当给予适当帮助。具体办法由双方协议；协议不成的，由人民法院判决。"法律中并未明确一方对生活困难方的扶养义务，而是规定"适当帮助"义务，帮助的条件是一方生活困难。"生活困难"，是指"依靠个人财产和离婚分得的财产无法维持当地基本生活水平。一方离婚后没有住处的，属于生活困难"。帮助的方式可以是生活费用的支付，也可以是提供一定的居住条件。[2] 至于帮助的标准、帮助的程度，法律并未明确。从法理上讲，"帮助"和"扶养"是两个不同的概念，前者意味着提供帮助者根据自身的条件和意愿对另一方提供支持，后者则是法定的义务。我国《婚姻法》虽然将帮助义务法定化，但有关帮助的条件、帮助的标准，法律并未明确，这导致经济帮助制度的落实存在困难。[3] 离婚配偶帮助制度无法解除没有收入来源的离婚配偶老年安全之忧。况且，无论是离婚配

---

〔1〕 2015年，全国城乡居民基本养老保险月人均养老金为116.7元；同年，企业职工离退休人员月人均养老金为2240元。参见人力资源和社会保障部社会保险事业管理中心编：《中国社会保险发展年度报告2015》，中国劳动社会保障出版社2016年版，第26页。

〔2〕 参见最高人民法院《关于适用〈中华人民共和国婚姻法〉若干问题的解释（一）》（法释〔2001〕30号）第27条。

〔3〕 根据一组从重庆市所辖主城区某基层人民法院2010～2012年审结离婚案件中抽取的360件离婚案件调查显示：以家务劳动贡献、协助对方工作、生活困难为由请求离婚经济帮助有11件，所占比例为3.06%。在11件案件中，支持离婚经济帮助的仅占五成半。参见陈苇、何文骏：《我国离婚救济制度司法实践之实证调查研究——以重庆市某基层人民法院2010～2012年被抽样调查的离婚案件为对象》，载《河北法学》2014年第7期。在北京市第二中级人民法院2001年5月至2002年12月所审结的所有1032件离婚上诉案件中，涉及离婚生活困难经济帮助的案件有76件，占比7.36%；哈尔滨市中级人民法院2002年度审结的439件离婚上诉案件中，涉及经济帮助的有24件，占比5.47%；厦门市某区人民法院2001～2002年审结的240件离婚案件中，涉及经济帮助的有6件，占比2.50%。参见夏吟兰：《离婚救济制度之实证研究》，载《政法论坛（中国政法大学学报）》2003年第6期。

偶扶养制度，还是我国《婚姻法》规定的离婚配偶帮助制度，都是建立在一方离婚后生活困难，另一方有能力提供支持的基础之上的。经济上弱势一方对前配偶的经济依赖性使离婚后双方当事人的生活都受到不同程度的干扰。

(三)养老保险法未明确养老金权益的状态及属性

为离婚配偶建立独立的老年安全保障制度，认可家务劳动的价值，平衡夫妻双方的老年安全保障利益，是现代社会保险法和婚姻家庭法律制度的使命。我国现行的制度安排是怎样的？宪法规定，公民在年老、疾病等情况下有从国家和社会获得物质帮助的权利。为了实现宪法规定的物质帮助权，《社会保险法》规定，参加社会保险的公民具有依法享受社会保险待遇的权利，以及参加养老保险的个人享有依法领取养老保险金的权利。[1] 参保人领取养老保险金的条件，该法第16条规定为个人达到法定退休年龄时，累计缴费满15年。如此，个人从参加养老保险体系开始缴纳保险费起，直至退休并累计缴费满15年，请求领取养老金的权利才成就。在此之前，参保人累计缴费无论是否届满15年，只要没有达到退休年龄或者未发生其他法定的领取养老金的事实，对养老金是否享有权利，以及该权利的属性，社会保险法均未明确。如果参保人在退休(或者其他依法可以享有养老保险待遇的条件成就)之前终止养老保险关系，在养老保险基金累积的权益就可能无法实现，唯一的例外是，参保人死亡时，其个人账户余额可以继承。所以从现行的规定看，参保人与养老保险人之间的权利义务关系，社会保险法并未完全明确规定。

(四)养老金权益部分纳入共同财产既无法体现家务劳动的价值也会影响该群体的离婚自由

如果参保人在退休之前因为离婚需要核算夫妻共同财产，婚姻关系存续期间累积的养老保险权益可否计算在内以及计算哪些在内，《民法典》第1090条有关夫妻共同财产的范围列举未明示。最高人民法院的司法解释补充说明“已经取得的养老金和应当取得的养老保险金”，以及“养老金账户中

---

[1] 参见《社会保险法》第4条、第16条、第21条。

婚姻关系存续期间个人实际缴付部分”应当包含在该条第 5 项“其他应当归共同所有的财产”中。[1] 依此规定，离婚时双方当事人已经退休的，他们在婚姻关系存续期间已经领取的养老金和可以按月领取的养老金纳入夫妻共同财产；如果没有达到退休年龄，当事人没有退休的，无论在夫妻关系存续期间缴纳养老保险费的时间是否累计届满 15 年，他们对养老金的权益均不得纳入共同财产范围，只有养老金账户中个人实际缴付的保险费可以作为例外。

对从事职业劳动（或者工资待遇高）并参加了养老保险体系的一方来说，如果在退休后离婚，其请领的养老金及应当请领的养老金应当纳入共同财产与对方分享，不考虑养老金权益的累积过程是否在婚姻关系存续期间。如果选择在退休之前离婚，其只需将养老保险账户中个人缴付的保险费分配一半给对方，无论夫妻关系存续多长时间。也就是说，职业劳动者所在用人单位缴费对应的养老金权益无须纳入分配范围，由其独享。养老保险费是参保人集聚资金分散风险的风险分摊金，是养老金的对价。依据现行的养老保险制度，该部分远远超过个人缴费部分：在职工基本养老保险体系中，用人单位缴费 20% 左右，远远大于个人 8% 的养老保险费率；在补充养老保险体系中，企业职工的企业年金和机关事业单位职工的职业年金的绝大部分保费亦由用人单位缴付。[2] 用人单位缴费比例高，意味着其对应的养老金权益越大。所以，职业劳动者在退休之前离婚，纳入夫妻共同财产的保险费只是整个养老金权益中的小部分，绝大部分由个人享有。相较而言，从事家务劳动的一方即使加入了居民养老保险体系，待其正常退休后，像职工那样无须纳入夫妻共同财产的养老金权益限于国家统一支付的基础养老金，其金额为月均 70 元左右。[3] 二者的差异显而易见。在这种安排下，家务劳动者虽然对

---

〔1〕 参见最高人民法院《关于适用〈中华人民共和国民法典〉婚姻家庭编的解释（一）》（法释〔2020〕22 号）。

〔2〕 参见《企业年金办法》第 8 条、第 15 条，以及《机关事业单位职业年金办法》第 4 条、第 7 条。

〔3〕 全国城乡居民基础养老金原来是每月 55 元，从 2014 年 7 月 1 日起，调整为每月 70 元。参见人力资源和社会保障部、财政部《关于提高全国城乡居民基本养老保险基础养老金最低标准的通知》（人社部发〔2015〕5 号）。

配偶的职业劳动付出了辛劳,却因为离婚时对方未退休,无法分享其在婚姻关系存续期间由用人单位缴费累积的部分养老金权益。利益选择的结果:拥有更多养老金权益的配偶一方,会选择在退休之前离婚;而处于弱势,特别是没有其他经济来源的另一方,随着家庭全职劳动的时间延长,从事职业劳动的时间将逐渐缩短,甚至完全丧失回归职场的机会,累积养老金权益的时间也会逐渐减少或者消失,离婚自由权也将逐渐减弱。最后,迫于经济方面的压力,从事家务劳动的一方不得不委曲求全。这种安排不仅忽视了家务劳动的正常价值,威胁了家务劳动者的老年安全,而且会严重影响其婚姻自由。

而公职人员在传统退休金制度下的退休金权益是否纳入不得而知。我国现行的职工养老保险制度从 1997 年正式实施以来,仅覆盖了城镇企业职工。机关事业单位职工的养老保障沿用传统的退休制度至 2014 年 10 月,依据退休金制度,公职人员在职时无须缴纳养老保险费,退休后即可按月领取退休金。与城镇职工的养老保险待遇相比,公职人员的退休金标准更高,保障水平更好。[1] 最高人民法院《关于适用〈中华人民共和国民法典〉婚姻家庭编的解释(一)》将职工养老金请求权纳入夫妻共同财产范围,并未提及公职人员的退休金请求权,这部分权利是否应当纳入夫妻剩余财产范围?有关职工养老保险账户中个人缴费部分,又如何类比未缴费状态下公职人员累积的年资权益,均不得而知。与企业职工相比,长期以来我国公职人员的薪酬制度实现低工资,高老年保障,其退休待遇依据退休时的职务级别和工龄予以确定。公职人员在夫妻关系存续期间累积的退休待遇要素都不同程度地凝聚了配偶的劳动,一旦离婚,这些延后的老年福利全部归于公职人员个人,对于未从业或者没有稳定全日制工作的配偶来说,与公职人员的离婚,意味着这部分利益和他们的老年安全保障完全缺失。

养老金权益范围以及是否应当纳入夫妻共同财产,取决于养老金权益的性质和我国夫妻共同财产制的规定。

---

〔1〕 由中国人民大学老年学研究所和中国人民大学中国调查与数据中心联合完成的《中国老年生活追踪调查报告》显示,2016 年机关事业单位离退休金平均每月 3174.69 元,城镇职工基本养老保险金为 2400.22 元。

二、养老金请求权和期待权的财产属性

养老金权益,是指依据现有的养老保险制度,公民参加养老保险体系后依法请求给付养老保险待遇的权利(包含在退休制度下劳动者通过累计年资获得的退休金权益),范围涵盖养老金请求权、期待权和可期待利益。养老保险为被保险人在因年老、残疾永久性退出劳动领域时提供所得替代,保障劳动者长期性所得丧失后的生活风险。其运作方式是,被保险人在工作或者获得收入期间,将其部分劳动报酬以保费的方式缴纳给保险人,待其永久性退出劳动领域后依法向保险人请领待遇。养老保险待遇的请领条件包含两个方面:年龄或者身体残疾无法提供劳动的状态,以及累计缴费或者从事职业劳动达到一定的时间。前者属于养老保险的风险事故。后者是养老保险待遇的等待期,主要基于养老保险待遇给付的长期性特点予以设置,目的是解决参保人的道德风险和平衡养老保险基金的收支。只有同时具备这两个条件,被保险人才有权请求保险人支付养老保险待遇。例如,我国《社会保险法》规定,养老保险的被保险人领取养老金的条件,除达到退休年龄外,还需要累计缴纳养老保险费达到 15 年。在养老保险关系的有效期间内,参保人的养老保险权益分为 3 种状态。第一,参保人缴费达到最低缴费年限,并且符合了给付年龄或者满足其他给付条件,有权请求保险人支付养老保险金。第二,参保人缴纳养老保险费的年限(或者累计的年资)虽然达到了法定的最低年限(如 15 年),但未达到法定的退休年龄(或者没有发生法定的其他情形)。参保人不能请求保险人提供养老给付,只有等待年龄条件或者丧失劳动能力的条件成就后,才可以依法请求支付养老金,其请求给付养老金的权利处于一种期待状态。第三,参保人参保缴费,但缴费年龄未达到最低年限,其对保险团体还不具有待遇支付请求权,即使发生保险事故,也不能请求支付养老保险金。参保人对养老金享受一种期待可能性,可以通过继续缴费(或者累计工龄),将养老金期待的可能性变成现实期待权;也可以因法定原因退出养老保险团体,请求退还已经缴纳的保费或者转移给其他拟加入的保险团体。所以,养老金权益分为 3 个阶段:满足等待期间且达到法定给付条

件（届满退休年龄或者丧失劳动能力），可以行使的养老金请求权；已满足等待期间但尚未达到法定给付年龄，享有养老金期待权；保险开始至满足等待期间前，具有养老金期待的可能性。

养老金的请求权和期待权是参保人在法定养老保险关系中针对保险人的给付请求权，是权利人履行了法定义务后的对价，与私人财产权无异。社会保险作为一种风险预防制度，与商业保险的运作方式相同，参保人以缴费的方式将风险转移给保险人，在其发生保险事故时请求给付保险待遇。不同的是，社会保险不是依照参保人与保险人之间的约定构成的双方的权利义务关系，而是依照社会保险法的相关规定确立双方的权利义务内容。在参保人履行了养老保险制度规定的最低缴费义务之后，被保险人只要发生了法定事故（退休），便依法享有支付养老金的请求权。无论是一次性支付还是分期支付，该请求权的内容确定、归属明确，与权利人对私人主体的财产请求权无异。对履行支付义务的保险人来说，该义务是具体养老保险关系的内容，更是其代表国家履行政治承诺，保障公民老年安全的体现。养老金期待权与请求权的区别，仅在于权利人行使权利的条件未成就。在该状态下，权利人已经履行了养老金请求权形成的最低条件（缴费的最低年限），保险事故一旦发生，该期待权就转化为现实的请求权。

将养老保险请求权和期待权视为权利人的财产权，纳入宪法保护范围，是主要市场经济国家和地区的普遍做法。德国联邦宪法法院在1980年作成一项标志性判决，肯定了被保险人基于社会保险立法所取得的法定年金保险期待权，性质上虽为公法上的给付请求权，仍受德国《基本法》第14条财产权规定的保障。[1] 依据德国现行宪法实务的做法，年金请求权与期待权作为财产权保障标的的要件为：具有财产价值之权利地位；基于自己的给付；具有生存保障的作用。[2] 早期欧洲人权委员会的见解与德国联邦宪法法院相同，肯定了缴费式社会给付，即被保险人缴纳保费，进而取得社会保险给付受

---

〔1〕 参见孙迺翊：《社会给付权利之宪法保障与社会政策之形成空间：以德国联邦宪法法院关于年金财产权保障及最低生存保障之判决为中心》，载《台大法学论丛》2012年第2期。

〔2〕 参见钟秉正：《社会法与基本权保障》，台北，元照出版有限公司2010年版，第129页。

《欧洲人权公约》财产权之保障。美国联邦宪法第十四修正案规定,财产权利受到法律正当程序的保护。在 20 世纪 70 年代以前,正当程序的财产概念范围相当狭窄,主要包括财产法通常定义的不动产、动产、金钱或者证券。1970 年以后,美国联邦最高法院基于福利社会的"新财产"概念,极大扩充了正当程序的适用范围。"新财产"包括社会福利和公共职业等社会馈赠,从优惠变成财产,对它们的剥夺受到"正当程序"的限制。在日本,年金能否作为财产纳入离婚时夫妻财产分割的范围,早期法院的判决一般将其作为离婚后当事人的生活状态或者财产分配的基础加以考虑,未作为财产。[1] 其后,在具有扶养性质的财产分配上,出现了命令丈夫将所支领的年金以定期金给付的方式支付妻子的判决。对于未来可以取得的年金请求权,也出现几则判决。[2] 2004 年日本《国民年金法》《厚生年金保险法》等法规修改时,导入离婚时年金分割制度,明确规定年金为夫妻共同财产。

至于可期待利益,因为其并未满足养老保险制度关于缴费最低年限的要求,能否转换为期待权还有待于参保人持续缴纳保费或者累计年资,在参保人因为离婚需要核算其利益时,可以通过核算参保人已经缴纳的养老保险费额来确定其数额。参保人因为客观原因需要提前退出或者转换保险团体,社会保险经办机构也有义务依法移转已经缴纳的保险费用。

养老金权益具有财产属性,是权利人永久性退出劳动领域后本人及其受扶养人赖以生活的物质基础。在夫妻关系存续状态下,养老金是夫妻生活的来源,即使一方死亡,遗属年金也是保障另一方生活的基础。婚姻关系一旦解体,从事家务劳动往往没有养老金,或者只有微薄的养老金,长期从事稳定的职业劳动的另一方则可能累计高额的养老金。如何认可家务劳动的价值,以平衡夫妻双方的利益?这不仅直接关系从事家务劳动一方当事人的老年安全,而且会影响其婚姻自由权的实现。

---

〔1〕 例如,东京高判昭和五十八年(1983 年)年 9 月 8 日判時 1095 号頁 106。转引自郭玲惠主持委托研究报告:《劳退及劳保老年给付于离婚配偶间如何分配之法制度案》。

〔2〕 参见郭玲惠主持委托研究报告:《劳退及劳保老年给付于离婚配偶间如何分配之法制度案》。

三、婚姻期间养老保险权益的归属：法定夫妻共有财产

(一)确认家务劳动者的养老金权益既是人权保障需要也是平等保护原则的体现

工业革命后,离开土地的劳动者以自己的劳动换取工资以维持本人及其家人的生活,在其因为疾病、年老、失业等原因暂时或者永久失去劳动能力或者劳动机会时,仅依赖个人的能力无法解决这些问题。现代国家将这些问题视为社会风险,赋予公民在遭遇社会风险时享有请求国家提供安全保障的权利,即所谓社会基本权利,在第二次世界大战后,除在各国宪法内或多或少获得肯定外,也在一些重要的国际公约中得以见之。[1] 为了实现公民的社会保障权利,我国《宪法》第45条规定,中华人民共和国公民在年老、疾病或者丧失劳动能力的情况下,有从国家和社会获得物质帮助的权利;社会保险法确立了分别覆盖职工和居民的基本养老保险制度。因为没有劳动收入,绝大多数家务劳动者只能加入城乡居民养老保险体系,而获得的居民养老金无法满足其老年生活的基本需求。

照顾家庭、养育子女、辅助职业劳动的配偶一方,在成就家庭其他成员工作业绩的同时,也为社会养成了新的劳动力。其价值和功效对从事职业劳动的配偶一方和整个社会来说,都是明确的,也是应当受到肯定和认可的。法律一方面应当认可职业劳动者的劳动报酬凝聚了家务劳动一方的成果,在婚姻关系解体、夫妻共同财产的认定和分割上同等保护双方当事人;另一方面为家务劳动者构建等同职业劳动者的风险保障制度,使他们可以从职业劳动配偶一方的劳动中获得相当的预防能力,避免他们在丧失劳动能力和失去配偶照顾情形下老年生活陷入困境。

(二)离婚配偶的老年安全预护措施:离婚配偶年金或离婚年金分割

养老保险权益归个人还是夫妻共同所有,与国家的养老保障制度和夫妻财产制度相关。现代各国将养老保险权益纳入夫妻共同财产范围的原因,主

---

〔1〕 参见陈新民:《德国公法学基础理论》(增订新版·下卷),法律出版社2010年版,第434页。

要为了认可家务劳动的价值，平衡家庭主妇与职业劳动一方的养老利益。所以，针对国民享受养老保障的法律资格基础是属于缴费型还是属于财产调查型，[1]居民老年安全保障方式不同。收入调查型养老补贴的权利资格来源取决于收入，属于国家解决贫困问题的措施，夫妻无论如何分工均不影响其离婚后的养老利益差异。缴费型养老保障就是国家通过养老保险的方式预防老年问题的措施。因为其与缴费或者工作年资相关联，凝结权益人个体的劳动成果，可能涉及在离婚的配偶之间合理分配的问题。这里需要考虑各国的养老保险制度在认可家务劳动价值、平衡配偶双方养老权益方面的做法。有的国家规定职业劳动者参保缴费，为本人累积养老保险权益的同时也为其配偶累积，使从事家务劳动的配偶（包括离婚配偶）作为独立的养老权益享有者，无论在婚姻关系存续状态下还是在离婚后，老年安全都不完全依赖另一方的养老金。在这种情形下，夫妻个人累计的养老金无须在配偶之间进行分配。例如，美国社会安全制度所提供的退休给付在法院实务上并不认为是婚姻财产，依据《社会安全法》（Social Security Act）第 201 条关于老年遗属失能给付的规定，这部分给付不能分配，对于离婚配偶权益的保障通过提供离婚配偶年金的方式来实现。如果前配偶同时符合以下要件，则有资格领取与现配偶同额的社会安全给付：（1）前配偶与年金领取人结婚超过 10 年；（2）年龄在 62 岁以上（达到退休年龄）；（3）年金领取人已经开始领取年金（如果未开始领取，需年满 62 岁以符合领取资格，且两人已离婚 2 年以上）；（4）前配偶未再婚。[2]

以职业劳动者为核心建立的养老保险制度，并未考虑离婚后配偶一方的老年保障。发端于德国的社会保险制度，其社会家庭结构是男方工作获得劳动报酬，以支付本人及其受扶养家人的生活开支。社会政策的有效性是奠定在一种理所当然的家庭状态上的，这种状态正当化了女性无薪从事家事和教

---

〔1〕 参见［英］内维尔·哈里斯等：《社会保障法》，李西霞、李凌译，北京大学出版社 2006 年版，第 169 页。

〔2〕 参见郭玲惠主持委托研究报告：《劳退及劳保老年给付于离婚配偶间如何分配之法制度案》。

育工作的义务。[1] 在婚姻关系存续期间,夫妻作为共同生活体,相互之间存在扶养与被扶养的权利义务关系。当事人通常以就业、储蓄、投资等多种形式获得财产,作为共同生活的基础。其中,包括为了预防老年风险而参加社会养老保险,即使在劳动者死亡之后,其遗属也可以依法享受遗属津贴。在婚姻关系因离婚而解体的情形下,从事无薪劳动或者非全日制工作的低薪劳动的配偶,既无扶养对象,也未累积养老金权益。此时,夫妻一方生活陷于困难的情形,不在社会保险承担的风险范围内。因此,各国年金保险制度建立之初,多未明文规定离婚时社会保险提供之老年、失能给付应作如何处理,亲属法对此亦未规定。[2]

随着女权运动的兴起和权利保护制度的完善,自 20 世纪 70 年代开始,许多国家修正相关制度,将养老金权益纳入夫妻共同财产范围。德国在 1976 年《民法典》修正时于第 1587 条以下新增“离婚年金权利分配”相关条文,[3] 并于 1983 年制定《离婚年金权利分配制度特殊情状适用法》,形成一套复杂而完备的离婚年金分配制度。[4] 德国纳入离婚财产分配范围的年金权利包括基于公职人员、企业职工等身份以及以保险契约一方当事人的身份所享有的年金、给付期待权以及期待可能性。具体包括:(1)基于公务员忠勤服务关系或者公务关系取得的退休金及退休金期待权;(2)基于法定年金保险体系取得的年金请求权和年金期待权;(3)基于其他类似老年及失能预护制度取得的给付、给付期待权或者期待可能性;(4)基于企业年金制度取得的给付、给付期待权或者给付期待可能性;(5)基于保险契约取得的年金请求权或者期待权。[5] 目前,美国法院的实务见解一般认为,退休金是婚姻存续期

---

〔1〕 参见[德] Franz-Xaver Kaufmann:《德国福利国家的挑战》,施世俊译,台北,五南图书出版股份有限公司 2002 年版,第 40 页。

〔2〕 参见孙迺翊:《离婚年金权利分配制(Versorgungsausgleich)——以德国法为借镜》,载《中正大学法学集刊》2008 年总第 25 号。

〔3〕 参见陈卫佐译注:《德国民法典》,法律出版社 2004 年版,第 419 ~ 420 页。

〔4〕 参见孙迺翊:《离婚年金权利分配制(Versorgungsausgleich)——以德国法为借镜》,载《中正大学法学集刊》2008 年总第 25 号。

〔5〕 参见孙迺翊:《离婚年金权利分配制(Versorgungsausgleich)——以德国法为借镜》,载《中正大学法学集刊》2008 年总第 25 号。

间夫妻双方共同对于家庭财产的贡献，属于共同财产，是离婚时婚姻财产分配的对象。[1] 2004年日本《国民年金法》《厚生年金保险法》等法规修正，正式导入离婚时年金分配制度，将婚姻存续期间累计的国民年金、厚生年金以及退职金权益视为夫妻协力取得的财产，是离婚时分配的对象。[2] 加拿大1965年《年金计划法》(Canada Pension Plan Act 1965)规定，可以在离婚时，直接分割其年金给付期待权；[3] 英国1995年《年金法》(the Pension Act 1995)赋予法院分割年金的权力，并于《婚姻诉讼法》第25条列举法院公平考量的因素，不以年金财产平均分配为必要，或于企业年金法规中授权法院转移年金期待权。[4] 瑞士《民法典》第122条至124条明确规定，离婚配偶年金的分配对象是老年保障第二支柱的职业年金。[5] 至于第一支柱老年遗属与失能保险年金，1997年修法时导入离婚时配偶分割制度，规定在婚姻关系消解时，将分配双方于整个婚姻期间所获取的收入，包括婚姻期间所缴纳的保险费和所增加的债权额度。而第三支柱的私人自愿性保障措施所为之储蓄，在离婚时无论是否存在使用约束，一律适用夫妻财产制的相关规定。[6]

（三）婚姻期间累积的养老金权益符合我国《民法典》关于法定共同财产的特征

我国虽然采取保险的方式解决公民的老年安全问题，但现行的养老保险制度并未设置反映配偶家务劳动价值和保障其独立养老权利的配偶养老金制度。离婚配偶的老年安全未得到保障。无论是职工养老保险还是居民个

---

〔1〕 See Charles C. Marvel, *Annotation*, *Pension or Retirement Benefits as Subject to Award or Division by Court in Settlement of Property Right Between Spouses*, 94 A. L. R. 3d 176, 200(1979).

〔2〕 参见日本《国民年金法》[昭和三十四年(1959年)4月16日法律第141号]第三章第二节至第五节有关各类基础年金给付条件的规定。《厚生年金保险法》[昭和二十九年(1954年)5月19日法律第115号]“第三章の二 離婚等をした場合における特例”的规定。

〔3〕 See Canada Pension Plan(R. S. C., 1985, c. C－8), Accessed Apr. 23, 2017, http://laws-lois.justice.gc.ca/eng/acts/C－8/。

〔4〕 See The Pension Act 1995, Accessed Apr. 23, 2017, http://www.legislation.gov.uk/ukpga/1995/26; Matrimonial Causes Act 1973, Accessed Apr. 23, 2017, http://www.legislation.gov.uk/ukpga/1973/18/section/25A.

〔5〕 参见《瑞士民法典》，于海涌、赵希旋译，法律出版社2016年版，第58～59页。

〔6〕 参见林怡君：《德国离婚配偶年金分配请求法制之研究》，台湾政治大学2010年硕士学位论文，第134页。

人养老保险,均以参保人个人身份参保、缴费,在其永久退出劳动领域后,以参保人本人的身份请领养老保险金或者病残津贴;辅助其工作的配偶只能在夫妻关系存续期间分享其养老金,没有配偶(更无离婚配偶)独立养老金利益。

首先,婚姻关系存续期间取得的养老金权益属于婚后所得。我国夫妻法定财产采用婚后所得共有制,即婚姻关系存续期间,除夫妻个人特有财产外,夫妻任何一方所得财产以及原有财产的孳息,都归双方共同所有。[1] 婚姻关系存续期间累积的养老金权益是该期间参保人的劳动报酬或者其他劳动的对价。养老保险作为一种以保险手段预防老年风险的方式,参保人通过缴费或者累计工作年资的方式,依法获得养老金请求权。保险费与养老金之间具有明确的对价关系,我国养老保险制度的设置也明显体现了该特征。职工补充养老金和城乡居民个人账户养老金均属于完全积累账户,参保人及其用人单位的缴费全部进入个人账户,在其退休时将保险费累计总额平均分割在确定的计发月份,或者一次性支付给被保险人。基本养老保险基金实现部分积累,其中个人养老金账户完全由个人缴费构成,属于强制储蓄账户。统筹基金账户由用人单位的缴费构成。该部分虽然不是个人直接缴纳的,亦是职工劳动的对价,是用人单位利用初次分配的机会留存的部分劳动报酬,属于延付工资。[2] 被保险人的养老金建立在保费的基础上,由社会保险人通过保险精算予以确定。无论是基本养老金还是职工的补充养老金,都是参保人在婚姻关系存续期间劳动收入的一部分或者是劳动的对价,蕴涵了夫妻另一方的付出,属于夫妻共同所得。居民的保险费中存在政府的保险费补贴,[3] 这部分不能算作个人收入。另外,城乡居民的基础养老金亦不同,它由政府

---

〔1〕 参见巫昌祯、夏吟兰:《婚姻家庭法学》,中国政法大学出版社 2007 年版,第 114 页。

〔2〕 参见许志涛:《养老保险调节收入分配的作用机理及效果研究——以城镇职工基本养老保险为主体的分析》,西南财经大学 2014 年博士学位论文,第 78 页。

〔3〕 以 2014 年为例,国家财政对养老保险基金补贴 1569 亿元(参见《财政部 2014 年全国社会保险基金预算》),而截至 2014 年年底,参加城乡居民养老保险的、60 岁以下的人数为 35,366 万人(参见《中国社会保险发展年度报告 2014》),人均 443.6 元。

统一为居民支付,金额不高,[1]无缴费对价,源于政府补贴,属于居民的普惠式养老补贴。这部分补贴作为无对价的政府补贴,与参保居民个人的身份相连,不具有财产属性,是国家通过公权力实现再分配的结果。

其次,养老金权益并不专属于参保人。在我国婚姻家庭财产关系框架下,离婚诉讼的财产权属划分标尺之一,即财产形态是否"专属于人身的特性"。如果属于具有身份属性的个人财产,则归个人所有,否则,属于夫妻共同财产。[2]。我国《民法典》规定的专属个人的婚后财产,除婚后继承和受遗赠财产外,主要是指个人因为身体或者精神受到伤害后获得的补偿金或者赔偿金,以及专属个人的生活用品。从来源上看,养老金不属于前者,是否专属参保人个人的生活费用?养老金是参保人退出劳动领域后的所得替代,其功能和作用与劳动状态下的劳动所得相同,除维持参保人本人的生活外,还必须作为其受扶养人的生活来源。社会法发生、发展的一个基本构想,即每个成年人都应具有通过(从属性或者自主性的)劳动获得自己及家人(配偶和子女)生产资料的机会。[3] 在劳动者因为年老、疾病、失业等情形出现,暂时或者永久丧失劳动能力或者劳动机会时,国家通过保险手段为他们提供所得替代或者负担额外的支出,保障劳动者本人及其受扶养人的生活。养老保险作为一种以保险手段预防劳动者永久退出劳动领域后可能出现的生活困境,保障的风险除参保人因为年老和残疾外,还包括参保人死亡后其受扶养人的生活问题,养老保险基金的支付范围包括参保人退休后的养老金、退休前完全丧失劳动能力的伤残津贴,以及死亡后的遗属津贴(我国《社会保险法》规定的丧葬费和遗属抚恤金)。[4] 所以,在家庭关系中,养老金不仅是参保人退休后的个人生活费用,还是其受扶养人的生活来源。其与参保人身份的关

---

〔1〕 居民的基础养老金最低标准原来是每月55元,从2014年7月1日起调整为70元。参见人力资源和社会保障部、财政部《关于提高全国城乡居民基本养老保险基础养老金最低标准的通知》(人社部发〔2015〕5号)。

〔2〕 参见赵玉:《司法视域下夫妻财产制的价值转向》,载《中国法学》2016年第1期。

〔3〕 参见[德]汉斯·察赫:《福利社会的欧洲设计:察赫社会法文集》,刘冬梅、杨一帆译,北京大学出版社2014年版,第99页。

〔4〕 参见《社会保险法》第16条、第17条。

联性主要体现在保险团体内,意指养老金领取的资格和条件、标准与参保人的缴费时间、缴费标准等要素相关。

公职人员在传统退休金制度下的退休金,与职工基本养老保险的来源、功能相同。公职人员的退休待遇,包含了公职人员个人的报酬积累。他们自入职之日起,即与国家成立一种法律关系。他们服从安排、忠实于雇主,按照规定提供职务劳动。同时,按照法律规定享受劳动的对价——工资、福利以及退休保障。与企业职工的劳动报酬由市场机制决定不同,公职人员的劳动报酬及其构成、分配时间等要素,由《公务员法》等法律以规范的形式予以确定。国家利用初次分配的机会,将公职人员的收入在工作期间和离开工作岗位(暂时或者永久)之后进行合理分配,一部分以工资和福利的形式在工作期间支付,维持公务人员本人及其扶养对象的生活;一部分留存于国家财政,待其退休后以退休金的方式按月提供,以保障他们退出劳动领域后的生活。退休金的功能和作用与养老金完全相同,作为公职人员退出劳动领域后的收入,为参保人本人及其受扶养人提供生活保障,其性质与参加养老保险体系的职工养老金无异。

婚姻关系存续期间的养老金权益属于婚后所得,是参保人退出劳动领域后本人及其受扶养人的生活来源。依据我国现行的夫妻法定共同财产制的规定,应当属于夫妻共同财产。[1]

四、认定夫妻共同所有养老金权益的标准

养老金权益尽管作为财产权获得了法律的普遍确认,但与传统的财产权相比具有自身的特点。这些特点决定了养老金权益作为夫妻共同财产的标准不同于其他传统财产。

第一,养老金权益必须属于权利人参加养老保险缴纳保险费或者累计工作年资的对价。将夫妻关系存续期间的养老金纳入共同财产分配范围,主要

〔1〕《民法典》第 1062 条、第 1063 条、第 1065 条规定,在当事人没有约定或者约定不明的情况下,除夫妻个人特有财产外,夫妻关系存续期间所得财产为夫妻共同所有。

是基于对一方当事人所从事的家务劳动以及其他辅助劳动的认可。夫妻关系作为一个共同体,双方基于社会分工和家庭角色的不同,劳动方式有所不同。一般而言,妻子因为需要抚育子女、照顾丈夫,放弃职业劳动或者全日制的职业劳动而从事家务劳动或者非全日制劳动,也正因为妻子的劳动,才使丈夫无后顾之忧,以至于其职业发展顺畅、劳动报酬提升。基于两性平等的要求,承认家务劳动的价值,认可在夫妻关系存续期间累积的养老金权益属于双方共同的贡献所得。如果该部分利益不是劳动或者保险费的对价,而是国家对老年人的养老补贴,则不属于共同财产范围。例如,城乡居民养老保险体系中的基础养老金,只要年满 60 岁居民都可以获得,即便在制度实施时已经达到 60 岁。这部分补贴相当于国家为城乡居民提供的养老救助,不具有财产权的属性,也无法纳入夫妻共同财产。

第二,作为夫妻共同财产的养老金权益,其缴费必须源于夫妻共同财产,或者累计工龄的时间在夫妻关系存续期间。养老金权益的形成需要一个长期过程,从参保人参加养老保险体系缴纳保险费开始,一般经过数年甚至 10 多年的累计缴费(或者累计工作年资),从期待可能性演变为期待权。即使已经形成的期待权,也会随着缴费时间的延长而逐渐增大。要确定养老金权益的归属,必须明确其形成基础和依据。只有保费源于夫妻关系存续期间的劳动所得,或者累计的工作年资在夫妻关系存续期间内,该部分养老金权益才凝结了双方的共同劳动成果。否则,因为无法体现他方的劳动,不得视同夫妻共同财产,与养老金领取的时间无必然联系。我国最高人民法院《关于适用〈中华人民共和国民法典〉婚姻家庭编司法解释(一)》第 25 条将婚姻关系存续期间实际获得或者应当获得的养老金视为夫妻共同财产,没有考量其形成是否融入了另一方的劳动,既缺乏法理基础也不合情理。养老保险费是参保人预防老年风险的风险分摊金,在正常参保缴费的情况下,参保人的养老金权利可以依据婚姻存续状态分阶段计算,分为婚前、婚姻关系存续期间以及离婚后。纳入共同财产范围的养老金权益,应当是从婚姻关系开始的下月起至婚姻关系终结的该月止累计的部分。

我国养老保险制度中设置了养老保险费用补缴和视同缴费的规定,这直接影响了养老金权益的归属。劳动者在工作期间可能因为各种原因未及时足额缴纳养老保险费,之后再依法补充完整;或者在达到退休年龄时累计缴费未达到领取养老金的最低缴费年龄 15 年,退休后按月或者一次性补缴达到这一标准,从而享有养老金的请求权。[1] 在这种情形下,判断夫妻共同财产范围应当关注补缴费用的来源。只有保费属于夫妻共同所得部分,所对应的养老金权益才属于夫妻共同财产。否则,补缴保费形成的养老金权益不属于分配标的。所以,作为保险费或者工龄对价的养老金权益,判断其是否属于夫妻共同财产,需要确定该保费是否属于夫妻关系存续期间所得,或者该工作时限是否在夫妻关系存续期间。至于养老金请领的时间是否在夫妻关系存续期间则在所不问。这与投资收益不同,因为它需要投资人付出投资劳动,判断其是否属于夫妻共同所得,主要看该收益的形成时间,而不是本金的来源。

视同缴费,是指劳动者事实上没有参保缴费,但因为制度调整或者身份转换,要求将该工作时间段视为已经缴纳了保险费。在制度调整过程中,企业职工从传统的单位保障状态变更为社会养老保险保障,原来在国有、集体企业中工作未缴费的年龄,在新制度下视同已经参保缴费。现在的机关事业单位工作人员养老保险制度转轨时亦同。视同缴费是在劳动者退休计算养老保险待遇时进行核算。在夫妻关系解体分割共同财产时,有关部门需要将夫妻关系存续期间视同缴费的年资对应的养老金权益进行核算并加以分割。

第三,该部分属于参保人在工作期间为本人累积的老年安全保障。承认夫妻关系存续期间累积的养老金权益属于夫妻共同财产,其基础是家务劳动与职业劳动同样具有价值,职业劳动者的成就蕴涵家务劳动配偶的生活照顾等无偿付出。其中,子女的养育不仅为社会补充新的劳动力,而且为养老保险体系提供新的缴费主体,德国的养老保险制度甚至将妇女抚育子女的时间视同缴纳养老保险费。[2] 将婚姻关系存续期间的养老金权益纳入夫妻共同财产的主要目的是为离婚配偶建立独立的养老保障,预防家务劳动者在离婚

---

〔1〕 参见《社会保险法》第 17 条、第 63 条。

〔2〕 参见孙迺翊:《社会给付权利之宪法保障与社会政策之形成空间:以德国联邦宪法法院关于年金财产权保障及最低生存权保障判决为中心》,载《台大法学论丛》2012 年第 2 期。

后的老年风险。伴随生产方式的改变和家庭结构的变化，为老年人提供老年安全保障作为国家义务，由各国的宪法加以确认和保障。自1889年德国老年失能保险制度建立以来，全球已有171个国家实施老年残疾遗属给付制度，[1]为社会主体提供老年风险保障。我国《宪法》第45条规定，中华人民共和国公民在年老、疾病或者丧失劳动能力的情况下，有从国家和社会获得物质帮助的权利。确认养老金权益的财产属性并将其纳入夫妻共同财产范围，保障参保人在退出劳动领域之后本人及其受扶养对象的基本生活，是国家为公民提供老年安全保障、履行国民安全保障义务的重要措施。同时，也是实施男女平等原则的要求。

我国公民的养老保障体系由3个层级——基本养老保险、补充养老保险和个人储蓄构成。居民个人的储蓄与其他财产的分割无异，无须特别考虑。符合上述标准，能够纳入夫妻共同财产范围的养老金权益应当包括以下内容：婚姻关系存续期间获得的职工基本养老金权益，包括个人账户养老金权益和统筹账户养老金权益、职工的补充养老金、城乡居民的个人账户养老金。这些都是参保人在婚姻关系存续期间劳动收入的一部分或者是收入的对价，蕴涵了夫妻另一方的付出，属于夫妻共同所得。唯一例外的是，城乡居民的基础养老金，它由政府统一为居民支付，金额不高，[2]无缴费对价，源于政府补贴，属于居民的普惠式养老补贴。

五、我国离婚配偶养老金分割权之确认

（一）通过法律确立养老金权益的财产属性

养老保险权益作为宪法中公民物质帮助权的具体内容，是国家为公民提供老年安全保障义务的体现，应由基本法律加以确认和保护。养老金请求权是被保险人在发生保险事故后，请求社会保险人给付养老保险待遇的权利，是社会

[1] 参见柯木兴：《社会保险》，台北，三民书局股份有限公司2013年版，第147页。

[2] 居民的基础养老金最低标准原来是每月55元，从2014年7月1日起调整为70元。参见人力资源和社会保障部、财政部《关于提高全国城乡居民基础养老保险基础养老金最低标准的通知》（人社部发〔2015〕5号）。

保险人与被保险人之间的基本养老保险权利义务关系的具体内容,其属性和内容属于社会保险法规范的对象。而且我国政府作为社会保险的风险管理者,是养老保险关系的一方当事人,依法向参保人征收保险费和支付养老保险待遇。它与被保险人之间的社会保险权利义务关系,必须由立法机关代表民意来确认,不能由当事人一方政府,甚至统筹级别的政府用行政法规或者地方性规章来规定。包括最高人民法院在内的司法机关,是依法保护法定的权利义务关系实现、裁决纠纷的主体,不享有像立法机关一样决定社会资源如何分配的权力。婚姻关系存续期间获得的养老保险权益是否为共同财产,如何确认其具体范围,这些问题属于夫妻共同财产的确认标准和范围,是《民法典》的具体内容。司法解释尽管可以对法律的具体内容进行说明和解释,但必须建立在社会保险法关于养老金权益的属性和《民法典》关于夫妻共同财产的确认标准的基础上。现阶段,法律未规定养老金权益的属性和内容,完全由司法解释来确认,不仅违背了社会保险关系法定化的基本要求,而且会使相关规定因为效力层次问题而难以实施。从法律规范的内容看,社会保险法应当明确养老金的范围包括养老金的请求权、期待权和可期待利益,明确其财产权属性。在此基础上,《民法典》可以明确列举夫妻共同财产范围中包含夫妻关系存续期间获得的养老金权益,或者授权最高人民法院通过司法解释的方式加以补充说明。

(二)确认离婚配偶独立的养老金分割权

夫妻关系存续期间的养老金归属明确为夫妻共同所有之后,需要选择合理的分配方式在婚姻关系解体时对其进行分割。从有关国家的养老金权益分割制度看,基本上有两种模式。

一是在夫妻关系解体时,将双方的养老金权益视同剩余财产,与其他财产一起进行分配。例如,瑞士将第一支柱"老年遗属与失能保险年金"纳入财产范围。[1] 这种模式的特点是在夫妻关系解体时,将未来的养老金请求

〔1〕 瑞士《民法典》第122条至第124条关于离婚年金分配的制度中,纳入分割对象的是第二支柱的职业年金;第三支柱的私人自愿购买的养老保险金亦作为夫妻共同财产加以分配。参见《瑞士联邦老年遗属保险法》第29条之4第3项C和瑞士《民法典》第197条第5款。参见林怡君:《德国离婚配偶年金分配请求法制之研究》,台湾政治大学2010年硕士学位论文,第134页。

权、期待权以及可期待利益进行评估核算，得出当时的价值，再将其纳入夫妻剩余财产范围加以分配。因为养老金一般以定期金的方式给付，即使是满足请求条件，养老金也是按月请求支付。每月请领的数额会随着社会经济的发展、物价水平的变化适时进行调整；请领的时间跨度取决于权利人的实际寿命，因权利人的死亡而终结。所以，请求权最终的价值很难准确核算。而养老金期待权大小涉及的变量更多，不仅缴费的年限和缴费基数与其直接相关，而且退休的时间、退休地点的实际工资，以及行使权利的物价水平等因素均对其产生实质影响。如果参保人在退休前死亡，其基本养老的统筹养老金权利终止，个人账户积累作为遗产；参保人在退休前因为健康原因而丧失劳动能力，养老金的期待权因为条件的变化而转换为残疾津贴的请求权，直至达到退休年龄。这些因素使在婚姻关系解体时核算养老金的期待权价值在技术上很难操作。相对而言，离婚时的保险费总额核算要简单一些。养老保险权益估值核算的专业性和技术性使分配机关的工作难度加大。加之，作为剩余财产并加以分割后，分割义务人可能面临无力支付相应价值财产给权利人的困境。从分割权利人的角度而言，虽然在离婚时获得了相应的补偿，但至退休后，其老年安全能否得到相应保障亦具有诸多不确定性。我国最高人民法院确认的养老金请求权的分配方式实际上属于该模式，而之所以未将期待权纳入分配范围，在一定程度上基于其分配难度和可操作性问题。

二是为分割权利人建立独立的养老金权益。以德国为代表，包括日本、美国等国均[1]采取这种分割方式。这种模式能够较好地解决第一种分割模式面临的困境。在夫妻关系解体时，直接核算该时点夫妻双方的养老金权益，并将待分配账户平均分割成两个独立账户。如果分配权利人和义务人的养老金账户同属一个养老保险体系则可直接进行合并；否则，为分割权利人设置独立养老金账户即可。这里分配的对象是分配义务人养老金未来的权益，不是其分配时点的具体价值。以我国现行的养老保险制度为例，如丈夫

〔1〕 参见郭玲惠主持委托研究报告：《劳退及劳保老年给付于离婚配偶间如何分配之法制度案》。

一方作为职工拥有基本养老保险账户和补充养老保险账户，妻子在家从事家务劳动未正式就业，以居民身份参加养老保险 5 年，夫妻关系维持了 20 年后因离婚而解体，双方年龄在 40 多岁，夫妻因为离婚而需要分割养老金权益。按照这一模式，先确认丈夫从结婚到离婚这 20 年累积的养老金权益，包括基本养老金权益和补充养老金（企业职工称为企业年金，公职人员称为职业年金）。缴费 20 年的基本养老金权益由两部分组成，个人账户累计额和统筹基金权益累积，补充养老保险的缴费全部记载于个人账户。将这 3 个账户平均分割为两部分，一部分保留在分割义务人的名下，另一部分计入分割权利人妻子名下。此时，个人账户总额直接分为两个账户即可，统筹账户可以采取分割缴费基数的方式，将其一分为二，分别记入双方名下。妻子的居民养老金账户也采取一分为二的方式，分割一半到丈夫名下。这样，夫妻双方在离婚时因为养老金分割会同时拥有两个基本养老保险账户和一个补充养老保险账户。

按照这种模式进行分割，养老金权益的分配容易操作，也能保证在婚姻关系中累计养老金少的一方能够与另一方共享其养老金累计的成果。一是公民能否拥有多个基本养老保险账户的问题。我国现行法律规定，公民只能在居民社会养老体系或者职工基本养老保险体系中参加其中一个。职工基本养老保险是强制保险，从事劳动的职工必须以此身份参加基本养老保险，同时放弃并封存居民养老保险账户，待其退休时再依法合并计算养老金。按照这一模式，离婚配偶就会因为分割了对方的养老保险账户而同时拥有几个分属于不同体系的养老保险账户。二是特定的养老保险体系能否允许其他非系统的成员因为离婚分割而加入。无论是职工基本养老保险还是企业年金（职业年金），都与本单位职工的身份相对应，相关主管部门在核定参保义务人、缴费基数等保险要素时亦以存在的劳动合同为依据。为离婚配偶建立独立的养老保险账户，使没有职工身份甚至公职人员身份的离婚配偶，因为离婚而拥有该体系的养老保险账户。所以，如果《民法典》确认这种分割方式，养老保险法就应作相应调整。

第三章　基本养老金正常调整法律机制*

第一节　建构基本养老金正常调整机制的必要性

一、基本养老金正常调整由其支付方式和功能所决定

2017年,人力资源和社会保障部、财政部发布《关于2017年调整退休人员基本养老金的通知》,提出将基本养老金总体水平上调5.5%左右。[1] 此举实现了我国基本养老金自2005年以来的"十三连涨"。在养老金不断调高,使退休人员生活得到更好保障的同时,养老金所具有的福利刚性持续增加了养老保险基金财务的压力,其调整走向的不可预期也给社会成员带来了不安。养老金是参保人参加养老保险、累计缴费达到法定的最低缴费年限并办理退休手续之后依法享受的养老保险待遇。我国职工的养老保险体系由基本养老保险和补充养老保险构成,为国家依法强制建构的基本养老金体系。城乡居民只有单一的基本养老保险。由于城乡居民的养老保险制度仍处于试点阶段,本节讨论的仅限于职工基本养老保险金。基本养老金是职工退出劳动领域后的主要收入来源,是保障其退休后基本生活的物质基础,各国基本上以定期金的方式逐月支付给被保险人。随着生产力水平的发展,物价指数、社会平均工资等相关因素的变化,退休人员的养老金也应当进行相

---

* 武汉大学法学院2017年经济法学硕士研究生邱颖琪参与了本章资料搜集和部分内容写作。

〔1〕《关于2017年调整退休人员基本养老金的通知》(人社部发〔2017〕30号)规定:"二、调整水平。总体调整水平按照2016年退休人员月人均基本养老金的5.5%左右确定。"

应调整。养老金随着物价指数调整的实质是维持其实质购买力不变；随着社会平均工资指数的变化而调整，让退休人员参与社会财富的再分配，分享社会发展成果。我国城镇职工基本养老保险制度从1991年开始试点建立至今，国内生产总值由1991年的22,050.3亿元上升到2016年的771,140.4亿元，增长近35倍；城镇居民的消费水平亦从20世纪90年代初的1404元上升到2016年的29,219元，增长近21倍。[1] 2000年我国65岁人口比重已达7.0%，表明我国已迈入老龄化社会，2016年我国65岁及以上的人口达1.5003亿人，占总人口比重10.8%，老年扶养比达15.0%。[2] 消费水平的提高、老龄化的不可逆等导致社会养老负担加重，家庭结构的转变、扶养比的降低等因素又导致退休人员对养老金愈加依赖。基本养老金的正常调整，是指为了保证养老金的实质购买力以及让退休人员分享社会发展成果，在物价指数、在职职工工资水平等要素发生改变时，对其进行相应调整。

二、公共年金自动调整机制之趋势

现代国家依法设定养老保险制度，包括养老金的正常调整问题。基本养老金的正常调整应当有一套法律机制，通过法律事先选取一个或多个变量（与养老金变化有关因素），由法定主体在法定条件下依法定程序对养老金进行调整。对基本养老金正常调整建立法律机制的优势之一在于，其可预测性，避免了随机调整的模糊性。在职者与退休者能够据此预测其长期的养老金给付水平，作出合适的养老选择，以促进社会和谐稳定。对已退休人员以及未退休人员所作出的养老金承诺，如果只对在职者赋予繁重税收以及要求财政给予巨大支撑的情况下才能勉强维持，这不是一条可持续发展之路。[3] 并且，依赖财政将会使养老金与财政更加难以区分。建立法律机制进行基本养老金调整的另一优势就是，避免在其中加入更多的政治考量，让基本养老

---

〔1〕 数据源于《中国统计年鉴(2017)》。

〔2〕 参见中华人民共和国国家统计局编：《中国统计年鉴(2017)》，载国家统计局官网，http://www.stats.gov.cn/tjsj/ndsj/2017/indexch.htm。

〔3〕 See Population and Development Review 38(3):565－571(September,2012)565.

金调整成为一个法律问题,而非政治问题。

养老金水平随着社会经济形势的变化而适时调整是由其功能和支付方式所决定的。但如果每次调整均需要经过立法机构通过修订法律完成,不仅可能因为严格的法律修订程序而延缓基本养老保险待遇的合理调整,而且亦可能因为政治因素而影响修法行为的完成。为了通过定期调高年金给付以保障老人长期的经济水准,同时避免政治力量不理性运作导致年金给付过渡膨胀,许多国家自20世纪中叶以后纷纷建立了年金自动调整机制,将年金的给付水平与特定的社会经济发展变项联动。

尽管各国政治文化传统和经济发展程度存在差别,养老保障制度模式各有特色,年金自动调整机制已经成为各国年金制度普遍实施的措施。自动调整机制最早是由1982年时任美国国家社会安全改革委员会(National Commission for Social Security Reform)主席的罗伯特·J.迈尔斯(Robert J. Myers)所提出的。自动调整机制,是指法律预设一定的条件,当年金制度的偿付能力或者永续性指标变动时,立即启动制度调整。目前,在32个OECD成员中,有27个成员实施广义的确定给付年金制度,这些制度全部采用与相关参数挂钩的年金自动调整机制。相关参数包括物价指数、薪资指数、GDP指数、财政可持续性等。德国作为最早建立社会保险的国家,在1957年就提出,要对养老金进行动态调整,并在其后实现了养老金待遇同工资水平相挂钩的指数化调整机制,2004年的改革更是引入"可持续因子"参数,使养老金调整更加科学。美国在建立养老保险制度之初,并没有相应地建立起规范化的养老金调整机制,养老金是根据法律确定的标准进行调整的。1972年,美国《社会保障法修正案》中增加了依据消费价格指数(Consumer Price Index, CPI)[1]自动调整养老金的方案,即生活费用自动调整机制(Cost-of-Living Adjustments, COLA),使养老金随物价涨幅同步调整,并于1975年正式实施。在日本,养老金规范调整最初是与物价指数相联动的,2004年日本提出了百

---

〔1〕 这里面采用的是CPI的子指标CPI-W,该指数涵盖的人群包括城镇工人和职员,占总人口的1/3左右。CPI-W根据美国劳工统计局的每月数据予以计算。

年精算平衡目标(2005～2105年),根据将来人口变化、基金运营状况以及宏观经济形势等多种因素,通过多种状态的模拟测算,对年金给付和缴费水平分别进行调整,保持在精算平衡期的支付准备金能够达到一年的水平。[1]

我国亦在规范文件中提到,要建立基本养老金正常调整机制。但就我国目前来说,对于养老金的正常调整是以每年人社部、财政部所发布的文件实现的。每年以部门工作文件进行养老金调整的方式也反映出一些问题。就调整主体而言,由人社部、财政部进行调整的主体性如何论证?就调整内容而言,应当如何协调退休人员权益与养老保险基金可持续性之间的冲突?就调整程序而言,养老金调整的启动条件、客观依据、调整资金来源、地方落实等如何设置?就调整保障而言,监督机制的有无以及如何保障调整目标的实现?早在20世纪90年代国家就提出建立基本养老金的正常调整机制,然而时至今日,这种正常调整机制仍未建立起来。我们在强调养老金正常调整机制建立必要性时,也应该考虑其如何建立的问题。本章通过对我国养老金调整现状的梳理,分析其中存在的问题,指出养老金调整现状与养老金正常调整法律机制建立之间存在的差距。紧接着,提出有关我国养老金正常调整法律机制建立与完善的设想。

第二节　经济发达国家公共养老金自动调整机制

一、域外概况

(一)纵向概况:养老金调整发展历程

从纵向来看,世界范围对于养老金的调整经历了一个"无调整—临时调整—自动调整法律机制"的过程。

在公共养老金制度建立之初,并没有所谓的对养老金进行调整的机制,也甚少有法律上的相关规定。各国所采取的做法通常是由政策制定者对养

---

〔1〕 参见蒙蒙、张伊丽:《基于人口老龄化背景下日本公共养老金的财政分析》,载《财政研究》2013年第2期。

老金给付水平进行允诺，并按照一定的公式计算出退休人员退休时可以领取的养老金，之后制定者并不会对此进行调整；也就是说，退休人员从退休直至死亡一直按照相同数额领取养老金。此种做法可行的原因在于，一方面，大部分国家对养老金制度采取现收现付制的财务方式，人口稳定时期，在职者与退休者之间的相对平衡维系了养老金制度的持续性；另一方面，工业化时期的通货膨胀率并不高，退休期间的养老金实际购买力水平基本稳定，退休者一直按照相同数额领取养老金也能满足其生活之基本需求。

在第二次世界大战之后，情况发生改变。在职者与退休者之间的平衡被打破，通货膨胀时常发生并且通货膨胀率居高不下，原来固定不变的养老金数额已经远远不能满足退休人员的生活需求。社会现实要求各国政府改变其在养老保险制度中对养老金水平的态度，从一种消极的给付转变为积极的调整与给付。但在此时，各国调整养老金待遇水平是采取一种临时调整的方式。调整时间取决于通货膨胀发展的实际程度，调整次数不固定，有时一年调整几次，而调整的水平也根据政府财政能力和养老金制度财务状况而定。[1] 这种对于养老金给付水平的调整属于临时调整，其特点在于既没有纳入法律框架，用法律手段来调整养老金，也没有形成相应的制度和规范，调整时间和调整程序等基本上取决于政府的主观意志，掺杂了众多政治考量，而制度存续本身所应该考虑的因素，如资金来源或者人口因素等较少考虑。同时，这种较随意的调整对于养老金制度本身来说也缺少预测性，在职者与退休者都难以预测其长期的养老金给付水平。因此，各国开始思考以立法方式来建立较明确的养老金调整方式，将养老金的给付水平与特定的因素（社会发展变项）相联动，避免政治因素过度影响养老金给付水平的调整，也为了让养老金给付水平更具有确定性。在此背景之下，各国相继于 20 世纪中叶后建立养老金的自动调整机制。

自动调整法律机制最早并不针对职工基本养老保险制度（此制度是由政

---

〔1〕 参见刘桂莲、房连泉：《OECD 国家公共养老金调整机制变迁与新发展》，载《兰州学刊》2017 年第 2 期。

府主导、强制实施并以职工为主要参保对象的养老保险制度,但各国称谓不一样,具体内容也有不一致的地方),而是从以公务员、军人等特殊主体为主要参保对象的制度开始的。例如,最早通过并实施年金自动调整的丹麦,在1922年《年金法》的修订中就要求将年金给付水平与公务员薪资的变动挂钩,且半年调整一次。第二次世界大战后,出现了建立年金自动调整机制的风潮。卢森堡首先建立了与物价指数挂钩的年金自动调整机制,法国(1948年)、瑞典(1951年)、芬兰(1955年)、德国(1957年)等国家也都陆续实施了类似机制。[1] 早期年金自动调整机制的建立,主要有两个目的:一是通过定期调高养老金给付来保障老人长期的经济水平;二是以制度形式避免政治力量的不理性运作导致年金给付的过度膨胀。这两个目的源于当时的经济社会状况与年金自动调整机制的公共政策考量。一方面,经济快速发展,使公共养老金制度的运行有良好的物质基础,政府财力的雄厚、在职者工资收入的增长增加了养老金制度的收入;同时,人口结构较轻的劳动力市场也让养老保险制度有稳定的收入。此时,实行现收现付制的养老保险制度财务状况良好,政府对其有积极的预期,养老金给付水平一般是向上调整的。以建立相关制度的方式来定期调高养老金给付符合制度可预期的要求。另一方面,过去那种临时、随意、掺杂众多政治因素的调整方式虽然在一定程度上是政治人物或政治党派获得支持的砝码,但如果不能维持相对较高的给付水平,也会成为政治人物的"绊脚石"。从此种角度来说,以建立相关制度的方式来调整养老金给付水平既避免了政治力量的不理性运作,也避免了养老金调整对政治力量的消极影响。指数化调整的运作原则是,选定某个或多个指数并以某个时间点的数值作为基准,然后在固定的时间间隔,以该项基准值乘指数的变动值,作为新的应用数值。[2]

笔者认为,基本养老金正常调整的法律机制中应该既包括自动调整机

[1] See Fernandez, *J*: *Explaining the Introduction of Automatic Pension Indexation Provision in 17 OECD Countries*, 1945 – 2000, Journal of European Social Policy, 22(3), p. 241 – 258.

[2] See Weaver, *R. K*(1988): *Automatic Government*: *The Politics of Indexation*, Washington D. C.: Brooking Institution. 转引自傅从喜、施世骏、林宏阳、张秋兰:《已开发国家年金自动调整机制之发展与变革》,载《台大社工学刊》2016年第33期。

制,也包括自动平衡机制,前者侧重在职者的养老金收入预期保障和退休者的基本生活需要满足与适当分享经济发展成果,后者侧重养老金制度本身的协调、持续发展,是基本养老金正常调整程序规则的一体两面。

（二）横向概况:养老金调整法律机制建立现状

目前,世界上已经有 38.5% 的国家或地区建立了公共养老金的定期调整机制(见表 3 – 1),从区域分布来看,集中于欧洲地区,这一现象表明,定期调整机制的建立是由国家或地区的经济社会发展程度、养老金制度本身建立时间和成熟度所决定的。[1]

表 3 – 1　世界各地区建立养老金定期调整机制分布情况

地区	国家或地区数量/个	定期调整的国家或地区数量/个	占比/%
欧洲	44	36	81.8
美洲	36	12	33.3
非洲	45	6	13.3
亚太	49	13	26.5
合计	174	67	38.5

资料来源:翁仁木:《养老金调整机制国际比较研究》,中国言实出版社 2016 年版,第 33 ~ 34 页。

在建立了公共养老金定期调整机制的国家或地区中,根据其所选择的调整指数类型的不同,可分为以下几类:一是根据物价指数或者称为生活费用价格指数的变化调整养老金水平,如美国、西班牙等;二是根据薪资指数来调整养老金水平,如德国、荷兰;三是物价指数和薪资指数的变化都将对养老金水平的调整产生影响,但采取此类型的国家衡量物价指数和工资指数的比例不尽相同,如瑞士为调整养老金时会考虑 50% 的工资指数和 50% 的物价指数,捷克则为 100% 的物价指数和 33% 的工资增长率。随着各国或地区少子老龄化日益严重、经济与就业领域在次贷危机和欧债危机之后持续的不稳定

[1] 参见翁仁木:《养老金调整机制国际比较研究》,中国言实出版社 2016 年版,第 33 页。

状态以及近来的发展新形势，调整指数日益综合化。在 OECD27 个采取指数调整的成员中，自动调整机制仅与物价指数联动的国家或地区有 9 个，仅与薪资指数联动的有斯洛文尼亚，结合物价指数和薪资指数自动调整的有 7 个国家或地区，其他国家或地区在考量物价指数或薪资指数的基础上逐渐加入对 GDP 增速、财政可持续性等参数。[1] 但无论采取何种模式机制，建立养老金调整机制的主要目的有 3 点：一是防范通货膨胀风险，保障退休者基本生活水平不降低；二是让退休者继续适当分享经济增长的成果；三是应对人口老龄化，保持公共养老基金长期收支平衡。[2] 目标反映了对于养老金制度调整的两个面向的追求：财务面永续和社会面永续。财务面永续，是指公共年金制度的财务平衡，尽力使养老保险的保费水平保持稳定，不给现行缴费主体太大的经济负担；社会面永续，是指在给付水平必须调低的情况下，保障社会成员一定程度的老年经济安全。

从调整机制建立形式看，各国或地区都选择了颁布相关规范，以正式法律条文的形式将对养老金调整的主体、程序等内容确定下来，如表 3－2 所示：

表 3－2　部分国家养老金调整机制建立时间与相关法律

国家	实施年份	法律
丹麦	1933	国家社会保险法案
法国	1948	1948 年 8 月 23 日通过的法律
瑞典	1951	第 157 号法
比利时	1955	1955 年 5 月通过的法律
芬兰	1956	国家养老金法案
荷兰	1956	一般养老金法案
德国	1957	养老金改革法案
奥地利	1965	养老金调整法案

---

〔1〕 See OECD and G20 Indicators, *Pensions at a Glance* 2017, OECD Publishing, p. 93.

〔2〕 参见赵巍巍：《国外基本养老金待遇调整机制概况》，载《中国劳动保障报》2013 年 12 月 3 日，第 3 版。

续表

国家	实施年份	法律
意大利	1965	第903号法
加拿大	1972	养老保障修正法案
美国	1972	社会保障法修正案
日本	1973	老年人福利修正案
英国	1974	国家保险法案
澳大利亚	1976	社会服务修正案(No.3)
新西兰	1977	政府超级年金基金缴费令
瑞士	1977	1977年6月2日法律

注：参见刘桂莲、房连泉：《OECD国家公共养老金调整机制变迁与新发展》，载《兰州学刊》2017年第2期。

二、养老金调整法律机制的实践

尽管各国养老保障制度模式各有特色，但建立正常规范的养老金调整机制是共同选择。同时，从制度本身来看，如果养老金制度无法保障老年人的基本生活，它将影响在职者的参保积极性，养老金制度的吸引力将降低，养老金制度的可持续发展亦受到一定的影响。因此，对养老金水平进行定期调整是养老金制度的应有之义。并且目前，大部分国家都已经建立了对于公共养老金的正常规范的调整机制。

（一）德国养老金积分价值调整法律机制

1.德国养老金制度基本概况

德国是世界上第一个建立起正式的社会养老金制度的国家，其发展历程可追溯至1889年俾斯麦时代的普鲁士王国时期。经过120余年的完善，已建立起较完备的国家养老保障机制。历经了两次世界大战的挫败，1929～1933年全球经济大萧条的冲击，1990年重新统一后的短期财政困境，1993年欧盟成立后担当欧洲经济“火车头”，长期责任的压力以及近年来欧债危机所带来的深远影响之后，德国的养老金体系仍然能够持续地为全体国民提供较高水平的养老金待遇,这也成为德国社会长治久安、国强民富的重要原因之一。德国的养老保障体系由三大支柱组成:第一支柱是法定养老保险,这是由国家强制实施的社会养老保险,为绝大多数德国居民提供基本的养老保障;第二支柱是企业补充养老保险,是企业自愿提供的一种员工福利项目,企业补充养老保险共有直接承诺、支持基金、直接保险、养老基金和专门养老基金5种实施方式,具体实施方式由雇主决定;第三支柱是个人自愿性的养老计划安排,包括各种形式的养老储蓄和商业养老保险,由商业机构提供,主要为那些想在退休后得到更多养老金收入的人提供额外的经济保障。法定养老保险在德国养老保障体系中居于核心地位,德国居民超过80%的退休收入来自法定养老保险。在此主要分析的是德国的法定养老保险待遇调整。

2. 德国养老金积分价值调整法律机制形成过程

早期的联邦德国养老金制度属于完全积累模式,养老金水平由个人累计账户予以确定,不存在待遇调整问题。1957年,联邦德国在其《养老金改革法》中将完全累积制改为现收现付制,同时在改革方案中提出要对养老金实行指数化调整。[1] 也就是说,“保持退休者的养老金跟上在职者总工资增长,使其相对生活水平保持不变”。[2] 这次改革提出,退休后所领受的养老金应该与其所缴纳的保费成正比,并开始实施养老金待遇同总工资水平挂钩的指数化调整机制。但当经济增长减速、人口老龄化严重并且人口结构发生变化时,养老金水平与总工资水平挂钩给养老金制度带来巨大的支付压力。1992年,科尔政府颁布了《养老金改革法》,将指数化调整与净工资指数而不是总工资指数相联动。进入21世纪之后,德国对养老金制度进行了频繁调整。2001年,以私人养老金为主要对象的李斯特改革将德国实际上单支柱的养老保障改为多支柱的养老保障体系,[3]并在“以收定支”的养老金制度财务原则下调整公共养老金的给付调整公式,以达到降低给付替代率的效

[1] 参见姚玲珍:《德国社会保障制度》,上海人民出版社2011年版,第125页。

[2] 韩伟:《适度统筹养老金调整指数——理论构建与方法选择》,经济科学出版社2008年版,第76页。

[3] 参见翁仁木:《养老金调整机制国际比较研究》,中国言实出版社2016年版,第131页。

果。2002年,德国社会保险制度融资可持续委员会(吕鲁普委员会,以委员会主席吕鲁普名字命名)成立,所颁布的《老年人收入法》在李斯特养老金调整指数改革方案基础上引入可持续因子,使养老金指数化调整更加规范化。李斯特改革和吕鲁普改革确定了现在德国的养老金自动调整法律机制。即主要是在净工资指数的基础上,引入自动调整的可持续因子,以反映制度赡养率的变化,维护养老金制度的可持续性。目前,德国养老金调整的具体因素包括净工资增长、缴费率、可持续因子等,最终调整指数为以上各项之和。

3. 德国养老金积分价值调整法律机制内容

德国的养老金积分价值调整法律机制是一个常态性机制。养老金制度根据工资增长率、劳动人口与退休人口之间的比例、保险财务等进行调整。在社会保险给付权利应受到宪法财产权之保障与国家对所有公民负有保障其维持符合人性尊严的最低生存标准两大认知下,德国养老保险制度实行积分制,每缴费1年获得一定的积分,积分的水平等于个人的缴费工资收入占社会平均工资收入的比重,如获得平均工资的参保者缴费1年计1个积分,退休的时候将参保者所得全部积分加总得到养老金积分总量。参保者每月可领取的养老金可用以下公式表示:每月领取养老金金额 = 参保者养老金积分点数 × 领取养老金的时间调节因素 × 养老金计划种类要素(老年年金取值为1) × 该年度养老金积分价值。参保者的养老金积分点数由就业时工资水平和缴费年限所决定,也就是说,德国退休者所得到的养老金水平高低与就业时投保的工资水平和缴费年限成正比。但养老金时间调节因素对参保者养老金积分点数将产生一定影响。具体而言,若投保45年且按法定退休年龄退休,申请人可获得全额的养老金积分点数,但每提前1个月退休将扣除0.003的养老金积分点数;若延后退休,每延后1个月可增加积分点数0.005。当个人的缴费年限和退休年龄确定后,其每年得到的养老金就完全是由养老金积分价值决定的,所以德国对养老金进行调整是通过调整养老金积分价值实现的。根据德国社会法的规定,退休者所得到的养老金每年根据政府新公布的养老金积分价值进行一次调整。德国养老金自动调整机制为一项常态化的调整机制,但目前的调整程序较复杂。调整方案的制定与多项因素相关,具体而言包括以下几项:(1)净工资增长。养老金调整随净工资增长正向变动;如果净工资增长为负,养老金不会因此下调。(2)缴费率。缴费率下降将使下一年度养老金上调,缴费率上升则相反。(3)可持续因子。[1] 该因素主要考虑养老金领取者和缴费者的比例变化。如果缴费者相对于领取者减少,则养老金下调,反之则上调。这实际上就是在净工资指数的基础上,让老年人口适当分担一部分人口老龄化所带来的养老金制度的财务负担。(4)为制度平衡而进行的削减。为了保持养老金制度的平衡,在一定时期内削减养老金调整幅度,最高为削减调整幅度的一半。[2]

德国的社会保险制度体系独立运行。保险基金与政府预算分离,也正因如此,强化了社会保险制度的"保险性"特征,[3]更加强调的是保险中常见的缴费与请求权之间的"对等原则"而不是社会政策所重视的财富重新分配的"团结原则"。保险的特点在管理体制上尤为凸显:德国养老保险制度由各种社会保险机构管理,这些机构采取社会自治形式并具有法人地位。[4] 养老保险制度进行调整的资金来源是雇主与劳动者的缴费收入,但政府会负担部分与保险原则无关的给付以及进行一些补贴。长期以来,德国通过提高缴费率和增加国家补贴的方式作为养老金调整的资金来源,并以此来应对人口老龄化给养老金收支平衡带来的压力。德国养老金缴费率从制度建立之初的1.7%上升到1991年的17.1%,2015年的缴费率为18.7%。一般来说,负担比每提高1%,其中约60%的部分是通过提高劳动者的缴费率来分担的,约40%的部分是通过降低退休者的养老金替代率来化解的。[5] 为了克服某些年份缴费和给付的临时波动,各养老保险基金会从基金收入中提取一定份

---

〔1〕 该因子不仅关注人均寿命,还关注人口出生、人口流动和就业的发展趋势,它可使养老金数额根据具体情况进行调整,从而能更有效地制止养老金的增长,即当就业率上升时,养老金提高;当领取养老金的人数增长超过缴费的人数增长时,养老金降低;当将来领取养老金的人数和支付保费的人数的比例发生变化时,养老金会通过人口发展因子自动调整。

〔2〕 参见翁仁木:《养老金调整机制国际比较研究》,中国言实出版社2016年版,第134页。

〔3〕 [美]罗伯特·霍尔茨曼、爱德华·帕尔默主编:《名义账户制的理论与实践——社会保障改革新思想》,郑秉文、黄念校译,中国劳动社会保障出版社2009年版,第526页。

〔4〕 参见翁仁木:《养老金调整机制国际比较研究》,中国言实出版社2016年版,第123页。

〔5〕 参见杨俊:《德国养老金待遇确定机制研究》,载《社会保障研究》2018年第1期。

额,建立统一的可持续储蓄金,由养老保险基金会联合会管理,其年初的金额要保证年末的缴费率不能变动。可持续储蓄金最高不超过所有基金会月支出额的150%,最低不低于20%,如果在较长时期内超过了这个份额,超出部分交由基金会自行管理。当可持续储蓄金的流动资金仍然无法应对给付波动时,政府会给予国家担保,对养老金支付给予无息贷款,这种政府担保也称为"流动性帮助"。[1]

4. 评价

德国养老保险制度的建立标志着俾斯麦模式的诞生,其发展也是该模式的代表。俾斯麦模式的最大特点在于,强调以国家之力,推动全社会成员的福利,尤其要保护弱者。在"社会国"原则之下建立的德国社会保险制度更具有保险的色彩,更加强调保险的对价性与收支平衡,在养老保险制度中将养老金计发办法和调整办法结合起来,清晰明了,也更具有可预测性。同时,社会保险所具有的社会性使养老保险制度承载一定的社会政策功能。德国在养老金调整中始终以"老有所养"为目标,具有长期的稳定性。[2]"可持续因子"的加入不仅反映了人口寿命的变化趋势,也可以反映整个社会人口的多种动向(包括出生率、移民人口等)和劳动力市场的变化趋势。这也有利于控制社会通货膨胀率。德国总体通货膨胀率始终位于较低且可控的水平,这也为德国整体养老金制度的多支柱化发展提供了便利。但是,德国养老金调整资金来源的缴费率和国家补贴不可能无限制提高。德国政府对养老金的税收转移规模从1991年的21%上升到了2006年的33%,在联邦财政预算中,2006年对于养老金的转移支付总额已达770亿欧元,其中还不包括550亿欧元的对于参保人的附加支出以及110亿欧元的对于私人养老储蓄的津贴。德国长期以来稳定的养老金制度在人口结构异化的条件下,养老金给付的压力也随之增加,加之德国政党制度和福利刚性的存在,现有的"开源节

---

〔1〕 参见《德国基本养老保险制度概况》,载财政部官网,http://zys. mof. gov. cn/pdlb/tszs/201601/t20160122_1655079. htm。

〔2〕 参见李勇、王一峰:《战后德国养老金制度变迁对我国的启示》,载《行政与法》2013年第6期。

流”政策依然难以阻止政府支出失控的趋势。

德国对养老金的调整是通过调整养老金积分价值实现的。可以说,在同一年份中的不同年龄退休者,只要他们的积分价值和调节因子相同,那么他们的养老金待遇水平也是相同的,从而避免了不同年龄退休者之间养老金待遇的差距,很好地实现了代际公平,而且也通过养老金积分价值的增长使退休者分享了经济发展的成果。[1] 但是,积分制的实施也造成了另一层面的不公平。根据德国社会法的规定,必须缴费满 45 年且达到 65 岁的法定退休年龄退休才可以得到标准的养老金积分点数,也就是说,要在 20 岁时开始工作并缴费才能得到标准养老金。但现实是,处于 20 岁的大学生群体是无法满足这一要求的,除非他们提早进入职场。

(二)美国养老金消费价格指数自动调整法律机制

1. 美国养老金制度概况

美国养老保险制度在 1935 年建立,被纳入社会保障体系且统一规定于《社会保障法》中。美国的养老保险制度经过长期发展,现行养老保险体系主要由 3 大支柱构成:第一支柱是联邦退休金制度,具有由联邦政府主导、强制实施的特点;第二支柱是企业年金计划,由企业主导,雇主和雇员共同出资,在美国养老保险体系中起补充作用;第三支柱是个人退休金计划,是由个人负责,自愿参加的储蓄型养老保险。其中,联邦退休金制度作为政府为退休人员提供的一种保障型社会福利。美国养老金的调整机制也是经过历次《社会保障法修正案》才建立起来的。建立自动调整法律机制以调整联邦退休金的目标是保证老年人的退休收入免受通货膨胀的侵蚀,确保养老金的购买力不降低;不提供相对于在职人员生活水平不降低的保障。

2. 美国养老金自动调整法律机制形成过程

美国建立养老保险制度之初,并没有规范化的养老金调整程序,养老金是根据政府确定的标准进行调整。1965 ~ 1972 年,美国政府对退休人员的养老金给付水平 3 次采取临时调整的措施予以提高,以因应当时美国物价与工

---

〔1〕 参见杨俊:《德国养老金待遇确定机制研究》,载《社会保障研究》2018 年第 1 期。

资双重上涨的背景。[1] 但这3次临时调整造成养老金给付水平的调整幅度远远超过了消费价格指数(CPI)的上涨幅度,大大提高了社会养老保障成本。[2] 1972年,美国《社会保障法修正案》中增加了依据CPI自动调整养老金的方案,即生活费用自动调整机制(Cost-of-Living Adjustments,COLA),使养老金随物价涨幅同步调整,并于1975年正式实施。1983年的社会保障改革中作了部分调整,采取措施缓解养老金的财务压力,扩大了养老金及其指数化调整的资金来源。无论是1972年的《社会保障法修正案》,还是1983年将调整机制予以调整的《社会保障法修正案》,均是经过严格的立法程序才颁布实施的。首先,法案和决议被提交给委员会讨论,然后再把它提交给整个会议室;其次,委员会投票决定向全体会议提出一份报告,建议进一步审议该法案;再次,由众议院和参议院先后分别审议议案并通过表决,然后由总统签署法案使其成为法律;最后,由国会向社会公布。在审议过程中,举行听证会来听取公众意见。而如果参议院不通过,则还需要将议案送回众议院,众议院修改之后再由参议院审议。其中,还可以成立一个由参众两院议员组成的会议委员会,以解决各议院如何通过法案的分歧。

3. 美国养老金自动调整法律机制内容

美国养老金法律调整机制亦称价格指数自动调整机制。价格指数为(一般称为生活成本调整指数,cost-of-living adjustments,COLAs)养老金水平调整的客观依据,具体而言是美国劳工统计局每月发布的城市工薪阶层及文职人员消费者价格指数(CPI-W)。首先,养老金调整的启动是依法自动进行的。法律规定CPI变化程度不足0.05%或者出现负值时,不进行调整,也就是说,只有CPI为正向变化大于0.05%时,才会启动养老金调整。[3] 具体来说,如果本年第3季度的平均CPI-W没有超过去年第3季度的平均CPI-W时,本年度不进行养老金调整,即养老金不增加。次年第3季度的平均CPI-

[1] 这3次临时调整分别是:1965年,提高13%;1970年,提高15%;1971年,提高10%。

[2] 参见韩伟:《适度统筹养老金调整指数——理论构建与方法选择》,经济科学出版社2008年版,第93页。

[3] 美国曾实行过当CPI的增长超过3%时,启动联邦退休金调整机制,后来删除了这一条件。

W 仍以去年第 3 季度的平均 CPI-W 为参考,超过了,将启动养老金自动调整机制;没超过,则 COLAs 仍不调整,以此类推。[1] 当“生活费用”增加时,新的福利将在次年的 1 月 1 日生效。美国社会保障管理总署是美国《社会保障法》(Social Security Act)所明确规定的负责每年根据各种统计数据制订养老金调整方案并负责实施的机构。具体调整方案是,由社会保障管理总署根据本年第 3 季度与上一年第 3 季度 CPI 的对比涨幅(增长率)确定本年的调整幅度,并在本年 12 月将养老金支付的增加额记到已退休人员养老金账户上,在次年 1 月份开始生效并支付。[2] 第一次调整方案按照劳工部 1974 年 4 ~ 6 月编制的 CPI 的算术平均值除以 1972 年 7 ~ 9 月的 CPI 算术平均值。自此以来,美国形成了一套比较完善的养老金调整程序。

美国的老遗残保险信托基金由“社会保障”税收入、一般财政收入返还、养老金纳税以及投资收益 4 个部分构成,支出只能用于待遇支付和管理成本支出。[3] 1939 年《社会保障法修正案》将养老金拨付方式由基金累积型改为现收现付制,并建立老年人及遗属保险信托基金,作为联邦社保信托基金的一部分,独立于社会保障总署并直接由财政部部长领衔的社保信托基金理事会独立决策并直接对国会和总统负责。[4] 1983 年,为确保社会保障信托基金的偿付能力,美国国会再次以《社会保障法修正案》的方式对社会保障制度的资金来源和受益方式进行了改革,变现收现付制为预留积累制,即保险计划内的缴税水平能够保证留出一定的储备基金。为此,美国提高了养老金的缴税率和缴税上限,多余的税金转入社会保障信托基金,由社会保障署统一管理,信托基金可以用来购买政府债券或者进行规定的投资,所获收益仍旧用来充实信托基金,然后再投资。当信托基金的准备金增加超过一定数

---

[1] 自 COLAs 确立以来,仅有 2009 年和 2010 年没有调整。

[2] 1975 年美国《社会保障法》规定,调整年度当年 6 月记入领取者账户,7 月开始支付。1983 年将实施时间向后推迟了半年,在下一年 1 月开始支付。

[3] 参见赵秀斋:《美国、日本基本养老保险经办服务体系比较与借鉴》,载《中国财政》2014 年第 9 期。

[4] 参见郑秉文:《DB 型现收现付制社保基金的危机与投资理念——美国“联邦社保信托基金”治理结构及其不可持续性的解决途径》,载《世界经济》2003 年第 11 期。

额时,需要向受益人支付额外的利益。[1] 1983 年《社会保障法修正案》提出,对高养老金收入的退休者征税收入也被纳入美国指数化调整的资金来源。[2] 虽然美国养老金指数化调整所需资金主要源于社会保障信托基金及其利息收入,但由于美国是以参与者缴纳社会保障税的形式建立的养老保险制度,因此财政部每年将根据预算向信托基金转移资金。所以,政府方面会根据联邦老年和遗属保险信托基金、联邦残疾保险信托基金所产生的收入,财政部每季度会将一定比例的资金转移到信托基金。此外,当老年遗属保险信托基金(Old Age Survivors Insurance,OASI)在某一时期出现财务困难时,可以从联邦残疾保险信托基金、联邦医疗保险信托基金两大社会保障基金借入资金。

4. 评价

美国这种指数化调整方式是最低的保障方式,调整幅度较低,仅能保证已退休老年人的养老金避免通货膨胀的侵蚀。当前,美国采用 CPI 作为调整指数取得了一定的成功。但是长期采用 CPI 作为调整指数使老年人不能同在职者分享经济增长的成果,其退休后的收入水平会不断降低,有悖于社会公平。对于养老金调整的资金来源,美国以社会保障信托基金的投资增值作为其资金来源,是基于其经济实力。在如今老龄化的背景下,美国的州和联邦政府都出现了福利下降的问题,有学者认为,罪魁祸首是资产回报率和负债折现率的假设。[3] 目前,美国 2.8 万亿美元的州和地方债券尚未偿还;同样,养老金和其他公务员福利的缺口数额也在数万亿美元之间。[4] 可以说,美国养老金也面临如何持续的问题。而每年的养老金调整经过了有关专业部门与专业人员的精算与论证,应该说是比较科学与客观的。同时,也有人

---

〔1〕 参见美国 1983 年《社会保障法修正案》。

〔2〕 参见韩伟:《适度统筹养老金调整指数——理论构建与方法选择》,经济科学出版社 2008 年版,第 94 页。

〔3〕 See Josh Steiner, *America's Retirement Crisis Is Here Partner Content*, June 8, 2016—2:19 PM EDT.

〔4〕 See Henry C. Kevane, *Chapter 9 Municipal Bankruptcy: The New Thing-Part* Ⅱ, 2011 Bus. L. Today 1.

对CPI是否能客观反映人们生活水平变化提出了质疑,因为CPI的得出建立在代表规格品和价格调查点等样本选择的基础上。选择不同的商品代表和不同的销售网点,所得出的CPI就会不同。因此,由于大众的消费习惯不同,建立在部分样本基础上得出的CPI,可能无法真实反映出不同地区人口受到的影响。从美国的实践看,1975~1983年政府由于依据CPI频繁大幅提高公共养老金的给付水平,导致了后备资金的不足,曾有人将其归咎为采用CPI调整可能夸大了生活费用的实际增长,并导致了不必要的支出增加。[1]

(三)瑞典

1.瑞典养老金制度基本概况

瑞典的养老金制度始于1913年,当时的制度设计是以全体国民为对象的,当其达到年龄条件或者残疾条件时领取的带有一定福利性质的养老金,其构成的一部分是根据国民所缴定额保费而获得的基础养老金,另一部分是根据资产调查而获得的补充养老金。1948年,瑞典实施以税收为给付资金来源的基础养老金制度,涵盖了几乎所有的老年人口。1960年,瑞典建立了与劳动者所得相关的养老金制度(所得相关年金制度),类似我国的职工养老保险,主要财源是被保险人的保费,以被保险薪资最高的15年平均值计算退休之后的养老金水平。1998年,瑞典的养老金改革形成了瑞典养老金制度的制度现状。瑞典现行养老金制度包括3部分:保障年金、所得年金、个人额外年金。保障年金的前身是基础年金制度,保障范围涵盖全体国民,以税收作为财源,但将根据个人所获得的所得年金给付调整保障年金的给付水平。也就是说,当被保险人从所得年金中获得的给付水平达不到法律规定的标准时,与标准相差部分将从保障年金中获得。所得年金对应之前的所得相关年金制度,但瑞典在此中创设实施了名义账户制,将投保人的投保期限与所缴保费累计记录在专属投保人的名义账户中,以此作为未来计算年金给付的基础,但账户中的余额本身被用于当期支付。也就是为投保人设置一个名

---

〔1〕 参见翁仁木:《养老金调整机制国际比较研究》,中国言实出版社2016年版,第79~82页。

义账户，当投保人缴费时，在其名义账户中记录相应数额并获得相应的年金给付请求权，当投保人退休时可请求年金基金以名义账户中的数额为基础进行调整以确定给付水平。个人额外年金以个人账户制为基础实行完全积累。所得年金与个人额外年金是针对受雇者、雇主以及自雇者的制度，财源为按照法定标准的缴费。

2. 瑞典养老金自动调整法律机制形成过程

在20世纪七八十年代，瑞典为缓解能源危机背景之下的中高龄人口失业问题，通过一系列法案，包括议会1980年通过的调整社会保障支出保值方法的法案，采取了降低年金给付请求年龄、实行部分退休制等一系列措施，降低失业率的同时也提高了退休率，在职者与退休者的失衡极大地加重了年金财务负担。加上少子化与老龄化并存、平均寿命延长等因素，瑞典年金财务如何保持长期平衡成为当时的主要议题。学者纷纷建议，建立一个更加稳健与公平的养老保险制度，能够因应人口和经济发展的变化，并且在不同群体间分配公平。[1] 瑞典20世纪90年代年金改革在此背景下展开，1994年改革政府养老保险体制的决议和1998年实施养老保险体制改革的法案确立了瑞典年金三大制度的同时，设计并实施了以所得年金为调整对象的自动调整法律机制。瑞典试图在在职者与退休者不平衡的发展中，设计某些因素作为参数以调整年金财务给付水平，在保持年金财务平衡与永续的同时也使年金调整具有一定的前瞻性。

1990年，由瑞典政府所任命的专门研究养老金制度的养老金委员会报告称，若瑞典维持当时的养老金制度，将会在2020年左右出现严重的财务危机。1991年，瑞典选举中偏右翼政府取代社会民主党政府，并在议会中任命了由7个党派代表组成的议会工作组研究养老金改革事项。该工作组在初期听取各方意见并与国内各知名养老金专家交谈，在确定了瑞典当时所面临的养老金制度问题相当严重的基础上，他们选择建立一个不同以往的新的养老金制度，以求彻底改变养老金制度框架的不确定性。1998年，计划执行组

---

〔1〕 A. – C. – 1995 – International_Journal_of_Social_Welfare：Pension Reform in Sweden.

提交了最终立法，当年6月获得议会审议通过。1999年，新法开始实施，瑞典养老金自动调整法律机制形成。

3. 瑞典养老金自动调整法律机制内容

瑞典养老金自动调整法律机制的原则在于，兼顾代内与代际之间被保险人给付水准的平衡，同时维持年金财务平衡与对年金请求权的保障。也就是说，即使年金制度永续，也保障被保险人的信赖利益。自动调整法律机制可分为两个层次：一是通过人口结构、物价、薪资、平均寿命、经济成长等要素常态性地调整年金给付水平；二是当年金基金无法支付给付时，启动平衡机制调整在名义账户中年金请求权的价值。为了更好地实施自动调整，瑞典引入了平衡比率公式，平衡比为当年保费总额和当年缓冲基金总额与当年年金给付总额之间的比值。当平衡比大于1时，无须启动财务平衡机制，而只是进行常态性的年金给付水平调整。此时，以过去3年由税务评估或者预测的合格的被保险所得平均数为基础，并以物价指数调整收入和缴纳保费在名义账户中的价值。如此一来，既考虑了通货膨胀因素，又尽可能维持了缴费与给付之间的关联性。常态性给付水平调整会在年金基金收入相对支出有盈余时发生，其调整效果是提高被保险人的年金给付水平。当平衡比小于1时，表明该年度的年金财务无法清偿该年度的年金给付金额，故启动财务平衡机制——降低该年度缴保费者所积累的名义账户中的年金给付价值，进而反映领取给付时的调整系数。当平衡比恢复到1及1以上时，自动平衡机制将停止运行，继续对年金给付水平进行常态调整。瑞典的年金财务平衡机制并不直接调整年金缴费率或者给付水平，而是通过调整名义账户中年金请求权价值的方式间接降低年金给付水平，从而使年金财务达到平衡。而在政策面上得以让政府起到一定作用的是，依据政策讨论而将调整给付水平时所要考虑的薪资成长率因素假定为1.6%，使退休者可以在退休时拥有较高的待遇，保障寿命较短的参保人的年金权利。[1]

瑞典自动调整法律机制的财源基本上来自被保险人及其雇主之缴费。

---

〔1〕 参见翁仁木：《养老金调整机制国际比较研究》，中国言实出版社2016年版，第59页。

从目前的年金制度现状来看,雇员、雇主以及自雇者所应当缴纳的缴费率为税前薪资的18.5%。但其中的16%进入所得年金,2.5%进入个人额外年金。雇员负担7.53%而雇主支付10.97%,并且当雇员的薪资水平超过7.5倍基本投保额之后,雇员无须就此超过部分缴纳保费,但雇主对此部分仍然需要按10.97%的缴费率缴纳并成为政府的税收收入。进入所得年金的16%又被分为4等份,分别进入国家年金基金的第一、第二、第三、第四基金,同时设置第六缓冲基金,接受来自第一到第四基金的结余。为了分散风险,第一到第四缓冲基金以持有上市公司股票和债权作为投资主要对象,第六缓冲基金被政府允许持有中小型未上市公司的证券和债券。瑞典当前的所得年金制度主要由瑞典年金局负责行政管理。瑞典年金局为独立机关,在政治上保持中立以减少年金管理中的政治干扰因素。也正因如此,瑞典年金局的行政费用也由年金基金支付。

4. 评价

瑞典养老金自动调整法律机制所追求的目标是养老保险制度的财务平衡,也就是平衡比等于1,即当期的养老金资产与养老金负债之间的平衡。一方面,瑞典养老金自动调整机制实现了所得年金制度中短期财务的平衡,有效控制了年金请求权积累的过度增加,将给付水准控制在养老金整体财务可以接受的范围内,达到了“财务面”的要求。这一点在2008年瑞典首次启动自动平衡机制中得到了验证并经受住经济危机的考验。[1] 另一方面,在“社会面”一端存在一些不足。瑞典养老金自动调整机制,瑞典所创新的名义账户制实质上是一项“缴费确定型”的现收现付制,其给付来自个人收入的缴费,也就是说,瑞典养老保险的全部资产现值就是当期在职者缴费流的现值与缓冲基金之和。[2] 出生率降低、老龄化加剧等原因造成在职者缴费难以在短时间内快速增长,而缓冲基金余额取决于投资回报率。因此,有学

---

〔1〕 参见翁仁木:《养老金调整机制国际比较研究》,中国言实出版社2016年版,第64~66页。

〔2〕 参见李菁:《名义账户制公共养老保险制度研究——兼论中国特色名义账户制公共养老保险制度构建》,南开大学出版社2012年版,第81页。

者指出,退休前没有对账户进行充足积累的人难以为其老年生活提供充足保障。[1]

(四)日本的宏观经济指数养老金调整法律机制

1. 日本养老金制度基本概况

日本公共养老金制度起源于以军人、官吏及其家属为对象并无须缴费的恩给制度。1941 年日本颁布《劳动者年金保险法》建立了劳动者养老金保险制度,1944 年更名为《厚生年金保险法》,并将涵盖对象从工厂男性扩大到白领工人和女性。1959 年,日本制定《国民年金法》,将未被厚生年金、共济年金所覆盖的 20~60 周岁以内的国民均纳入其中,实现了“国民皆年金”的目标。日本养老保险制度最初是按参保者类型[2]逐渐确立年金制度的,各类年金制度之间彼此独立。1985 年,政府出台改革措施,引入基础年金,将原来的公共年金中的 3 层结构改为由“国民基础年金”和“雇员年金”组成的双层关联结构,加上企业年金制度形成了目前的日本年金制度。第一层次为国民年金,即基础养老保险,由政府运营并为强制性社会保险,要求 20~65 岁的居民(包括日本国民及长期居住在日本的外国人)都必须加入国民年金,统一类型的居民所缴纳的保费水平一致。第二层次包括两大类型,分为私营部门雇员和公务员必须加入的厚生年金和共济年金,保费与个人收入挂钩。厚生年金制度主要面向正式员工在 5 人以上的企事业单位的雇员,共济年金则覆盖政府公务员和教师人群。第一层次、第二层次为公共养老金。第三层次为非公共养老保险,主要包括厚生年金基金和企业年金等,是因为政府考虑到了,参保者中存在不满足国民年金的人,为缩小年金的差距,由企业或个人自由选择是否加入。[3]

---

〔1〕 参见[美]爱德华·帕尔默:《什么是名义账户制》,载[美]罗伯特·霍尔茨曼、爱德华·帕尔默主编:《名义账户制的理论与实践——社会保障改革新思想》,郑秉文、黄念校译,中国劳动社会保障出版社 2009 年版,第 20~21 页。

〔2〕 参保者类型有 3 类:第一类为非受雇人员(自营业者及其配偶、农民和学生);第二类为公营和私营部门的雇员;第三类为私营部门雇员的配偶。

〔3〕 参见 2004 年日本《养老金改革法案》。

2. 日本养老金调整机制形成过程

在日本公共年金制度建立之初,年金给付水平的变动并没有被详加考虑,规定养老年金是按报酬比例发放的。1954 年,日本修订了《厚生养老金保险法》,在报酬比例养老金基础之上增加了定额养老金,即参保者无论工资水平高低均可享受平等的定额给付。但因为同时又规定了每 5 年对保险费率等事项进行调整的时间限制,相对固定与少量的定额养老金的增加并没有大幅提高年金给付水平。1973 年,日本修改法律,将厚生年金的给付水平与经济指标相联动,把收入替代率〔1〕确定为 60%,并在养老金计算上引入了"工资联动"机制,使退休者维持一定的生活水平。〔2〕 1978 年,日本引入 5% 物价联动机制,以已变动的比率为基准,于每年 11 月改动缴费制国民年金与厚生年金的给付额,也就是说,若物价指数比前一年上涨超过 5%,养老金金额将重新确定。1990 年后实施完全物价联动制,养老金根据可支配收入而非总工资收入自动调整,但仍遵循只升不降的原则。为了控制养老金支出水平、平衡代际关系,日本于 2004 年引入了宏观经济平滑指数,〔3〕由政府根据不同时期的社会经济及物价水平确定一个养老金给付额的调整指数(如 2014 年为 0.961)。此次日本进行养老年金改革的目的是,力图实现养老年金的给付与负担的合理、公正,解决养老金财源问题,保持养老金制度的稳定和可持续发展。2012 年,日本决定从 2015 年 4 月起全面实施宏观经济平滑指数制度,建立养老金与物价变动的绝对关联,做到养老金"能涨也能跌"。从 2018 年 4 月开始,通缩时期也被纳入自动调整机制考量因素之中,由于通缩环境而导致的任何未实现的福利削减将被推迟到下一个财年。〔4〕

3. 日本养老金调整机制内容

目前,日本公共年金调整机制是根据 2004 年改革确定的。2004 年,日本

〔1〕 即标准年金额占同时期男性标准月收入额的比例。

〔2〕 参见翁仁木:《养老金调整机制国际比较研究》,中国言实出版社 2016 年版,第 107 ~ 112 页。

〔3〕 宏观经济平滑指数:可支配收入总额是一个宏观经济变量。因此,建议的指数化方案也被称为"宏观经济指数"。参见翁仁木:《养老金调整机制国际比较研究》,中国言实出版社 2016 年版,第 115 页。

〔4〕 OECD and G20 Indicators, *Pensions at a Glance* 2017, OECD Publishing, p. 27.

对年金财务理念由“永久均衡”模式改为“有限均衡”模式，并提出百年精算平衡目标，在2005～2105年，先由法律事先固定保险费率，再由厚生劳动省根据将来人口变化、基金运营状况以及宏观经济形势等多种因素，通过多种状态的模拟测算，对年金给付进行调整，保持精算平衡期的支付准备金能够达到一年的水平。在这100年之间，厚生劳动省至少每5年进行一次“财政检证”，以检查结果作为未来5年保险给付与负担调整的依据。目前，已经经过了2009年和2014年两次“财政检证”。在“有限均衡模式”之下，“财政检证”的意义在于，能够随着人口结构和经济环境的变化及时对公共养老金财政进行客观评估，对日本今后提高养老保险费率的可能性以及上调幅度做好预案工作，为公共养老金制度的进一步调整留出足够的时间。[1] 根据日本法律规定，日本公共年金制度是先阶段式地调高保险费费率，再以法律形式固定保险费费率，依预先设定的公式调整年金给付。日本养老金自动调整公式为：调整率=被保险人减少率+平均寿命延长率。厚生劳动省预测调整率大概为0.991。如果物价指数上升并且高于年金调整率，则依年金调整率作出调整。如果物价指数上升但低于年金调整率，则年金给付不调整。如果物价指数下降，则依年金改定率进行调整（年金改定率=消费者物价指数上升率-年金调整率）。[2] 用这种指数调整，即使平均工资增长，但如果参保职工减少，养老金将会下调。若个人替代率降低到50%以下，调整机制会自动停止，政策制定者需要重新评估制度参数的合理性。[3]

年金调整资金来源主要是保险费和保险基金的运营收益。国民年金的财源由保险费和财政补贴两部分构成。第一类参保者按月缴纳固定保险费；第二类参保者从其厚生年金保费中划一部分进入国民年金；第三类参保者不缴费。厚生年金最初缴费率为17.35%，由雇主和雇员各承担一半，2004年改革时提出并通过了厚生养老金的缴纳比例，在原来的基础上以后每年都以

---

[1] 参见蒙蒙、张伊丽：《基于人口老龄化背景下日本公共养老金的财政分析》，载《财政研究》2013年第2期。

[2] 参见日本厚生劳动省：《平成21年财政检证报告——国民年金以及厚生年金相关财政现状与发展趋势》。

[3] 参见米海杰、王晓军：《养老保险可持续发展调整机制研究》，载《统计研究》2014年第5期。

0.354%的比率增加，最终在2017年时提高到18.3%。同时，日本政府的财政支持在维持公共年金制度持续运行方面发挥很大作用。2004年，养老金改革增加了国家对基础年金的补贴比例，用5年时间（2004～2009年）使财政对基础养老金负担的比例从1/3上升到1/2。除直接拨款补贴基础年金外，中央政府还承担了国民年金与厚生年金、共济年金的行政管理费用。根据日本2014年对厚生年金的财政检验结果，国库投入占厚生年金保险总收入的22.35%。[1] 政府将每年的国民年金和厚生年金收支节余部分积累起来，形成年金储备金。日本将养老保险基金等纳入国库预算，其原由大藏省资金运营部列入国家财政投融资计划进行统一管理使用。2001年"基础年金"和"雇员年金"的储备基金由财务省改由厚生省管理，厚生省大臣负责投资计划，并对进入资本市场的投资比例作出严格规定。主管部门通过信托银行把养老金投资于国内外的股票和债券以获取收益，但对每笔养老基金的运营规模均规定了上下线，要求50%以上的安全性资产，并且投资股票不能超过三成，外币计价资产不能超过三成，不动产不能超过两成，也就是所谓的"5－3－3－2管制"。

4. 评价

作为日本社会保障的重要支柱，日本现行养老保险已破绽百出，年老退休者普遍对未来能否安享晚年感到担忧，制度本身也加重了年轻一代的经济负担。[2] 日本目前已经是世界发达国家中老年人口比例最高的国家，少子老龄化速度加快导致了养老金财政困难，代际间负担不平衡，进而使很多日本人丧失了对日本养老金制度的信任。从理论上说，社会养老金的资金困难可以通过减支增收，即通过减少给付水平、提高养老金领取年龄、提高缴费率、扩大养老金覆盖范围、防止逃费行为、财政补贴、提高养老基金收益率等方式来维持。但日本政府很难实施这些措施，一是企业的反对；二是日本养老金覆盖范围已经达到很高水平；三是逃费行为很难加以有效制止；四是日

〔1〕参见《平成29年厚生劳动省白皮书·资料编》，载厚生劳动省官网，http://www.mhlw.go.jp/wp/hakusyo/kousei/17－2/dl/11.pdf，最后访问日期：2022年3月11日。

〔2〕参见崔万有：《日本社会保障研究》，北京师范大学出版社2009年版，第82页。

本财政补贴水平已经很高；五是养老基金高收益往往与高风险相伴，与养老基金高安全性要求相违背；六是日本养老金的领取年龄已经提高到了65岁及以上。日本社会保险厅发表的统计表明，截至2012年年末，有296万人连续24个月没有缴纳保费。[1] 因此，日本政府不得不进行养老金调整。从调整负责主体来看，日本的社会保险实行立法、行政、执行、基金管理、监督等各机构分立的体制。养老保险制度作为社会保险制度的一部分，同样实行严格分离的管理机制和运行机制，这一体制使有关部门和机构的职责分明，相互制约。社会保险的业务程序清晰、高效、严密，有利于年金制度的发展。从调整选择的指标来看，从单一指标调整养老金水平逐渐发展成为复合指标，从仅考虑物价水平到对人口水平、基金持续性、经济形势等微观、宏观因素综合考量，尽可能地通过科学精算达到养老保险制度的收支平衡。同时，通过对日本厚生年金制度的梳理可以发现，对于年金给付水平的调整机制虽然是逐步建立起来的，但每一步都是以修改和出台相关法案的方式，使调整具有法律上的正当性。

为控制100年间的养老金收支平衡，日本引入养老金自动平衡机制。日本将至少5年进行一次财务审计，用财务审计的方式确定是否启动养老金给付的自动平衡机制。如果即将出现养老金年度赤字或者在给付期的最后一年出现支付缺口，将启动自动平衡机制；如果养老金财务收支平衡，就进行正常的养老金调整机制。预先设定的养老金自动调整公式因应日本老龄化严重、就业人口减少、平均寿命延长等社会状况，主要目标为抑制年金给付的过快增长。日本所设定的养老金自动调整机制以工资水平增长和物价持续上涨为前提，但因为日本2004年以来通货紧缩的长期存在，日本尚未启动自动平衡机制。

第三节　我国职工基本养老金调整机制现状及其完善

一、新中国成立以来我国离退休人员养老金调整的历程

我国在新中国成立初期就建立了企业职工养老保险制度，养老金待遇标

---

〔1〕 参见王伟：《日本社会保障制度》，世界知识出版社2014年版，第46页。

准是其重要内容。1951 年政务院颁布了《劳动保险条例》(1953 年和 1956 年两次修改),其中明确规定了职工养老金待遇为标准工资的 50% ~70%,养老金待遇一经审核,不再变动。直到改革开放前,国家未出台过调整养老金待遇的相关政策和文件。1978 年国务院《关于工人退休、退职的暂行办法》和《关于安置老弱病残干部的暂行办法》,重新明确企业职工的退休制度,规定职工退休费为标准工资的 60% ~90%,同时规定困难退休人员的退休费最低保证数为 25 元。退休费仍由企业支付。

随着经济体制改革的深入,国家的物价制度改革也逐步进行。为了保证离退休职工的基本生活,国家根据城镇居民生活费用价格指数增长情况,参照在职职工工资的增长情况,于 1978 ~1992 年先后 7 次增加离退休人员的生活补贴。[1] 在普遍提高离退休人员养老金的同时,国家还提高了特殊群体的离退休费用,包括提高退休、退职费的最低保证金额,提高特殊贡献人员的退休待遇以及为新中国成立前老工人增发 1 ~2 个月生活补贴。[2]

为了配套经济体制改革,国家亦于 20 世纪 90 年代初开始探索企业职工养老保险制度改革。1991 年,国务院在总结各地改革经验的基础上,出台了《关于企业职工养老保险制度改革的决定》,规定“国家根据城镇居民生活费用价格指数增长情况,参照在职职工工资增长情况对基本养老金进行适当调整,所需费用从基本养老保险基金中开支”。职工基本养老保险制度从 20 世纪 90 年代开始改革,直至 2010 年《社会保险法》出台,经历近 30 年的探索,终于以法律形式确定下来了。有关职工基本养老金待遇随着社会经济形势

〔1〕 参见 1979 年国务院《关于提高主要副食品销价后发给职工副食品价格补贴的几项具体规定》(国发〔1979〕245 号),1982 年国务院《关于发布老干部离职休养制度的几项规定的通知》(国发〔1982〕62 号),1985 年国务院《关于发给离休退休人员生活补贴费的通知》(国发〔1985〕6 号),1988 年劳动部、人事部、财政部、全国总工会《关于发给离退休人员生活补贴费的通知》(劳字〔1988〕2 号),1988 年国务院《关于试行主要副食品零售价格变动给职工适当补贴的通知》,1991 年财政部、劳动部、人事部、民政部、国家教委《关于提高粮油统销价格和适当增加职工工资等问题的通知》(〔91〕财综字第 44 号),1992 年财政部《关于提高粮食统销价格后适当发给职工等有关人员粮价补贴的通知》(〔92〕财综 38 号)。

〔2〕 国务院《关于工人退休、退职的暂行办法》、国务院《关于高级专家离休退休若干问题的暂行规定》(国发〔1983〕141 号)、原劳动人事部《关于建国前参加工作的老工人退休待遇的通知》(劳人险〔1983〕3 号)。

的变化予以正常调整的问题,亦随着制度的不断完善而建立起来。1991 年,国务院《关于企业职工基本养老保险改革的决定》提出"逐步调高养老金数额",1995 年国务院《关于深化企业职工养老保险制度改革的通知》规定,"为了保障企业离退休人员基本生活,各地区应当建立基本养老金正常调整机制。基本养老金可按当地职工上一年度平均工资增长率的一定比例进行调整"。1997 年,国务院颁布了《关于建立统一的企业职工基本养老保险制度的决定》,标志着我国城镇职工养老保险制度的全面建立。在养老金调整机制方面,该决定提出"各地区和有关部门要按照国家规定进一步完善基本养老金正常调整机制,认真抓好落实"。然而,正常调整机制当时并没有建立起来。接着,2005 年国务院《关于完善企业职工基本养老保险制度的决定》第 7 条规定,"建立基本养老金正常调整机制"。该决定使用了"建立"的表述,表明国家重新认识了养老金正常调整机制建立的进程。同时该决定规定,"根据职工工资和物价变动等情况,国务院适时调整企业退休人员基本养老金水平,调整幅度为省、自治区、直辖市当地企业在岗职工平均工资年增长率的一定比例。各地根据本地实际情况提出具体调整方案,报劳动和社会保障部、财政部审批后实施"。《社会保险法》中第一次将"国家建立基本养老金正常调整机制"以法律形式表述出来,并要求"根据职工平均工资增长、物价上涨情况,适时提高基本养老保险待遇水平"。在党的十八届三中全会上通过了《中共中央关于全面深化改革若干重大问题的决定》,明确对养老金调整的未来发展进路作出了规划,即"建立健全合理兼顾各类人员的社会保障待遇确定和正常调整机制"。

职工基本养老金调整实践显示,这一阶段国家对离退休人员养老金的提高由原来的发放生活补贴改为建立定期调整的机制。1995 ~ 2004 年,国家 3 次调高离退休人员养老金待遇,[1]3 次单独调整退休人员养老金待

---

〔1〕 参见原劳动部、财政部《关于 1995 年调整企业离退休人员基本养老金的通知》(劳部发〔1995〕325 号),原劳动部、财政部《关于 1996 年调整企业离退休人员基本养老金的规定》(劳部发〔1996〕346 号),原劳动部、财政部《关于 1997 年调整企业离退休人员基本养老金的通知》(劳部发〔1997〕226 号)。

遇,[1]3次单独调整离休人员养老金待遇。[2] 2006年劳社部、财政部发文要求2005～2007年连续3年提高企业退休人员基本养老金,标准是“以上年企业退休人员月人均基本养老金为基数,按照上年企业在岗职工平均工资增长率的一定比例进行调整”。[3] 自2008年以来,每年人社部、财政部都会以两部委的名义向社会公布企业职工养老金调整的规范,[4]规定调整内容、调整时间和资金来源等主要问题,同时授权各省、市、自治区政府在规范的基础上确定各地的具体调整方案,只需在规定日期之前报送人社部、财政部审批后即可组织实施。

二、我国职工基本养老金的调整机制

自新中国成立以来,我国职工退休金待遇调整一直通过政策的形式,由国务院及其有关部委负责。尽管《社会保险法》明确规定国家建立调整机制,但因为缺乏具体方案,职工养老金调整的条件、标准和具体方法依然由人社部和财政部经国务院批准之后以部门工作文件性质的通知形式予以发布,

---

〔1〕 参见原劳动和社会保障部、财政部《关于2001年调整企业退休人员基本养老金的通知》(劳社部发〔2002〕3号),原劳动和社会保障部、财政部《关于2002年调整企业退休人员基本养老金水平的通知》(劳社部发〔2002〕16号),原劳动和社会保障部、财政部《关于从2004年7月1日起增加企业退休人员基本养老金的通知》(劳社部发〔2004〕24号)。

〔2〕 参见原劳动和社会保障部、财政部《关于提高企业离退休人员基本养老金水平工作的通知》(劳社部发〔2001〕12号),原劳动和社会保障部、财政部《关于增加企业离休人员基本养老金的通知》(劳社部发〔2001〕21号),原劳动和社会保障部、财政部《关于调整企业退休人员基本养老金的通知》(劳社部发〔2004〕2号)。

〔3〕 参见原劳动和社会保障部、财政部《关于调整企业退休人员基本养老金的通知》(劳社部发〔2006〕21号)。

〔4〕 原劳动和社会保障部、财政部《关于2009年调整企业退休人员基本养老金的通知》(劳社部发〔2007〕43号),人力资源和社会保障部、财政部《关于2008年调整企业退休人员基本养老金的通知》(人社部发〔2008〕102号),人力资源和社会保障部、财政部《关于2010年调整企业退休人员基本养老金的通知》(人社部发〔2009〕185号),人力资源和社会保障部、财政部《关于2011年调整企业退休人员基本养老金的通知》(人社部发〔2010〕106号),人力资源和社会保障部、财政部《关于2012年调整企业退休人员基本养老金的通知》(人社部发〔2011〕106号),人力资源和社会保障部、财政部《关于2013年调整企业退休人员基本养老金的通知》(人社部〔2013〕3号),人力资源和社会保障部、财政部《关于2014年调整企业退休人员基本养老金的通知》(人社部〔2014〕7号),人力资源和社会保障部、财政部《关于2015年调整企业退休人员基本养老金的通知》(人社部发〔2015〕6号),人力资源和社会保障部、财政部《关于2016年调整退休人员基本养老金的通知》(人社部发〔2016〕37号),人力资源和社会保障部、财政部《关于2017年调整退休人员基本养老金的通知》(人社部发〔2017〕30号)。

各地在此基础上制定实施细则进行落实。职工基本养老金调整机制仍然是一种行政机制，其调整条件、调整时间、调整标准和调整程序等均由行政部门决定。

(一)职工基本养老金调整的依据和标准由国务院决定

《社会保险法》第18条规定，“国家建立基本养老金正常调整机制”，并规定调整依据是“职工平均工资增长、物价上涨情况”；而2005年国务院《关于完善企业职工基本养老保险制度的决定》亦规定，“根据职工工资和物价变动等情况，国务院适时调整企业退休人员基本养老金水平”。依据这些规定，退休人员的基本养老金在什么情形下应当调整和如何调整都应当具有一定的客观性，这些客观要素就是法律规定的“职工平均工资和物价上涨情况”。国务院作为负责职工养老金调整事务的部门，其职责应当是统计和核算这些影响养老金调整的要素状况，确定是否达到法律规定的应当启动调整的条件，以及依据这些要素确定具体的调整幅度和方法。实际上，2005年以来，企业职工基本养老金调整的决定权由国务院行使。

1. 启动调整由国务院确定。尽管相关法律规定，退休人员养老金调整的依据是在职职工平均工资和物价上涨情况，但并未规定这些要素在何种程度上发生变化会启动养老金待遇的调整。调整时间亦如此。2006年，国务院有关部门决定自2005年起连续3年(2005年、2006年、2007年)提高企业职工基本养老金，似乎此次调整的期限是3年。但3年调整时间到期后，国务院有关部委又规定2008年继续提高，此后每年发文，该调整政策也限于当年有效。职工基本养老金是3年一调整、还是1年一调整，并未形成一个固定机制。并且，即使近些年人社部和财政部每年都会发布通知规定提高职工基本养老金，但通知发布的时间具有不确定性。有些年份是在年初发布，有些年份是在年末发布，有些年份又是在年中的4月、5月或者6月发布。这给地方的落实造成了困扰。各地为了落实中央政策，除需要制定实施细则报人社部和财政部批准外，还需要以统筹基金为主要渠道落实资金，中央财政仅给予部分特殊人员与单位适当的财政补助，同时也由各地负责当地养老金的发放到位。在统筹地区基本养老基金按年度实现预算的管理体制下，这种机动性给基金预算带来了不便,增加了统筹地区经办机构的管理经办事务量。加之调整幅度不确定,2005 ~ 2015 年我国基本养老金给付水平都按照 10% 向上调整,2016 年按照 6.5% 向上调整,2017 年按照 5.5% 向上调整。

2. 调整依据和标准亦由国务院决定。《社会保险法》第 18 条规定,我国基本养老金正常调整的客观依据是职工平均工资增长和物价上涨情况。然而,实际情况并非如此。每年人社部在出台基本养老金调整通知之后会有一个说明,相关发言人的解释显示:部分年景依据职工平均工资和物价上涨情况;[1]部分年景考虑到我国经济发展新常态和人口老龄化;[2]部分年景确定调整水平时考虑的因素有全国居民消费价格指数、职工平均工资增长幅度、GDP 增速、职工养老保险基金支出增长率等。[3] 2018 年的调整增加了"基金支撑能力"这一因素。[4] 这说明,养老金正常调整的客观依据不是法定的,而是国务院综合考虑相关因素的结果。养老金的正常调整应当是法定的要素发生变化时进行养老金的变更,应区别于非正常调整。2006 年,人社部、财政部规定自 2005 年起连续 3 年提高企业职工基本养老金,2005 年、2006 年、2007 年分别以上年企业退休人员月人均基本养老金为基数,按照上年企业在岗职工平均工资增长率的一定比例进行调整。其中,2005 年为 60% 左右,2006 年为 100% 左右,2007 年为 70% 左右;自 2008 年起,以上一年企业退休人员人均基本养老金为基数,2008 ~ 2015 年每年按 10% 的幅度提高,2016 年是6.5%,2017 年是 5.5%,2018 年是 5%。每年均提高,提高依据

---

〔1〕 参见乔雪峰:《人社部:养老金调整要考虑物价上涨和工资增长等因素》,载人民网,http://finance.people.com.cn/n/2014/0124/c1004-24217824.html。

〔2〕 参见《人社部:2016 年退休人员养老金增加 6.5%》,载凤凰网,http://news.ifeng.com/a/20160415/48473682_0.shtml。

〔3〕 2017 年,时任人社部社会保障研究所所长金维刚表示,此次上调幅度定为 5.5% 左右,出于以下几个原因:一是 2016 年全国居民消费价格指数仅同比上涨 2%,低于预期上涨 3% 的预测指标,属于温和通胀范围,反映了物价水平得到有效控制并保持基本平稳;二是 2016 年 1 ~ 3 季度,职工平均工资增长幅度大致在 6.3%,增幅继续减缓;三是 2016 年我国 GDP 增速为 6.7%,与 2015 年的 6.9% 相比有所下降;四是职工养老保险基金支出增长率也持续高于基金收入增长率,基金支出压力不断加大,部分统筹地区当期征缴出现收不抵支等情况。

〔4〕 参见《人社部新闻发言人就 2018 年调整退休人员基本养老金答记者问》,载人力资源和社会保障部官网,http://www.mohrss.gov.cn/SYrlzyhshbzb/shehuibaozhang/gzdt/201805/t20180514_293887.html。

不同,提高幅度不一,而且相关通知和规范中亦未解释该提高幅度的客观标准。

(二)职工基本养老金正常调整方案的形成过程

现在国务院有关部门定期发布退休金调整通知,规定调整时间、标准和方法的调整方案。首先,调整决策完全由国务院有关主管部门经国务院批准后发布。其次,国务院各次调整职工退休人员基本养老金的通知,均明确规定了调整对象、调整水平、调整办法以及资金来源,要求各省级政府依据通知制定本地的调整细则并报人社部和财政部批准之后执行,并且要求各地只能在通知规定的标准下制定实施方案,不得有所突破。在此,统筹级别政府及其养老经办机构对调整标准和办法缺乏任何建议权和其他参与权。职工基本养老由各省实现统筹,省、自治区和直辖市职工基本养老保险经办机构负责经办事务,同级政府通过本级政府预算实现基金的收支平衡。国务院及其有关主管部门不负责社会保险事务的经办工作,其决定职工基本养老金调整方案的权限来源能否归于中央政府的社会保险行政管理权。此外,一般而言,人社部和财政部发布提高职工基本养老金的通知后,会有一个新闻发布会,就本次的政策作一个宣传和解释,该调整方案出台的过程不在公开范围内。

三、职工基本养老金行政调整机制的成因:养老金调整政府福利政策化

我国新的职工基本养老保险制度建立已经20多年。1991年,国务院就明确提出要"逐步提高养老金数额"。1997年,国务院在确立职工基本养老保险制度的主要内容时,明确"各地区和有关部门要按照国家规定进一步完善基本养老金正常调整机制"。但时至今日,我国职工基本养老金的调整依然遵循行政命令的调整模式,每年由国务院有关部委发布通知,各省级政府依据通知制定本地区实施细则后报批准执行。中央何时发文、如何决定调整,地方即按照中央部署遵照执行。导致这种状况的原因主要是政府将提高退休人员养老金的行为作为其福利政策,既无法律依据,亦未遵循一定的法

律程序，每次均以通知的形式确定调整对象、水平和办法，要求各地贯彻执行。在调整通知发布后的新闻发布会上，有关部门负责人对该政策的解释和说明体现了基本养老金具有政府福利的特点。[1] 从 GDP 增速、职工工资增长率、物价上涨情况与近些年养老金上调水平作比较之后，也可以发现基本养老金调整加入了福利性质的给付。[2]

首先，作为一种福利政策，养老金调整具有机动性和灵活性。尽管 1997 年国务院的有关规定中就明确规定要完善基本养老金正常调整机制，2005 年进一步提出“根据职工工资和物价变动等情况，适时调整退休人员基本养老金”，2010 年《社会保险法》重新强调，“根据职工平均工资、物价上涨情况，适时提高基本养老保险待遇水平”。但是，职工基本养老金调整机制如何运行一直没有进一步的法律规定。职工养老金正常调整在什么情形下启动，在经济增长和通货膨胀的背景下，职工平均工资上涨或者物价上涨达到什么标准可以上调，以及在经济增速放缓、通货减缩时怎样维持或者下调。不仅法律未明确规定，国务院乃至人社部、财政部这些执行调整的机构均未规定明确标准。从退休金调整的实践看，人社部和财政部一般以通知的形式发布一个文件，该文件中亦从未明确启动调整的因素和标准是什么。正因为国家一直没有规范性文件确立启动条件和调整标准，职工退休金是否调整、如何调整仅能由国务院决定。从新中国成立以来，我国职工基本养老保险制度的构建一直是由国务院（新中国成立初期的政务院）负责的。20 世纪 90 年代进行新的职工养老保险制度的重构，从改革试点到制度确立，也是由国务院负责。2010 年《社会保险法》出台，似乎标志着我国基本养老保险制度的法定化进入了一个新阶段，但是《社会保险法》有关职工基本养老保险制度的规

---

[1] 人社部在出台关于基本养老金调整的通知之后，发言人多次提到要让退休人员“分享经济发展成果”。并在 2008 ~ 2015 年，GDP 增长并不是每年都超过 10%，但都以 10% 的水平上调养老金给付水平。

[2] 在 2008 年以后，我国 GDP 增速处于 10% 以下的中高速增长，价格指数一般在 5% 之下，但直至 2015 年基本养老金都一直处于 10% 的上调速度。有关 GDP 增长速度和物价指数，参见历年《国民经济和社会发展统计公报》，载国家统计局官网，http://data.stats.gov.cn/easyquery.htm? cn = C01，最后访问日期：2018 年 9 月 11 日。

定只有简单的10个条文，具体的规范还是1997年和2005年国务院的相关规定。有关职工基本养老金正常调整的规范仅有《社会保险法》第18条的原则规范，具体操作规范如何构建均未明确，2005年国务院《关于完善企业职工基本养老保险制度的决定》中“国务院适时调整退休人员基本养老金”的规定，成为此后国务院及其有关部委通过行政命令方式调整养老金的正式依据。

其次，作为福利政策，影响退休人员养老金调整的因素具有多样性。既包括经济方面的因素，如消费价格指数和在职职工工资增长指数，也包括政治方面的因素，如制度的公平性合理性，以及历史方面的因素。我国职工退休人员养老金提高的历程亦说明如此，2005～2015年我国职工退休人员养老金连续11年按照10%的增长率提高。其原因是多方面的，具有消费价格指数上涨的原因，亦有制度公平方面因素的影响。在当时的背景下，我国企业职工和机关事业单位职工遵循不同的退休保障体系，两类人员的退休金差距很大，[1]国家为了平衡两类人员的利益差异而连续提高职工退休人员的养老金水平。同时，职工退休人员连续大幅提高养老金，且我国未建立起职工退休人员退休金调整机制，在未提高之前职工退休金的工资替代率较低，[2]无法保证这部分群体正常的退休生活。如此，职工基本养老金的正常调整功能，不再仅作为保证退休金正常购买力和使退休人员分享社会经济发展成果的措施，而是实现国家所有福利政策的工具。

最后，作为福利政策的退休人员养老金调整就具有了福利刚性，而不是像正常调整那样，需达到法定条件才启动调整以及依据条件可以上调或者下调。自2006年国务院批准我国职工退休人员养老金连续3年按照10%上调，此后按照这一标准持续到2015年。2016年国务院决定按照6.5%的比

---

〔1〕 利用不同的统计口径所得到的养老金替代率会有差异，但总体而言，在并轨前，企业退休职工养老金替代率约为45%～50%，机关事业单位退休人员养老金替代率则维持在90%左右。参见王亚柯等：《我国养老保障水平差异研究——基于替代率与相对水平的比较分析》，载《管理世界》2013年第8期；林宝：《平均替代率、目标替代率与养老金压力估计》，载《人口与发展》2013年第6期。

〔2〕 在2014年企业职工基本养老保险与事业单位养老保险并轨前，职工退休金替代率在50%左右。

例上调职工养老金时,特别说明该水平考虑到了经济发展的新常态以及人口老龄化的新形势。实际上,法律已经明确规定基本养老金的调整依据,该依据达到什么程度启动调整、是向上或者向下调整,都应当由法律予以明确,而不是像现阶段这样每年必调,而且必须向上调。这样会将正常调整异化为不断提高,不仅会加重基金支付的负担,影响制度的可持续性,而且会严重破坏社会保险制度内在的运作机理。并且,在目前调整方案的确定过程中,缺少专家核算依据和社会公众参与。专家的核算能够更好地维持基本养老保险基金的精算平衡,社会公众参与则会提升公众对于调整方案的认同感。两者的缺失,一方面导致了部分地区出现基金支付"缺口",影响了基金的永续;另一方面当政府不再按照10%的比例上调养老金水平甚至以后出现不调或者下调情况时,社会公众会认为自己的信赖利益受损。

但是,养老金正常调整的资金来源并未遵循福利措施的要求。提高退休人员养老金待遇的资金来源应当由政府财政承担,而且是"谁决策谁承担",而我国退休人员养老金提高的资金来源却并非如此。根据人社部历年发文对养老金调整所需资金的规定,资金来源主要是"原渠道"。"原渠道",说明提高相关退休人员养老金所需资金是由退休金支付主体承担的,与政策制定者无关。即参加基本养老保险的退休人员,提高养老金所需资金从基本养老保险基金中列支;职工未参加基本养老保险的,包括改革之前已经退休的"老人"和其他体制转入企业职工养老保险体系的成员,前者由基本养老保险基金承担,后者由所在同级财政根据劳动者本人在机关(或单位)工作的年限给予一次性补贴并转入其基本养老保险个人账户,在退休时由基本养老保险基金承担这部分成员的养老金待遇。[1] 只有在特殊情况下,中央才会予以适当补助,如中西部地区、老工业基地、新疆生产建设兵团和在京中央国家机关及所属事业单位的退休人员的养老金会得到中央的部分财政补助。基本养老金的正常调整应当是社会保险人根据法律规定,为保证退休人员的正常

〔1〕 参见原劳动和社会保障部、财政部、原人事部、中央机构编制委员会办公室《关于职工在机关事业单位与企业之间流动时社会保险关系处理意见的通知》(劳社部发〔2001〕13号)。

生活而随着物价等因素变化而实施调整退休金的行为。中央政府并不是社会保险事务的经办者,也不对社会保险基金的财政承担平衡责任。中央每年确定调整方案,一是需要考虑到地方养老基金的运行状况和资金来源;二是需要发挥地方在该问题的主动性,影响了方案的落实。在养老金调整过程中,资金来源直接影响养老保险基金的持续性、稳定性。为了兼顾地方特点和保证方案的实施,历年人社部和财政部关于基本养老金调整的通知都给予了地方政府极大的自主权,唯一的实质性要求是“结合本地区实际”。这不仅导致地方政府基本养老金调整的具体方案的随意性,加剧了各地利益的不平衡,而且削弱了中央政府的权威性,有些地方并没有按照中央统一的部署待遇调整办法的具体实施。

四、我国基本养老金正常调整法律机制之完善

我国现行《宪法》第44条规定:“国家依照法律规定实行企业事业组织的职工和国家机关工作人员的退休制度。退休人员的生活受到国家和社会的保障。”基本养老金待遇是基本养老保险制度中的核心部分,保证其随着在职职工工资的变动和物价变动而正常调整,维持实质退休金权利不变,是退休金分期给付方式的本质要求,也是国家基本养老保险制度的应有之义。作为基本养老保险制度的组成部分,养老金的正常调整亦应当纳入法律保留范围,全国人大及其常委会应当出台相关法律以规定基本养老金正常调整机制,包括调整的依据、条件、水平、方法、资金来源,以及承担执行工作的主体和相关运作程序。也就是说,要改变我国现有的对基本养老金以政策形式发布行政命令式调整的行政管理模式,建立在法律规范下运行的基本养老金正常调整机制,避免更多的不可预测性,让养老金调整成为法律问题。在我国法治环境下,修改《社会保险法》,明确基本养老金正常调整机制具有必要性。以法律形式构建基本养老金的正常调整机制,意味着调整机制的目标经过全国人大的认可,调整机制的实施主体拥有了法律的正当授权,调整机制的运行机理与运行程序经过各方参与并具备了相当的科学性。作为基本养老金正常调整机制的法律依据,《社会保险法》应对调整实施主体、调整程

序、调整资金来源等作出基本安排，整体体现基本养老金调整的目标。

（一）明确定位调整的目标

第一，社会保障的目标定位，明确能够使制度发展的方向以及政府与国民的预期明晰化。[1] 尽管美国和德国在养老金正常调整过程中只选择了保障基本生活水平这一目标，但对于经济仍处于中高速增长的社会主义的我国来说，双重目标的养老金正常调整目标定位更加合适。保证退休者基本生活水平不降低，不受通货膨胀的影响，这是养老金正常调整的基本目标。养老金调整的基本功能之一是补偿因物价上涨导致的养老金贬值。[2] 经济的不断发展带来了社会物质财富的增加，与此相对应，相应的物价水平也逐年攀升。如果养老金不能根据社会经济发展的状况进行调整，随着通货膨胀指数的逐年增加，退休人员的购买力就会下降，基本生活就无法得到保障。在通货膨胀的情况下，养老金会受到的影响包括：降低养老金积累过程的增值速度、拉高名义工资增长率、降低养老金的实际购买能力。物价相对稳定时期，退休时确定的名义养老金水平可以保证相对稳定的购买力水平。工业化发展中后期，经济快速发展，通货膨胀现象时常发生，不断侵蚀退休时相对固定的名义养老金水平的实际购买力，退休者年龄越大，其陷入老年贫困的风险也越大。如果出现恶性通货膨胀，极有可能造成社会的不稳定。[3] 当前，在通货膨胀的经济环境下，我国退休职工基本养老金财富价值的缩水在很大程度上不仅使基本养老保险制度改革成果难以充分体现，更使老年群体难以享受社会经济发展的成果，这显然违背了社会保障制度建设的基本精神。

第二，退休者分享经济发展成果，这是我国基本国情所要求的目标。养老金调整的另一基本功能就是，在国家经济发展与社会进步的条件下分享改

[1] 参见郑功成：《中国社会保障制度改革的新思考》，载《社会保障研究》2007 年第 1 期。

[2] 参见温鹏莉：《公共养老金制度非稳定发展路径的逻辑分析》，载《保险理论与实践》2016 年第 4 期。

[3] 参见温鹏莉：《公共养老金制度非稳定发展路径的逻辑分析》，载《保险理论与实践》2016 年第 4 期。

革发展成果。[1] 虽然正在生产社会财富的是在职工作的劳动者，但退休人员在生命的前期对于社会财富的积累作出了巨大贡献，同样应当享有分享社会财富成果的权利。养老金待遇的调整在横向上调节同受保障群体之间的收入分配，在纵向上调节高收入阶层和低收入阶层之间的收入分配，从而通过收入再分配的方式将初次分配产生的较大贫富差距予以缩小和缓解。[2] 在保障社会公平的同时，推动社会成员共同分享社会经济发展的成果，也与社会主义核心价值观中对国家层面和对社会层面的要求相契合。改革开放之后，我国的经济实力大大增强，要使养老保险制度与社会经济发展的动态相适应，就必须在养老金正常调整的过程中使退休者能够分享经济发展的成果。

（二）确立调整程序

1. 法律授权调整实施主体

在法律保留的前提之下，基本养老金正常调整机制的调整实施主体必须由法律授权，方能获得正当依据。在正常调整机制当中，调整实施主体的主要职能不在于制订调整方案，而是负责执行。可以说，调整实施主体只是基本养老金正常调整机制的辅助人。调整实施主体的职能主要有以下几项：(1)统计和核算相关参数，确定是否达到法律规定的启动基本养老金调整机制的条件。由于正常调整机制是以预先设置相关参数为启动条件的，在没有达到启动条件时，此时对基本养老金的正常调整机制不启动，调整实施主体不需要参与调整机制的其他步骤，留待下一个调整周期。在达到事先规定的启动条件后，基本养老金正常调整机制启动，调整实施主体继续根据法律规定辅助调整实施机制完成下一个步骤。(2)确定具体的调整幅度。调整实施主体在统计和核算相关参数并确定启动基本养老金正常调整机制之后，需要根据预先设置的公式确定具体的调整幅度。从另一层面上来说，基本养老金的调整幅度或者调整数额并不是由调整实施主体决定的，而是在考量多因

---

〔1〕 参见温鹏莉：《公共养老金制度非稳定发展路径的逻辑分析》，载《保险理论与实践》2016 年第 4 期。

〔2〕 参见段迎君、武琼：《完善企业养老金调整的政策体系》，载《中国财政》2013 年第 6 期。

素变化的基础上经过精算而得出的。这是基本养老金调整机制从行政命令式向法律机制式转变的一大特征。(3)落实调整。此时可采取记账方式,即在调整年度将要调整的金额或者幅度记入退休人员的养老金账户,在规定时间后生效并开始支付。(4)解释调整机制与信息公开。基本养老金调整方案的形成与实施并不是主管机关的内部事务,必须保持信息上下畅通,让公众了解基本养老金正常调整机制的相关内容和运作程序,了解调整方案的出台过程和基本养老金基金的精算性如何实现。此项职能不同于以往年度人社部和财政部发布提高职工基本养老金通知后举行的新闻发布会,因为新闻发布会不包括对调整机制的解释和公开调整方案出台的过程。(5)一定的行政裁量权。行政裁量权,是指在法律授权的情况下,行政机关在综合考量各种事实情节的基础上,权衡各种利益关系,对同一事实要件作出处理的权力。[1] 相较立法程序,行政程序具有处理效率上的优越性,能够在形势变化时迅速作出反应。德国设置可持续因子,数值由政府经过立法决定;瑞典在2008年启动养老金自动调整机制,但由法律预设公式计算应减少4.5%的养老金给付水平才能达到制度财务平衡,为缓解调整对退休人员的冲击,执政党提出了结合税收减免的补偿机制。也就是说,各国在确立自动调整法律机制之后,并不完全排除政府的裁量权,只是设置了一定的条件和程序。现代公共行政的生命在于裁量,然而必须在法定目的和空间范围内行使才能保证行政能动性的合理利用。[2] 因此,为了调整机制的可持续性,建议立法以授权形式赋予实施的行政机关在某些情况下一定限度的裁量权。

2. 明确调整启动条件

在何种情况下启动基本养老金正常调整机制直接关系调整机制是否已经制度化、法制化。世界范围内许多国家都是通过选择某种或者某些参数建立养老金的指数调整机制,以参数变化为基础实现养老金调整的独立性。公

〔1〕 参见周佑勇:《行政裁量治理研究:一种功能主义的立场》,法律出版社2008年版,第16页。
〔2〕 参见周佑勇:《行政裁量治理研究:一种功能主义的立场》,法律出版社2008年版,第27页。

共养老金调整的指数化能够保证其在动态中处于充足状态。[1] 美国选择CPI作为该国的养老金调整指标，德国最终采取净工资为依据调整养老金并引入可持续因子维持制度平衡，瑞典提出的平衡比率公式注重基金财务平衡，日本在一系列参数变化中还加入了通缩指数让养老金调整与整体经济环境相联系。可以看出，调整指标的选择离不开本国国情。养老金受制约的因素较多，既有外在因素如人口结构、GDP增速、政府财政收入、社会平均工资、物价变动、CPI指数等，亦有退休人员结构、基本养老保险基金的积累、政府财政的支持、收入差距等。学者在调整指标的选择上存在不同的看法，可以分为单一指标与综合指标两大类。然而，到底采取哪种或者哪些指标调整养老金又不一而足。笔者认为，因为单一指标所考虑的参数太少，不能满足养老金调整的需求，也不能实现养老金调整的目标，包含多因素的综合调整指标会是一个更好的选择。并且从世界趋势来看，越来越多的国家选择综合指数，一种是结合物价指数和薪资指数进行养老金调整，另一种是在物价指数或者薪资指数之外考量诸如GDP增速、养老保险制度财务可持续性等参数。而在具体选择哪些调整指标方面，需要在考虑我国国情的基础上，结合养老金调整的目标，加入国家政策的考量，经过精算之后选取适合的调整指标。比如，考虑到社会保险的社会性与互济性，对于某些特殊人群的适当倾斜。当然，对于调整幅度的确定，除要选择合适的调整指标，尽可能收集全面的数据外，还离不开专业精算部门的精算结果。例如，美国《社会保障法修正案》中所要求的，在养老金调整年度报告中需要首席精算师酌情证明所使用的技术和方法在精算专业内是被普遍接受的，所用假设和成本估算是合理的等事项。

3. 明确调整生效时间

虽然自2008年以来基本上是保持一年一调的频率，但人社部、财政部发布通知的时间也具有不确定性。有些年份是在年初发布，有些年份是在年末

〔1〕 Henk Vording & Kees Goudswaard, *Indexation of Public Pension Benefits on A Legal Basis: Some Experiences in European Countries*, International Social Security Review, Vol. 50, Issue 3, p. 31 – 44 (1997).

发布,有些年份又是在年中的4月、5月或者6月发布,而通知的内容又是调整当年的基本养老金,从当年的1月1日开始,如此就会形成养老金的追溯调整。在社会保障基金纳入财政预算体系的背景下,此种不确定性不利于社会保障基金的科学预测、计划。因此,有必要在基本养老金正常调整机制中明确调整的时间。当不符合启动条件时,不需要考虑调整时间;符合启动条件时调整基本养老金,为了符合预算的科学性,建议从当年的7月1日或者下一年度的1月1日开始,将增加的基本养老金计入参保人账户并发放到位。

(三)调整资金来源的多渠道扩展

我国现阶段养老金调整的资金来源需要有所调整。养老金调整资金来源主要有3种:保险费、政府补贴和基本养老保险基金的增值。要做到增加养老金调整资金,相对应的有3种手段:提高保险费、增加政府补贴和提高基本养老保险基金的投资收益。首先,对于提高保险费这一手段,由于我国目前对企业和职工要求缴纳的养老保险费比例合计已经达到了28%,超过了大多数国家,也给企业和职工带来了极大压力,所以以提供高保险费来增加养老金收入的方式反而拉大了代际失衡。然而,目前我国还存在少缴或者不缴保费的情形,政府可以出台相应措施以避免这些情形。其次,我国政府对养老保险的支持力度还有望加大。政府对社会保障的财政支持与财政兜底责任是社会保障财务稳定的重要保证。[1] 并且在我国,对基本养老金的调整具有一定的福利性质,在经济高速增长的背景下要让参保人分享经济发展的成果,对这一部分养老金上升调整的资金需由政府"买单"。2017年11月9日,国务院印发《划转部分国有资本充实社保基金实施方案》,此举有利于实现基本养老保险制度的代际公平,避免将视同缴费年限政策形成的基本养老保险基金缺口,通过增加税收、提高在职人员养老金缴费率等方式转移给下一代。同时,国家需要出台配套措施以增加调整资金来源,如促进就业的措施、延迟退休的政策,使养老金"资金池"更加充盈。最后,要注重基本养

---

〔1〕 参见高兴民:《人口流动与社会保障制度困境》,中国经济出版社2012年版,第118页。

老保险基金的保值增值。养老保险基金通过投资运营来实现保值增值的目标在国际上是一个必然趋势。2015年8月23日,国务院发布《基本养老保险基金投资管理办法》,明确养老基金实行中央集中运营、市场化投资运作,由省级政府将各地可投资的养老基金归集到升级社会保障专户,统一委托给国务院授权的养老基金管理机构进行投资运营。然而,目前的养老金投资仍然趋于保守,表现在投资范围限于国内、投资项目集中于传统的稳健产品等。虽然我们要强调养老金的高安全,但我们仍可以对目前的投资增值结构作出一定的修改,使养老金的收益进一步提升。

综上,我国基本养老金正常调整机制应是于法律层面上构建,并兼顾养老金基金的财务可持续性和参保人养老金权益,同时还允许参保人分享经济发展成果的调整制度。正常调整机制须根据我国国情,选取如物价指数、薪资指数等综合指数,设置经过论证的公式,得出相对科学、兼顾财务面和社会面的调整方案。同时,为保证机制的正常运作,由法律授权相关实施主体作为辅助人负责执行。

第四章　基本养老金权益不利调整的法律规制

第一节　基本养老金权益不利调整带来的法律问题

养老金权益是公民依据养老保险制度,参加养老保险体系后,请求给付养老保险待遇的权利(包括在退休金制度下劳动者通过累计年资获得的退休金权利)。其法律形态包括养老金请求权、养老金期待权以及退保时请求返还累积的保险费权利。国家基于社会经济发展的需要,可以适当对公民的基本养老金权益进行不利调整。养老金权益的不利调整,是指国家通过法律,变更参保人享受养老保险待遇的条件或者养老保险待遇标准,导致其行使养老金请求权或者期待权的条件提高;或者养老金待遇的标准降低,包括在维持待遇标准的条件下增加享受待遇的要素;以及维持待遇享受条件的情形下调低待遇标准;或者导致享受条件和标准不合比例的调整。养老金权益的不利调整,一方面是国家应对社会经济环境变化的必要措施,另一方面会影响参保人的既得权益或者可能获得的权益。二者的平衡点是什么?养老金权益的属性是其调整规范的基础和核心。本章从养老金权益不利调整的实践出发,先提出问题,之后讨论养老金不利调整在法律上应具备的形式要件和实质要件。与其他国家的养老保险制度改变实践不同的是,我国开始于20世纪90年代的职工基本养老保险制度改革,以扩大职工基本养老保险制度覆盖范围、降低基本养老金待遇、增加职工缴费义务为特点。这一改革实践对国有企业和集体企业职工来说,亦属于养老金权益的不利调整。本章在介绍德国、美国和日本养老保险制度变革和养老金不利调整实践的基础上，提出养老金不利调整的法律问题，在此基础上分析我国职工基本养老保险制度对职工权益的影响和存在的问题，再从养老金权益不利调整的规范形式和实质两个层级去分析与解决相关问题。

一、问题产生的背景：养老金权益不利调整的国外实践*

20世纪80年代以来，其他国家在人口老龄化、经济不景气、失业率攀升的形势下，公共年金制度的财务可持续性和老年保障的充足性问题一直是其面临的两大难题。自此，这些国家对公共年金制度进行了不同程度的调整，基本思路是限缩原有的公共年金权益，缓解公共年金的财务压力，解决其可持续性的问题。相关调整措施包括延迟退休年龄、降低养老金给付标准以及增加缴费负担等。本节选取德国、美国、日本3国，介绍其此轮改革的相关措施。

（一）德国公共年金制度的改革背景及年金权益不利调整实践

1. 德国养老金改革概况

德国现行养老保险体系可概括为3个层次保障模式：第一层次为享受政府税收优惠政策的基本养老保险，包括法定养老保险、农民养老保险和特定职业的养老保险；第二层次为享受政府税收优惠政策的补充养老保险，包括企业补充养老保险和里斯特养老金；第三层次为个人自愿养老保险。其中，法定养老保险具有基础性保障地位，企业养老保险和个人养老保险位于补充保障地位。[1] 由于人口结构的老化和平均余寿命的提高，德国年金领取人数持续增加；发生于20世纪90年代的东西德统一，国家对东德的投入和补助进一步增加了国家的财政压力；经济全球化以及经济不景气，失业率长期上涨，这些都加重了年金的财务危机。德国一方面除采取振兴经济、降低失业率的措施外，另一方面对年金制度进行了一系列的调整，将年金给付的平

---

* 武汉大学法学院2017级博士研究生田蒙蒙参与了本部分资料搜集和部分内容写作。

〔1〕 参见于秀伟：《从“三支柱模式”到“三层次模式”——解析德国养老保险体制改革》，载《德国研究》2012年第2期。

均所得替代率从70%降为67%，将领取全额年金的年龄从65岁上调为67岁，并于2003年建立基本保障制度，为没有年金或者老年给付不足的老人提供保障。进入20世纪，德国养老金制度进行了4次较大的改革，其宗旨皆在于增加养老保险基金的收入，维持人口老龄化社会情势下养老保险基金的支出水平，改革的手段也围绕这一宗旨进行。1957年，从基金积累制改为现收现付制，建立动态养老保险调整机制；1972年，扩大了被保险人的范围。[1] 1992年改革前夕，德国颁布了《1992年养老金改革法》，将养老金缴费标准由占工资的18.5%提高到19.2%，养老金的增加不再与参保人人均毛收入的增长相挂钩，而是与净收入增长相挂钩，以减少养老金支出。这一改革通过提高缴费基数增加缴费，降低养老金计算基数的方法减少待遇支出以维持养老保险基金的平衡；1996年，又将男性退休年龄从63岁提高到65岁，女性退休年龄从60岁提高到65岁，以此增加养老金的收入，同时延缓养老金的支出以维持基金的平衡；1999年，改革主要是为了降低过高的养老金水平，养老保险费率尽可能保持平中有降，以降低工资的附加成本；取消提前退休政策。2001年，改革的主要路径基本没变，即仍然是降低工资替代率，提高分摊金(保险费)的缴费比例；政府以各种税收优惠政策和直接补助家境贫困者作为刺激手段，鼓励职工进行"退休储蓄"作为退休金的有益补充。另外，德国于2001年5月通过《养老金改革法案》(Altersvermögensgesetz, AVmG)大力发展企业补充养老金和个人自愿养老保险等商业保险制度。2004年改革，主要是把"可持续因子"纳入养老金计算公式之内，反映人口结构、出生率、人口寿命等多种因素；同时，把退休年龄从65岁逐步提高到67岁。[2]

2. 德国养老金改革中涉及养老金权益的不利调整

德国养老金制度改革中涉及养老金权益的不利调整措施，包括以下几个方面：(1)延迟退休。德国1996年将男性退休年龄从63岁提高到65岁，女性退休年龄从60岁提高到65岁，以此来增加养老金的收入，2004年改革又

〔1〕 参见张啸主编：《德国养老》，中国社会出版社2010年版，第94～95页。

〔2〕 参见姚玲珍编著：《德国社会保障制度》，上海人民出版社2011年版，第127～134页。

把退休年龄从65岁逐步提高到67岁。提高退休年龄,实乃延后年金给付时点,缩短退休后至死亡之年金给付期间,影响年金权利内涵。因此,年金给付之构成要件与计算标准,如退休年龄、投保薪资计算基准等皆构成对财产权的干预。[1] (2)降低养老金发放水平。社会保险参保人根据法律规定,基于缴费形成对未来退休后享受社会保险待遇的信赖利益,而德国1992年改革通过降低养老金计算基数的方法减少待遇支出以维持养老保险基金的平衡,虽然增强了基金支付的可持续性,但却忽略了公民信赖利益的保护,同时没有照顾手段行为与改革目的相称的比例原则。(3)优惠措施的取消。政府对于养老金改革中优惠措施的取消主要是指取消提前退休制度。在正常的法定退休制度中,参保人达到法定退休年龄方能享受养老金待遇,但政府基于劳动力市场就业率的考量,为保证年轻一代的充分就业,允许一部分将近但未达到退休年龄的社会保险参保人提前退休,享受养老金待遇。随着年轻一代人口红利的逐渐消失和老龄化的到来,养老金支出面临压力,为了缩减养老金的支出,取消提前退休年龄制度。

(二)美国养老保险制度改革及养老金不利调整实践

1. 美国养老金制度概况及改革

相比德国、英国而言,美国的社会保险建制较晚,自20世纪30年代经济大萧条后,才开始强化社会政策,推行社会安全制度,并于1935年10月颁布了《社会保障法》,并据此逐步形成了以老年、遗属、残障保险为主要内容的养老保险制度。[2] 美国的养老保障体系由3个支柱组成,即国家提供的强制性公共养老社会保险(social security)、雇主主办或资助的私有退休金计划(employer pension)、个人储蓄和投资(personal saving)。[3] 在美国公共养老社会保障体制下,建立最早的社会保障制度是老年、遗属和残障保险计划(Old Age, Survivors, and Disability Insurance, OASDI),它是由美国社会保障

[1] 参见邵惠玲:《社会基本权之法制实践与司法审查》,台北,元照出版有限公司2016年版,第141页。

[2] 参见张恺悌、郭平主编:《美国养老》,中国社会出版社2010年版,第50页。

[3] 参见陈蒙蒙:《美国社会保障制度研究》,江苏人民出版社2008年版,第132页。

管理局管理与运作的公共养老社会保障计划。根据职工缴纳社会保障工薪税的记录和退休年龄,按月为美国退休老年人发放养老金。[1]

2. 美国养老金改革对养老金权益的限缩

当下,世界范围内各国为应对养老金支出的财政压力,都在进行全方位的探索和改革。美国养老金制度改革的举措主要有:增加社会保险费(contribution increase)、削减生活成本的调整(COLA reduction)、改变系数(changing the multiplier)、改变补偿内容(changing what components of compensation are included)、改变平均周期(changing the averaging period)、改变退休年龄(changing the retirement age)、转变养老金制度(converting to a different pension system entirely)。[2] 美国养老保险制度改革中延迟退休年龄、严格保险待遇给付条件和削减福利项目同样存在限缩养老金权益的情形。(1)延迟退休。1975 年,美国社会保障顾问委员会建议并由众议院共和党议员提出延长退休年龄的方案。1983 年,《社会保障法修正案》修订,劳动者于 2000 年可以在 62 岁时提前退休,到 2027 年,法定退休年龄延迟至 67 岁。(2)严格保险给付条件。例如,领取全额年金,1972 年规定被保险人只要具备 24 个工作季点,就有权领取;到 1990 年以后,只有工作季点达到 40 个以上才能够领取全额年金;1967 年,规定抚养 6 岁以下子女的父母有权领取抚养子女补助,其后改为抚养 3 岁以下子女的父母才可以领取抚养子女补助;残疾年金给付要求伤残给付时间由 12 个月提高到 24 个月,给付等待期由 5 个月延长到 6 个月;等等。(3)削减福利项目,扣减部分保险金。削减具有弹性的社会福利项目,如国会于 1967 年取消了每月用 30 美元和 1/3 附加工资来积累家庭子女补助基金的办法;1981 年,里根政府的社会保障改革方案将经常性的最低补助金等 5 项社会福利废止;1996 年,克林顿宣布支持各州取消联邦政府对贫困儿童的现金补助。

[1] 参见李超民编著:《美国社会保障制度》,上海人民出版社 2009 年版,第 20 页。

[2] See Buck S., *The Legal Ramifications of Public Pension Reform*, Texas Review of Law and Politics, Vol. 17, Issue 1, p. 25 – 96 (Fall 2012).

(三)日本养老保险制度改革及不利调整的实践

1. 日本养老金制度概况及改革

日本现行的公共年金制度包括国民年金(基础年金)、厚生年金和共济年金3个部分。国民年金是日本养老金制度中最基础的部分,以自营业者、企业职工、公务员及其配偶等为对象,具有强制性,由国家直接管理和运作。共济年金保险是由各个共济组合等支付给公务员、教员等特定行业中被雇佣者的一种国家公共养老保险,由各个共济组合进行管理。厚生年金保险的对象是正式员工在5人以上企业的70周岁以下的雇员,同样是强制性保险,收益与工资收入相挂钩。日本养老保险具有双层结构,厚生年金缴费者直接成为国民年金的参保人,其养老金构成也来自两方面——与收入挂钩的厚生年金和具有普遍性的国民年金。

2. 日本养老金改革中涉及养老金权益的不利调整[1]

在1941年依据《劳动者年金保险法》(该法于1944年更名为《厚生年金保险法》)建立了厚生年金制度后,由于人口老龄化、年金制度代际失衡等经济社会情况的变化,日本不断对养老金制度进行改革,以保证厚生年金制度健康、稳定地发展。在日本历次的改革中,对退休者养老金权益的不利调整主要体现为以下几个措施:(1)延迟退休年龄,延长缴费期限。在日本厚生年金制度建立之初,将退休年龄规定为男性55岁、女性50岁。1986年出台的《中老年人就业促进法》(更名为《老年人雇佣安定法》)正式将法定退休年龄提高到60岁。1994年,提出渐进式法定退休年龄调整方案,将厚生年金中基础年金的支付年龄从60岁提高到65岁。2000年,又通过修改法律提高了对收入比例部分年金的发放年龄,自2013年起至2025年度为止,将厚生年金中收入比例部分的男性给付开始年龄,也逐步从60岁提高到65岁;女性给付年龄也将在5年后提高到65岁。[2] (2)降低厚生年金的给付水平。2000年,厚生年金的给付金额降低了5%。计算厚生年金给付的方式是,首

[1] See Lillian Liu, *Public Pension Reform in Japan*, 63 Soc. Sec. Bull. 99(2000).

[2] 参见宋健敏:《日本社会保障制度》,上海人民出版社2012年版,第126页。

先计算出能反映人均税后工资增长的年金额,这一金额开始给付后,再根据物价的变动加以调整。即给付金额的确定主要取决于工资增长和物价变动两个因素。但即使平均工资上升,只要被保险人数的下降幅度大于平均工资的上升幅度,整个经济对年金费用的负担能力也可能会下降。同时,即使给付水平不变,年金领取人员平均寿命的上升也会导致年金给付数额的增加。因此,2004 年又引入了给付水平的自动调整机制(宏观经济联动机制)。在自动调整机制下,年金额会根据税后工资的增长率和物价的增长率自行调整,同时参保人数的减少率和平均寿命的增加等因素也在考虑范围内。被调整的年金水平(包括国民年金和厚生年金)变动幅度始终小于社会平均工资(税后)的增长率和物价的变动率。目前,厚生年金的给付水平仍然相当于社会平均收入的 59.3%,2030 年的目标是 50.2%。[1]

二、基本养老金不利调整面临的法律问题

本书第二章介绍了养老金权益的形态和属性,明确养老金请求权和期待权具有财产权属性,而未达到养老金期待权形态(依据我国现行法律规定缴费未达到 15 年)的,参保人退保时对已经缴纳的保险费应享有返还请求权。如果国家对养老保险制度的调整限缩了参保人的这部分养老金请求权和期待权,或是阻碍甚至剥夺了公民行使上述返还请求权的权利,那么这些调整即构成了对公民基本养老金权益的限缩。基于养老金权益的形态和属性,基本养老金不利调整以及对养老金不利调整的法律规制面临以下几个问题。

(一)养老金不利调整的正当性问题

从各国的实践来看,财产权不可侵犯的条款虽然要受到公共权力和公共利益的制约,但国家和政府也不能无限制地以公共利益为名,对公民的财产权利进行随意支配,当确实处于公益需要而不得已对公民财产权加以限制或者剥夺时,本着公共负担均等的公平正义理念,公共权力必须对受损的财产

---

〔1〕 参见李晓荣:《退休制度调整的国际经验借鉴及对我国的启示——基于日本、德国和瑞典的案例研究》,西南财经大学 2016 年硕士学位论文,第 43 页。

权予以合理补偿。

那么,国家通过养老保险制度的调整,调低养老金请求权或者推迟养老金请求权行使的时间,或者限制,甚至剥夺参保人退保时收回部分保险费的权利,是否涉及财产权的限制或者剥夺问题?显然,如果赋予养老金请求权、期待权以及退保时的返还请求权财产权的属性,对上述权利的限缩自然属于对公民财产权的限制和剥夺。这些限制或者剥夺应当遵守宪法关于财产权保障的要求,包括规范的形式和内容。

(二)养老金不利调整的特殊性问题

依据对公法上财产权的分类,公民的养老金权益属于积极的公法上财产权,即私人根据有关公法规范或公权力行为,应积极地请求公权力主体给付一定的金钱财物的权利。公法上的财产权或者直接源于宪法规定的公民基本权利,或者源于具体化宪法规范的公法规范,抑或是源于公权力主体的具体行为,不一而足。[1] 那么,限制或者剥夺这种参保人公法上的财产权,法律应当受到的宪法约束与限制或者剥夺私法上财产权是否相同。

公法对公民财产权的保护不同于私法对财产权的保护,比如,在德国,养老金财产权受宪法法律保护需要具备3个要件:一是具有私使用性与可支配性;二是基于自己给付;三是以生存保障为目的。[2] 而私法上对财产权的保护则没有以上3个条件要求。这其实是源于公法与私法在价值层面上的区分,在将宪法价值具体化的过程中,私法更注重个体性的价值,而公法则更注重公共性价值。也就是说,私法对于公序良俗等公共利益虽然也应该尽量兼顾,但是其重点仍在于保护私人利益,而公法规范对于私人利益虽然也应该充分考虑,但在主要的情况下,其仍然仅仅是基于公共利益而作出规定的。

其实,对公民私有财产权的最大侵害并不来自个人,而是来自国家。我国公法对私有财产权的保护主要体现在宪法、行政法等法律中,其中,《宪法》第13条规定:"公民的合法的私有财产不受侵犯。国家依照法律规定保

---

〔1〕 参见赵清林:《论公法上财产权——以存在根据、成立要件和表现形式为主》,载《江苏行政学院学报》2009年第4期。

〔2〕 参见钟秉正:《社会法与基本权保障》,台北,元照出版有限公司2010年版,第89页。

护公民的私有财产权和继承权。国家为了公共利益的需要,可以依照法律规定对公民的私有财产实行征收或者征用并给予补偿。”宪法上的财产权并不仅仅是民法财产权概念的重述,在概念和范围上与民法不同,对财产权的限制自然也有所不同。既然公民财产权是一项基本权利,那么对其进行任何限制都必须符合以下条件:依据法律,为了公共利益,所采取的限制手段必须符合比例原则,对利益损失必须补偿。而各国私法在对财产权进行保护时,对公民的私人财产权进行限制时需要遵循下列原则:禁止权利滥用原则、公序良俗与诚实信用原则、情势限制与容忍义务等。私法对公民财产权的保护主要体现在民法中,我国《民法典》将宪法上公民私有财产权受法律保护的原则转化为私法的基本制度并加以保护。随着公法不断入侵传统的私法领域,长久以来法律确认的不受公法干涉的私人权利无一例外地开始受到了公法的限制,尤其以财产权最显著。养老金权益作为这样一种公法上的财产权,公权力的介入必须建立在公益必需的原则之上。

(三)对不利调整的限制与制度调整的冲突问题

与私法上的财产权不同,养老金请求权是由国家养老保险制度确定的,如果将其纳入财产权的保护,是否会影响国家根据社会经济发展状况适时修改养老保险制度?

即便是作为公法上的财产权,公民的养老金权益也具有自由权和社会权双重属性。基于养老金权益之自由权性质的一面,公权力必须呈现抑制的态势,绝对禁止张扬,做到“法无明文规定即禁止”;而基于养老金权益之社会权性质的一面,公权力又必须呈现张扬的态势,绝对禁止无为。因此,国家不可能放任养老保险制度自行发展,而不对公民的养老金待遇进行任何干预。必须根据社会经济的发展状况和养老保险基金运行的情况适时调整,比如,受制于养老保险基金支出的压力,国家对公民养老金的缴费比例进行上调或是对退休年龄进行延迟,这些调整难免会使参保人的养老金权益受到一定的限缩。当然,人民的财产权利固然受到宪法保障,但基于社会连带的观点,公民在行使权利时也负有一定程度上的社会义务,所以国家基于公共利益,依法行使公权力造成公民财产上的损失时,如果这个损失在社会义务的范围内,公民应该忍受,不存在补偿的问题。但是,公权力对人民所造成的财产上的损失如果已经超过其应该承担的社会义务范围,就构成一种特别牺牲,应该由国家给予合理补偿,这才合乎公平原则。问题在于,养老金的不利调整中,参保人到底应该在何种程度上负担这个社会义务才更加合理;国家在进行养老金的不利调整时,如何平衡国家政策目标与养老金权益保护两者之间的关系?这也是目前养老保险制度改革面临的一大难题。

综上所述,基本养老金权益的调整需要解决这样一个问题,即国家在对公民的基本养老金进行不利调整时,到底应该遵循什么样的原则,才能既满足国家对养老保险制度进行改革的政策目标,又能避免公民的养老金权益受到不合法、不合理的限缩。

第二节 我国基本养老保险制度改革及职工累积权益保障问题

一、我国基本养老保险制度改革及职工权益保障措施

(一)职工基本养老保险制度改革的历程

在拥有成熟且覆盖全面的基本养老保险制度的国家,面临人口老龄化和经济不景气的社会经济背景时,其养老金制度面临的主要压力是基本养老保险制度财务的可持续性和养老金的充足性,相关调整措施主要涉及养老金权益的不利调整。在这些国家养老保险制度调整的同一时期,我国正在进行社会保障制度的全面改革。国家从传统的计划经济体制过渡到社会主义市场经济体制,社会保障制度也是改革的重要组成部分。在计划经济体制下,中国建立了国家负责、单位包办、封闭运行的社会保障制度,[1]为机关、事业单位和国有企业职工提供全面的劳动风险保障。改革开放后,于20世纪90年代国家开始改革传统的单位保障体系,探索为企业职工建立起由国家、单位和个人共同负担,社会统筹与个人账户相结合的基本养老制度。[2] 经过几

〔1〕 参见郑功成:《建设健全中国特色社会保障体系》,载《群言》2004年第5期。
〔2〕 参见国务院《关于企业职工养老保险制度改革的决定》(国发〔1991〕33号)。

年的试点,1997 年国务院在总结各地改革经验的基础上发布了《关于建立统一的企业职工基本养老保险制度的决定》(国发〔1997〕26 号),明确了城镇职工基本养老保险制度的基本原则是“社会互济与自我保障相结合、公平与效率相结合、行政管理与基金管理分开等原则,保障水平要与我国社会生产力发展水平及各方面的承受能力相适应”,确定了统账结合的财务管理模式,统一了缴费水平、待遇支付条件和标准等基本内容。2005 年国务院发布《关于完善企业职工基本养老保险制度的决定》,对制度的覆盖范围、养老金的计发办法等部分内容作了一定的调整。2010 年《社会保险法》的颁布,意味着我国新的基本养老保险制度完全确定下来。2015 年国务院发布《关于机关事业单位工作人员养老保险制度改革的决定》,取消了传统的企业职工和机关事业工作人员养老保障双轨制,建立机关事业单位工作人员与企业职工相同的基本养老保险制度。自此,持续 20 多年的职工基本养老保险制度改革基本完成。我国基本养老保险制度按照职工和居民身份分别建立,由于居民基本养老保险制度正在试点和构建过程中,具体制度还未完全确定,这里仅限于讨论职工基本养老保险制度。

(二)我国此轮改革对职工基本养老保障的调整

20 世纪 80 年代,欧美国家由于经济衰退,凯恩斯主义受到打击,新自由主义思想盛行,福利制度亦受到了质疑,从而引发了此一时期的养老保险制度的调整。在这一国际背景下开始的我国社会保障制度改革。我国职工社会保险制度的构建是以国有企业改革的配套措施出现的,其主要目的是解决国有企业成为自主经营、自负盈亏经济实体的社会负担问题,即在“企业保险”模式下,国有企业面临的经营状态不佳或者社会保障负担过重的问题。国家通过对传统劳动保险制度的改革和改造,建立了现行的职工社会保险制度。与全民单位职工退休金制度相比,职工社会保险制度不仅在养老保障结构,即国家、单位和个人对退休保障责任分担方面,而且在保障资金的筹集、管理,待遇的支付主体、支付标准等方面均具有自身的特点。

首先,在国家对职业劳动者的劳动风险保障责任方面,转变传统的职工退休收入全额源于单一层次退休金的做法,提出建立多层次的养老保险体系，大大降低基本养老金的工资替代率。多层次养老保险是由国家、企业和个人共同建立的由多种方式构成的养老保险体系。在计划经济时代，国家对城镇职工采取的基本上是一元化的养老保障制度安排，乡村则是在集体经济基础上普遍实行家庭养老。[1] 在相当长的一段时期内，城镇人口所接收的社会保障利益以就业单位为依托。由于当时的企业主要是国有企业，国家实行"统收统支、政企不分"的财政安排，国有企业的利润全部上缴、亏损全部核销，因此企业的养老负担最终由国家承担。党的十一届三中全会之后，原来企业自办的一元化养老保险体系越发不适应市场经济体制的发展，部分企业由于经营不善，不能为职工提供养老保障，而且企业的养老金负担也存在畸轻畸重问题，此时，建构多层次、全方位的养老保险体系的呼声越来越强烈。于是，1991 年国务院《关于企业职工养老保险制度改革的决定》规定，随着经济的发展，逐步建立起基本养老保险与企业补充养老保险和职工个人储蓄性养老保险相结合的制度。在 1993 年通过的中共中央《关于建立社会主义市场经济体制若干问题的决定》中，国家对社会保障改革提出了明确的要求和原则，即"建立多层次的社会保障体系"。1995 年 3 月，国务院又发布了《关于深化企业职工养老保险制度改革的通知》，明确基本养老保险实行社会统筹和个人账户相结合的制度，并逐步形成由基本保险、企业补充保险、个人储蓄型保险组成的 3 层次架构养老保险模式。改革之后，我国的养老保险制度由基本养老保险计划、企业年金计划和个人储蓄型保险计划 3 个不同层次的养老保险组成。其中，第一层次为基本养老保险，由企业和个人共同缴费，政府提供背书并予以财政"兜底"；第二层次为企业年金，由企业主导发起，企业和个人共同缴费，为企业职工建立个人账户；第三层次为个人储蓄型养老保险，公民基于自愿购买商业保险公司的养老保险产品。受人口老龄化的影响，各国政府在养老保险方面的负担越来越重，在进行养老保险改革时逐渐降低由政府主要负担的养老保障第一支柱的比例，普遍发展由企业自发设立、积累型的第二支柱即企业年金，我国也是如此。相比起改革前单一层

---

〔1〕 参见郑功成：《中国养老保险制度跨世纪的改革思考》，载《中国软科学》2000 年第 3 期。

次的养老保险，这种多层次的养老保障体系使公民的养老风险得以有效分散，也有利于政府、企业、个人各方主体在养老保险体系中充分发挥自身所长，共同承担养老责任。

其次，在养老保险的覆盖面和收益范围方面。改革前，基本养老保险制度仅局限于国有企业和部分集体企业员工，由国家、企业分别将机关事业单位和全民所有制企业职工的退休费用包揽下来；改革后，对城镇的全体劳动者实行统一的社会化养老保险制度。1997 年国务院《关于建立统一的企业职工基本养老保险制度的决定》中明确提出，要进一步扩大养老保险的覆盖范围，基本养老保险制度要逐步扩大到城镇所有企业及其职工。自此，除机关事业单位仍由国家统筹外，许多地区开始在全民所有制企业和部分集体企业中推行养老保险基金社会统筹制，参加社会统筹的企业根据全市统一规定的统筹费率筹集养老保险基金。而到了 2015 年 1 月，国务院发布的《关于机关事业单位工作人员养老保险制度改革的决定》更是直接取消了传统的企业职工和机关事业工作人员养老保障双轨制，建立机关事业单位工作人员与企业职工相同的基本养老保险制度，基本养老保险筹集办法覆盖到全体职工，职工养老保险基金筹集办法也一步步向社会化筹资方向迈进。

再次，在基本养老保险筹资主体方面。国家改变传统由单位、国家出资，个人不缴费的制度，建立以单位和个人为缴费责任主体的“政府、单位和个人”三方缴费机制。在政府、企业和个人对退休保障的责任分担方面，政府责任的退出和个人责任的进入是其主要特点。改革前，政府决定企业职工的工资收入，该收入仅为当期消费费用，职工退休养老由政府利用财政收入支付；改革后，政府不再负担企业职工的退休费用，该负担最初转嫁到企业，之后逐步转移给企业和职工。国有企业的职工将自己承担职工养老保险的累积和支付。1991 年，国务院明确规定：“改变养老保险完全由国家、企业完全包下来的办法，实行国家、企业、个人三方共同负担，职工个人也要缴纳一定的费用。”从此，个人缴费由合同职工扩大到所有职工。这种政府、企业和个人三方负担的机制，特别是个人缴费机制的建立，改变了国家和企业、企业与职工的关系，并且有效地扩大了养老保险金的来源。

最后,职工养老金由个人账户养老金和统筹账户养老金组成,全部源于参保人及其所在用人单位缴纳的保险费。养老金的支付主体亦从原来的用人单位转化为专门成立的社会保险经办机构。从1984年拉开养老保险改革的序幕开始,经过十几年的探索和实践,直到1997年国务院《关于建立统一的企业职工基本养老保险制度的决定》的出台,我国"社会统筹与个人账户相结合"的部分累积制的养老保险制度模式最终确立起来,完成了由"现收现付制"向"部分累积制"的转变。1993年通过的《中共中央关于建立社会主义市场经济体制若干问题的决定》提出"城镇职工养老保险和医疗保险金由单位和个人共同负担,实行社会统筹和个人账户相结合"的要求;随后在1995年,国务院据此发布了《关于深化企业职工养老保险制度改革的通知》,提出深化企业职工养老保险制度改革的若干政策措施,提出了社会统筹与个人账户相结合的两个具体实施办法,由各地进行试点;1997年国务院《关于建立统一的企业职工基本养老保险制度的决定》规定了企业和个人缴纳基本养老保险费的具体比例,以工资的11%建立个人账户,个人承担4%~8%,其余由企业承担,企业贡献的比例由各省级政府决定,一般不能超过企业工资总额的20%。到了2005年12月,国务院《关于完善企业职工基本养老保险制度的决定》又对1997年的决定作了一定调整,将个人账户的规模由本人缴费工资的11%调整为8%,全部由个人缴费形成,单位缴费全部转入社会统筹账户,实行社会统筹基金与个人账户基金分开管理,个人账户实账运行。另外,从20世纪80年代探索企业职工养老保险社会统筹办法以来,国有企业职工养老金最初是由工会征缴和发放的,但在1997年实现"社会统筹和个人账户相结合"之后,企业职工养老保险由劳动社保部门的社会保险基金管理机构征缴和发放,并委托银行和邮局等机构发放给个人。

(三)传统退休保障制度下职工累积权益的保障措施

养老保险制度由旧制度转向新制度时,一个主要的难题就是,解决参保人在旧制度累积权益的调整问题。国家需要支付一个"转制成本",作为对传统退休保障制度下职工的补偿,包括对新制度实施前已退休人员和接近退休人员今后需要支付的养老金的一定补偿,以及对旧制度转向新制度的"国家职工"补偿过去没有"扣除"的积累的"虚拟个人账户",或对支付"视同缴费年限"费用的补偿。[1]

1. 已经退休人员或者接近退休人员的退休待遇保障

对于新制度实施之后参加工作的职工,即"新人"来说,问题比较简单,他们可以从工作之日起直接进入新的养老保险制度,以后按新规则享受应得的养老金。但对于改革前已经退休的职工和在实施个人账户制度以前参加工作的、即将退休的职工来说,他们过去的劳动贡献进入了社会积累,而自己的个人账户中却没有积累养老金或者仅积累了较少的养老金,如果改革后国家和企业不对这部分人的退休保障进行补偿,他们在旧制度下累积起来的养老金权益就会受到巨大损失,退休生活得不到相应保障。为了促进新老制度平稳衔接、减少改革阻力,国家在新老制度交替过程中贯彻老人、中人、新人区别对待,不减损待遇原则,采取"老人老办法、新人新办法、中人逐步过渡"的方式对养老金计发办法进行改革,由政府等负责补偿中老年职工养老金的历史欠账。

"老人",是指在新制度实施之前已经退休的职工。而"老人老办法"是指在新老两种养老保险制度转轨后,已经退休的"老人"仍由国家按原来的标准和政策包办下来,保证晚年生活不受影响。对已经退休的职工,采取完善基本养老金的给付方式,仍按照原标准发给养老金,并按照当地职工上年度平均工资增长率的一定比例进行调整,在必要时给予一些国家补贴,同样享受社会经济发展成果。[2]

"中人",是指新制度实施前已经参加工作,有多年工龄,但要到新制度实施后才退休的职工,其中绝大多数是在改革开放之前的国家计划经济时期参加工作,长期以来创造的社会财富进入了国家的积累,负担了上一代退休人员养老生活的职工。但在计划经济时期,我国实行的是"现收现付"模式的城镇养老保险制度,劳动者到了法定退休年龄、退出工作岗位之后,直接由

[1] 参见龙翚斯、张光耀:《国家的养老保险责任——兼谈国家对职工视同缴费年限的补偿》,载《中国社会保障》1999 年第 4 期。

[2] 国务院《关于完善企业职工基本养老保险制度的决定》(国发〔2005〕38 号)。

国家通过征收当代劳动者即"中人"的养老保险费来支付他们的养老金，当时没有也不用让"中人"劳动者储存累计现在意义上的基本养老金，因为在"中人"退休时，又会有新一代的劳动者为他们的养老生活买单。[1] 但是，在新社会保险制度建立之后，退休人员的养老金由本人缴费时间的长短、缴费工资的高低、个人账户储存额的多少来决定，作为"中人"，他们当期的养老保险费负担了上一代的晚年生活，在制度转轨前对养老金是有缴费贡献的，而自己的个人账户中却没有缴费累计，于是国家将"中人"在建立个人账户前的工龄视同缴费年限，对于"中人"个人账户上储存额的"空账"状态，国家又在计算养老金中增添了"过渡性养老金"和"综合性补贴"两个部分，并为"中人"核定了平均缴费工资指数，无论今后个人平均缴费工资是高于还是低于省平均工资，都作为一个稳定不变的指数来进行过渡性养老金的计算，以替代个人账户中的"空账"部分。[2] 因此，国务院于 2005 年 12 月 3 日发布了《关于完善企业职工基本养老保险制度的决定》，规定"国发〔1997〕26 号文件实施前参加工作，本决定实施后退休且缴费年限累计满 15 年的人员，在发给基础养老金和个人账户养老金的基础上，再发给过渡性养老金"。[3] 而对于国务院《关于建立统一的企业职工基本养老保险制度的决定》（国发〔1997〕26 号）实施后参加工作、缴费年限累计满 15 年的"新人"，其基本养老金则仅由基础养老金和个人账户养老金所组成。

2. 对在国有企业累计工龄的相关权益保障

对于那些已经在国有企业中工作多年但未在新的养老保险制度下积累足够缴费年限的职工，国家对其养老金缴费年限权益也采取了一定的保障措施，主要体现在视同缴费年限的规定和买断工龄措施两个方面。

职工缴费年限包括视同缴费年限和实际缴费年限。实际缴费年限，是指职工参加基本养老保险后，按规定、按时足额缴纳基本养老保险费的年限；而

---

〔1〕 参见范智力、文伯宣：《养老保险制度与"中人"利益保护思考》，载《经营管理者》2002 年第 11 期。

〔2〕 参见范智力、文伯宣：《养老保险制度与"中人"利益保护思考》，载《经营管理者》2002 年第 11 期。

〔3〕 国务院《关于完善企业职工基本养老保险制度的决定》（国发〔2005〕38 号）。

视同缴费年限,是指职工在国家实行基本养老保险个人缴费之前,所在企业参加基本养老保险社会统筹,并缴纳基本养老保险费后,按照政策规定可以计算的连续工龄的实际工作年限。[1] 1997年,劳动部办公厅发布了《关于印发〈职工基本养老保险个人账户管理暂行办法〉的通知》,规定固定职工在实行企业和职工个人共同缴纳基本养老保险费制度之前,按国家规定计算为连续工龄的时间,都可以作为"视同缴费年限",可以与实际缴费年限合并计发养老保险金。另外,机关事业单位正式职工调入企业后,应参加企业职工基本养老保险,其原有的工作年限视同缴费年限。[2] 实际上,视同缴费年限的规定主要是为了保护养老保险制度改革中的"中人"的缴费年限利益,计划经济时期国家对职工的退休生活采取包揽政策,职工将其劳动全部贡献给了国家,不用缴纳养老保险费,同时国家对职工的退休生活也承担无限责任,企业职工退休时、退休后的养老待遇都是根据职工的连续工龄计发的。[3] 因此,连续工龄的长短决定领取养老保险待遇的高低,工龄是计算企业职工养老待遇的一项主要依据。新社会保险制度建立起来之后,职工的养老保险待遇与个人缴费年限直接挂钩,而那些即将面临退休和已经退休的职工已经无法再累计享受养老保险待遇要求的缴费年限,如果将其个人缴费年限一律归零,是对其之前劳动贡献的全盘否认,显然不符合公平原则。因此,国家要为已经退休的"老人"缴纳过去已经贡献给国家的养老费用,同时也要给即将退休的"中人"缴纳政策认可的"视同缴费年限"所对应的费用,在统一的养老保险制度实施之前参加工作、实施后退休的职工,只要加上视同缴费年限之后累计缴费满15年,就可以在发放基础养老金和个人账户养老金的基础上,再发放过渡性养老金,[4] 相当于其视同缴费年限期间应当缴纳的基本养老保险

---

〔1〕 参见张铎:《论城镇职工基本养老保险视同缴费年限的认定》,载《中国高新区》2018年第10期。

〔2〕 参见原劳动部办公厅《关于印发〈职工基本养老保险个人账户管理暂行办法〉的通知》(劳办发〔1997〕116号)。

〔3〕 参见张铎:《论城镇职工基本养老保险视同缴费年限的认定》,载《中国高新区》2018年第10期。

〔4〕 参见高建伟、丁克诠:《社会养老保险中个人账户养老金给付标准精算模型及模拟分析》,载《南方金融》2005年第3期。

费由政府承担。

二、职工养老金权益不利变更的法律规制问题

(一)规范形式上:规范层级低

在《社会保险法》颁布之前,我国对养老保险进行不利调整多为政策层面的考量,仅有政策性规范指引而没有法律层面的依据。1997 年国务院颁布的《关于建立统一的企业职工养老保险制度的决定》是我国养老保险制度效力最高的规范性文件。而遗憾的是,该决定不仅不符合法律规范的形式要件,而且发布对象仅界定于“各省、自治区、直辖市人民政府、国务院各部委、各直属机构”,社会大众所应当知晓并能够运用的规范性法律文件寥寥无几。可以说,我国企业员工退休制度并非沿着完善法律法规的路径,使制度更为成熟、更具刚性;相反,制度演绎为政府公共政策的落实,模糊了政策与法律制度的界限。[1]

而在《社会保险法》颁布之后,虽然其对养老保险法律制度专章加以规定,但对于公民养老金权益保护和养老金不利调整基本制度还是存在立法缺位的情况。《社会保险法》就基本养老保险制度设立专章共 13 条,明确了基本养老保险的组成部分、覆盖范围、制度模式和基金筹集方式、缴费基数和账户归属,待遇支付条件、养老金的转移接续、保费的征缴制度以及社保基金的统筹、预决算、投资运营、信息公开等内容。但是对于参保人养老金权益的调整,《社会保险法》既没有在法条中明文规定,也没有明确说明要将进行不利调整的权利授权给国务院或其他行政机关。从《社会保险法》的具体规定来看,这部法律更加倾向以用人单位和劳动者参加社会保险、缴纳社会保险费的义务为本位,还没有真正实现养老金给付的权利塑造。[2]

我国养老金不利调整的相关规范多散见于行政法规、部门规章以及地方性法规、地方政府规章之中,而且国务院以发布行政法规的形式进行调整的

---

〔1〕 参见郑尚元:《企业员工退休金请求权及权利塑造》,载《清华法学》2009 年第 6 期。

〔2〕 参见郑尚元:《企业员工退休金请求权及权利塑造》,载《清华法学》2009 年第 6 期。

很少，基本上是由以人社部为主的国务院部委甚至地方政府作为主体对参保人的养老金待遇进行调整的。这些通过法律之外规范性文件的形式发布的决定、通知、请示、函，其规范层级远远低于立法机关制定的法律，国家似乎将对养老金进行不利调整的权力授予了国务院和其他行政机关，但这种授权又较模糊，尤其在国务院再次进行转授权之后，最终由国务院有关部门甚至地方政府进行调整，其规范层级更低，调整形式更随意。而且，人社部在发文对养老金权益进行调整后，经常以社会经济变化或者公共利益为由对相关规定进行修改和变动，导致参保人对其享有的养老金权益没有较稳定的期待性。从《社会保险法》颁布后直到现在，关于养老保险制度的法律条文较少，其他关于养老保险的重要规定，如保费的征缴主体、具体步骤和办法、养老金计发方式以及基本养老保险待遇水平是交由国务院制定的，而对参保人养老金权益的调整，几乎全部都是依照国务院的相关规定、国务院部委的相关规定和地方性文件规定。这些法律之外的规范性文件成为构建养老保险制度的重要组成部分，也成为各地在调整养老金待遇时遵循的“法律依据”。授权的模糊性使行政立法权越过立法机关立法权，我国养老保险不利调整在法律效力层级方面仍然处于较低位阶。

（二）病残津贴和遗属抚恤金调整问题

1. 养老金的种类包括老年年金、残疾年金和遗属年金

养老金是被保险人永久退出劳动领域后的收入待遇，是其维持本人及其受抚养人生活的物质来源，包括老年年金、残疾年金和遗属年金。老年年金，是指被保险人参加老年年金保险达到一定期限并符合法定年龄，或者依法退休时，由保险人定期性继续提供的保险给付。被保险人请领老年年金的条件，各国规定一般包含两个方面：第一，被保险人必须缴纳养老保险费达到一定的年限；第二，被保险人届满一定的年龄或者达到退休条件。我国老年年金分为统筹养老金和个人账户养老金。统筹养老金是由统筹基金支付的部分养老金。根据国务院《关于完善企业职工基本养老保险制度的决定》的规定，基本养老金月标准是以当地上年度在岗职工月平均工资和本人指数化工资的平均值为基数，缴费每满一年发给1%。为了降低养老金受通货膨胀的

影响,确保广大退休人员的生活水平不因此而降低,国家颁布相关的调整政策对养老金进行定期调整。个人账户养老金是依据个人账户存储额计发的养老金。根据规定,我国个人账户养老金计发标准为个人账户存储额除以计发月数。其中,计发月数是依据职工退休时城镇人口平均寿命、本人退休年龄、利息等因素确定的。残疾年金,是指被保险人在未达到法定退休年龄时,因为疾病或者非因工受伤导致完全丧失劳动能力,无法正常提供劳动时所提供的定期性继续给付。年金保险保障的风险是被保险人完全退出劳动领域、所得丧失后的经济来源。被保险人完全退出劳动领域,一般情形是因为年老、无法再继续提供劳动。在特殊情形下,因为身心健康方面的原因也可能提前退出劳动领域。因为工伤导致劳动能力完全丧失时,纳入工伤保险体系解决。所以,我国《社会保险法》第 17 条规定,参加基本养老保险的个人,因病或者非因工死亡的,其遗属可以领取丧葬补助金和抚恤金;在未达到法定退休年龄时因病或者非因工致残完全丧失劳动能力的,可以领取病残津贴。所需资金从基本养老保险基金中支付。残疾年金(或者是按月领取的病残津贴)的给付条件主要有两点:一是法定的病残条件。相关法律一般规定,被保险人的身体状况经过一定的机构鉴定,确认为完全丧失劳动能力或者部分丧失劳动能力。二是必须符合最低资格期间的规定。残疾年金对资格期间的规定通常较老年年金宽松,一般规定被保险人缴费满 3 年或者 5 年即具备给付资格,有些制度规定有年龄的限制,最低年龄在 13 ~ 19 岁,最高年龄常与老年年金给付年龄相同,而将残疾年金改为老年年金。[1] 遗属年金,是参保人为其家属建立的附加年金,作为养老保险的一部分,是在被保险人死亡后,发放给受其扶养的遗属的生活补助费。遗属保险制度的设立目标是为丧失主要经济来源的家庭提供物质帮助,防止遗属生活陷入困境。遗属年金给付的条件,通常包括被保险人在死亡时已经缴纳一定期间的保险费,或者死亡时已成为年金受领人。对于请领的寡妇或者鳏夫,或者孤儿的年龄也有一定的规定,法律通常规定孤儿超过一定的年龄即停止给付。例如,美国、德国及

---

〔1〕 参见柯木兴:《社会保险》,台北,三民书局股份有限公司 2013 年版,第 200 页。

日本等规定年满18岁，意大利、荷兰及新西兰等规定年满16岁，英国规定年满15岁；但对在学孤儿、学徒或者残疾者因为尚未就业或者无谋生能力，而规定较高年龄限制或者完全无年龄限制。[1] 新中国成立初期的《劳动保险条例》规定，工人和职员因工死亡时，在劳动保险基金项下，以其供养的直系亲属人数每月付给供养直系亲属抚恤费。1953年《劳动保险条例实施细则修正草案》详细规定了直系亲属的范围。1980年，民政部、财政部联合颁布《国家机关、事业单位工作人员死亡后遗属生活困难补助暂行规定》，将祖父母和孙子女排除在直系亲属的范围之外。2003年颁布的《因工死亡职工供养亲属范围规定》，重新将祖父母、外祖父母、孙子女、外孙子女列为供养亲属的范围。这里的遗属抚恤金属于工伤保险待遇，其保障对象是因工死亡的职工。对于非因工死亡的职工，现有的遗属津贴作为社会救助制度的组成部分，给付的对象限于因供养人死亡导致生活困难的国家机关和企事业单位的工作人员，而支付主体是死亡职工所在用人单位。《社会保险法》第17条规定，参加基本养老保险的个人，因病或者非因工死亡的，其遗属可以领取丧葬补助金和抚恤金。

2.新的残疾津贴和遗属抚恤有待落实

我国《社会保险法》第17条确立了残疾津贴和遗属抚恤制度，但未出台相应的实施细则。2015年人社部社会保障研究所与清华大学及部分省联合组织《社会保险法》实施情况评估报告，明确指出自该法实施5年来，病残津贴和遗属抚恤金没有配套措施和实施细则。又一个4年之后，尽管四川省人力资源和社会保障厅于2016年发布了《关于病残津贴有关问题的通知》，对领取条件、待遇标准、办理程序、待遇停发等问题作了详细规定；部分地区也在有关规定中明确了病退津贴领取的条件和标准。但与国务院《关于工人退休、退职的暂行办法》（国发〔1978〕104号）相比，现有病残津贴制度无论在津贴享受条件、津贴标准方面都限缩了权利人的权益。首先，病残津贴享受条件方面。原来的制度基本上在缴费年龄和病退年龄方面不存在特殊规定。

---

〔1〕 参见柯木兴：《社会保险》，台北，三民书局股份有限公司2013年版，第201页。

病退,是指职工未达到退休年龄,但因为疾病或者非因工受伤完全丧失劳动能力,提前退养,待达到退休年龄后再行办理退休手续,享受退休待遇。依据该暂行办法的规定,不具备退休条件的,由医院证明,并经劳动鉴定委员会确认,完全丧失劳动能力的工人,应当退职。其退职待遇包括按月支付的相当于本人标准工资40%的生活费,公费医疗待遇、退职待遇由企业行政支付。这一制度随着职工基本养老保险制度的改革而无法落实。职工基本养老保险制度改革规范并没有明确退职条件和待遇问题,为了解决企业因病完全丧失劳动能力职工的生活问题,原劳动和社会保障部《关于完善城镇职工基本养老保险政策有关问题的通知》(劳社部发〔2001〕20号)规定,对于因病、非因工致残,经当地劳动能力鉴定机构认定完全丧失劳动能力,并与用人单位终止劳动关系的职工,由本人申请,社会保险经办机构审核,经地级劳动保障部门批准,可以办理退职并领取退职生活费。退职生活费标准根据职工缴费年限和缴费工资水平予以确定,具体办法和标准按省级政府规定执行。此时,原劳动和社会保障部的规定中虽然没有明确退职的实质要件和待遇标准,但却严格控制了退职待遇支付程序。在这一授权之下,各地基本都规定享受退职待遇的职工,除完全丧失行为能力,被有关机关鉴定为完全丧失劳动能力外,要符合参保缴纳基本养老保险满15年,再加上其他如参加工作的时间、申请病退的年龄等条件。[1] 其次,明显降低病残津贴的标准。目前,四川省人力资源和社会保障厅《关于病残津贴有关问题的通知》规定,病残津贴按上年度全省城镇居民月人均可支配收入的25%计发。这个标准与国务院《关于工人退休、退职的暂行办法》(国发〔1978〕104号)的本人标准工资的40%相比有明显的降低。根据四川省统计局公布的2018年四川省全年城镇居民人均可支配收入33,216元的标准,[2] 依此计算2019年度新申领病

---

〔1〕《上海市城镇职工养老保险办法》第22条规定,本办法实施前参加工作、到达退休年龄时连续工龄(包括缴费年限)满5年不满10年的人员。应该退职;连续工龄满5年、因病或者非因工致残的在职人员,经劳动鉴定委员会确认完全丧失劳动能力的,可以退职。退职人员按规定享受相应的养老待遇。

〔2〕参见《2018年四川省国民经济和社会发展统计公报》,载四川省人民政府官网,https://www.sc.gov.cn/10462/10464/10797/2019/316/acc4618c0a5d49408304503f1f104090.shtml。

残津贴待遇标准为每月 692 元。

《劳动保险条例》规定了企业职工非因工死亡的遗属抚恤待遇。企业职工非因工死亡的丧葬补助费是企业职工 2 个月的平均工资；供养亲属救济费为 6 ~ 12 个月工资；费用由企业承担。[1]《劳动法》第 73 条[2]规定了劳动者可享受的社会保险待遇，包括职工死亡时其遗属享受的遗属津贴；但没有明确遗属津贴应包含哪些费用以及遗属津贴应实现怎样的保障效果。《社会保险法》规定，遗属津贴属于职工基本养老保险待遇，由养老保险基金支付。该法实施 10 余年，参保职工死亡后其享受待遇的遗属范围、津贴享受条件及标准等均未明确。虽然有部分地区通过地方性规范确立了覆盖所有职工的遗属抚恤金制度。例如，青海省西宁市自 2014 年起，正式建立企业退休人员死亡后的遗属抚恤制度。依据相关规定，凡是参加该市城镇企业职工基本养老保险且已经办理退休手续，按月领取基本养老金的退休人员（含退职人员），因病或者非因工死亡后，其遗属可以领取一次性抚恤金。抚恤金按照退休人员死亡时上年度全省企业退休人员月基本工资 10 个月标准计发。[3]但是，总体而言，该制度并未建立起来，参保人遗属的权益有待落实。

（三）应关注部分特别群体的保障

职工基本养老保险制度的改革自 20 世纪 90 年代开始，至 2010 年《社会保险法》的出台，经历了近 20 年的时间。《社会保险法》作为里程碑，标志着我国社会保险制度的法治化水平迈上了一个台阶。但是，该法的条文简略，原则性强，很多具体的制度有赖进一步明晰。

---

〔1〕《劳动保险条例》（1953 年）第 14 条规定，乙、工人与职员因病或非因工负伤死亡时，由劳动保险基金项下付给丧葬补助费，其数额为该企业全部工人与职员平均工资两个月；另由劳动保险基金项下，按其供养直系亲属人数，付给供养直系亲属救济费，其数额为死者本人工资 6 个月到 12 个月。详细办法在实施细则中规定之。

〔2〕《劳动法》第 73 条规定，劳动者在下列情形下，依法享受社会保险待遇：（1）退休；（2）患病、负伤；（3）因工伤残或者患职业病；（4）失业；（5）生育。劳动者死亡后，其遗属依法享受遗属津贴。劳动者享受社会保险待遇的条件和标准由法律、法规规定。劳动者享受的社会保险金必须按时足额支付。

〔3〕参见青海省人力资源和社会保障厅、青海省财政厅《关于建立企业退休人员死亡后遗属抚恤金制度的通知》（青人社厅〔2014〕10 号）。

人社部是《社会保险法》确认的国务院社会保险行政主管部门，其制定了一系列的实施规范，部分内容明显限缩了参保人的社会保险权益。(1)外国人及取得国外永久性居民身份证之回国人员的养老金权益问题。原劳动和社会保障部办公厅《关于取得国外永久性居民身份证回国工作人员在国内工作期间有关社会保险问题的复函》(劳社厅函〔2001〕198号)规定，对于取得国外永久性居民身份证的人员回国工作，凡建立劳动关系者均应按规定参加社会保险。这些人员解除劳动关系并离境时，社会保险经办机构应终止其社会保险关系，对参加基本养老保险，且不符合基本养老金领取条件的，一次性返还个人账户储存额，对于统筹账户只字未提；另外，对于参加基本养老保险且符合基本养老金领取条件的，如何支付待遇亦未提及。在外国人以及取得国外永久性居民身份的回国人员不符合基本养老保险领取条件时，其养老保险的两种权利形态(在缴费年限届满等待期时所形成的养老金期待权以及缴费未满等待期时形成的对于养老保险待遇的信赖利益)皆因“一次性返还个人账户储存额”的规定而导致个人账户被清算，统筹账户因未提及而失去保障的依据。(2)双重养老保险关系清理中的问题。双重养老保险关系，是指参保人与社会保险经办机构形成了两重或者以上的基本养老保险关系。在参保人以不同身份参保的情形下可能存在。例如，参保人在农村参加了新农合养老保险，进城务工后，一方面继续新农合养老保险关系，另一方面以城镇职工身份参加职工基本养老保险。在参保人与单位存在双重劳动关系的情形下可能出现。根据现行有关规定，双重养老保险关系必须清理、合并，且在清理、合并时仅能部分退还个人账户储存额，劳动者无法获得通过缴费形成的大部分养老金权益。[1] 职工在双重基本养老保险关系中均满足养老金领取条件的，由本人与社会保险经办机构协商确定，即保留其中一个养老保险关系并继续领取待遇，其他基本养老保险关系应予以清理，个人账户剩余

---

〔1〕 参见张荣芳、郭凤郡：《职工双重基本养老保险关系之处理规则》，载《湖北警官学院学报》2018年第4期。

部分一次性退还本人。[1] 在清理中,用人单位缴纳的、进入职工统筹基金的部分无法归还给劳动者。

除人社部外,各级地方政府、各统筹地区人力资源和社会保障部门都是社会保险规范的制定者。他们为了工作需要,在国家制度未明确的前提下,依据管理职权出台了一系列具有法规范效力的文件。这些文件的上位法依据和上位法约束均不明确,但作为参保人与社会保险关系权利义务调整的依据,亦是地方法院确认参保人权利、处理相关争议的适用规范。例如,有关职工达到退休年龄,缴费未届满 15 年时基本养老保险费补缴的问题,《社会保险法》第 16 条规定,参加基本养老保险的个人,达到法定退休年龄时累计缴费不足 15 年的,可以缴费至满 15 年,按月领取基本养老金。法律并未限制补缴的主体身份,但在执行过程中,全国各地基本上均明确规定补缴主体仅限于具有本地户籍的居民。这样,外地务工人员在达到退休年龄但缴费未届满 15 年时,只能将职工基本养老保险关系转移到农村,这一转移导致参保人所在用人单位缴纳保险费对应的统筹基金的权益难以保障。

第三节 基本养老金权益不利调整应遵循法律保留原则

一、法律保留原则的含义及适用范围

法律保留原则是行政法中的一个基本原则,“谓没有法律授权行政机关即不能合法地作成行政行为,盖宪法已将某些事项保留予立法机关,须有立法机关以法律加以规定,行政机关不能以消极的不抵触法律为已足,须尚有法律之明文依据”。[2] 对于影响人民自由权利的重要事项,没有法律的明确授权,行政机关就不能合法作成行政行为。换言之,社会生活中某些重要的事项,应保留给立法机关以法律规定之,其他任何法的规范都无权规定,行政权非有法律依据不得为之。[3] “法律保留”与“宪法保留”的区别在于,宪法

---

〔1〕 参见人力资源和社会保障部《关于城镇企业职工基本养老保险关系转移接续若干问题的通知》(人社部规〔2016〕5 号)。

〔2〕 吴庚:《行政法之理论与实用》,中国人民大学出版社 2005 年版,第 79 ~ 82 页。

〔3〕 参见周佑勇、伍劲松:《论行政法上之法律保留原则》,载《中南大学学报(社会科学版)》2004 年第 6 期。

保留是法律保留的一个方面，是指某些事项只能由宪法加以规定。法律保留主要是为了划清行政权与立法权之间的界限，防止行政立法权对立法者立法权的侵犯，它的理论基础是由于立法机关是民选机关，故而拥有更高的、更好的民意基础，以现代民主政治的要求来衡量，只有人民本身才能决定国家的重要事务以及涉及自身的基本权利。因此，除立法机关制定的法律外，行政机关的行政法规、行政规章以及任何其他的规范性法律文件，都不能对这些事项作出规定，否则就会因超越立法权而无效。而宪法保留与针对行政权和行政机关的法律保留不同，宪法保留主要是用来防范立法权和立法机关的。当然，一件事项一旦进入宪法，它的效力则不会仅局限在制约立法权，行政权和司法权也会同时受其制约，这是宪法具有最高法律效力的应有之义。"法律保留"与"立法保留"之区分在于，立法保留是一种"加强型"的法律保留，其强调对于某些最重要的事项，一般法律保留还不足以堪此重任，必须上升到国家立法机构保留的高度。所以，法律保留与立法保留是包含与被包含的关系，凡是属于立法保留范围的事项自然就属于法律保留的事项，凡是不属于法律保留范围的事项自然就不存在立法保留的适用。[1] 所以说，法律保留和立法保留在对立法权的限制程度上确实有所区别，法律保留排除了行政机关自行立法的权力以及其他国家权力机关或自治组织的立法权；立法保留则进一步排除了国家立法机构授权行政机关立法的权力。

这里讨论的法律保留原则并不局限于"宪法保留"或"立法保留"，其中的法律可以是国家立法机关制定的，也可以是立法机关授权行政机关制定的行政法规，并不完全排斥行政立法对某些事项的保护，但强调行政机关在进行行政行为时要有立法机关的法律授权。

法律保留原则的适用范围，是指哪些事项应该属于法律保留的范围，必须由代表民意的立法机关通过立法进行规定，哪些事项可以授予行政机关以行政法规的方式来进行规定。法律保留原则的适用范围一直以来是一个颇

---

〔1〕 参见孙展望：《法律保留与立法保留关系辨析——兼论立法法第 8 条可纳入法律保留范畴》，载《政法论坛》2011 年第 2 期。

具争议的问题,也是对养老金权益不利调整进行研究需要确立的一个前提。只有清楚法律保留原则的适用范围,才能具体分析养老金权益的不利调整是否以及如何适用法律保留原则。随着社会发展,法律保留原则的适用范围一直在发生变化,各国也先后产生了很多不同的学说,日本学者对法律保留的划定标准问题进行了研究,大致有“损害保留说”(只有“侵害行政”或负担行政需要个别法律的依据,“受益行政”属于行政自由裁量的领域)、“权利行政保留说”(以权利行为形式进行行政活动时,其内容无论是负担性还是授益性,都需要法律依据,非权利行政不需要法律依据)、“社会保留说”(除权利行政外,非权利行政行为中,给付行政也需要法律依据)以及“本质保留说”(对实现国民的权利自由来说,本质性的事项必须依法而定,对非本质性的事项,依行政来规范)[1]这几种观点。

我国学者对法律保留的适用范围也进行了总结,对于法律保留原则的适用范围主要有以下几种学说:第一,“侵害保留说”。该说是指对公民之自由、财产权的剥夺以及义务之负担,都应当由法律明确加以规定。[2]也就是说,只要是侵害公民自由和财产权的行政活动,都必须要以法律的明确授权为依据。第二,“全部保留说”。该说认为,依据民主原则,一切权利源自人民,人民的代表机关为国家最高权力机关,故一切行政行为都应受此民主立法者意思的支配、引导与规范,即以人民代表机关制定的法律为依据。[3]该说认为,无论是负担行政还是给付行政,无论是外部行政行为还是内部行政行为,都应该受到法律的约束。第三,“重要保留说”。“重要保留说”又称“本质保留说”、重要性理论,是指公民重要的权利义务应当由法律加以规定,涉及相对人重要的、基本的权利义务的行政行为应当有明确具体的法律依据。这种学说源于德国宪政法院在教育行政案件判决中总结得出的结论,即凡涉事关基本人权及其实现的“重要事项”,无论是干预行政或给付行政,

---

〔1〕 参见刘连泰:《评我国〈立法法〉第八条、第九条关于“法律保留”制度》,载《河南省政法管理干部学院学报》2003年第3期。

〔2〕 参见[德]奥托·迈耶:《德国行政法》,刘飞译,商务印书馆2002年版,第72页。

〔3〕 参见许宗力:《法与国家权力》(一),台北,元照出版有限公司2006版,第148页。

都必须保留给立法者自己制定,不能让行政权力恣意妄为,不重要的事务不能列入法律保留的范围。对于"重要事项"中的"重要"一词的判断标准在于,一个规范对于一般大众或者个人是否具有"深远广泛的影响"。所以,对一般大众或个人越重要的事务,若涉及基本权之实现或公共事务之形成,则对立法者所作的要求越高。[1]

随着公民基本权利范围的扩张,法律保留原则的适用范围也一直在扩展,上述4种学说在不同历史时期也被各国学者所推崇或者所批判。虽然重要性的判断标准在目前还存在一定的模糊性,并需要进一步明确,但是该理论突破了传统的干预行政和给付行政的分析框架,使人们注意到传统法律保留原则下对立法者恣意授权防范不够的缺失,所以,重要性保留原则更契合法律保留的核心理念——权利保障。因为重要性并不是一个确定概念,在我国到底哪些事项属于"最重要"的范围,哪些事项属于"重要"的范围,很难以法条的形式完整、明确地列举出来,所以"重要性"应该是一个阶梯性概念,随之而来的是对不同事项应适用不同的调整密度;某项权利对公民个人的作用越深远、紧迫,该权利对社会共同体的影响就越重大,法律调整就应当越精确和严格。

二、养老金的不利调整应遵循法律保留原则

从养老金权益的财产权属性层面、法律保留原则的适用范围层面以及其他国家养老金不利调整的法律实践层面来看,养老金权益进行不利调整应当遵循法律保留原则。

(一)养老金权益的财产权属性层面

从养老金权益的特性来说,其作为参保人退休后的生活来源,具有明显的财产权属性,应适用法律保留原则,对公民的这部分财产进行保护。对参保人来说,养老金是在劳动者年老或丧失劳动能力后,根据他们对社会所作的贡献和所具备的享受养老保险资格或退休条件,按月或一次性以货币形式

[1] 参见许宗力:《法与国家权力》(一),台北,元照出版有限公司2006版,第159页。

支付的保险待遇,主要用于保障职工退休后的基本生活需要。参保人把当期收入的一部分拿出来缴纳养老保险费,目的是退休以后获得这部分财产,所以参保人最关心的就是退休后能拿到多少退休金,在国家对养老金进行调整时,参保人最担心的也是其期待的养老金待遇是否会减少。可见,虽然我国暂时还并未明确养老金的财产权地位,但养老金的缴纳和待遇的支付直接影响公民的当期收入和预期收入,直接体现为财产利益,养老金权益对参保人来说具有非常强烈的财产权属性。而我国《宪法》第 13 条规定:“公民的合法的私有财产不受侵犯。国家依照法律规定保护公民的私有财产权和继承权……”公民的私有财产权是一项宪法性权利,是其他宪法基本权利的基础,是实现自由权的前提条件,如果公民的私有财产权得不到保障,个人的其他一切权利都只是空谈。所以,如果参保人的养老金待遇能够被随意调整,其合法的养老金权益得不到保障,还谈什么互助互济、风险分担?所以,养老金作为一项财产权,是养老保险制度中参保人应该享有的核心权利,理应受到法律保留原则的保护。

(二)法律保留原则的适用范围层面

从法律保留原则的适用范围来看,“重要保留说”也倾向养老金权益应被纳入法律保留范围。我们要先明确养老金权益的重要性到底是否达到了法律保留原则要求的重要性标准。依据“重要性理论”,德国联邦宪法法院提出了以下判断标准:首先,那些已经被宪法承认有特别突出地位的内容当然是重要的,需要法律的调整;其次,事项对于公众的意义也被作为“重要性”的另一个标准;最后,“政治的争议性”作为确定重要性的标准也常常被列出来加以考虑。然而,在“重要性理论”中始终不存在一个精确的标准来确定“规范密度”,只要是越持久地涉及或者威胁单个公民的基本权利,公众对问题的复杂性就越有争议,法律规范就越是要精确和受到限制。[1] 虽然公民养老金权益的重要性还不能超越高于立法权利的个人自由权和政治权

〔1〕 参见张慰:《“重要性理论”之梳理与批判——基于德国公法学理论的检视》,载《行政法学研究》2011 年第 2 期。

利的重要性,对其保护可能低于对个人自由权和政治权利的保护,但这并不意味着立法机关可以随意对公民的养老金权益进行调整,因为其不仅具有宪法上的重要价值,对公众来说也具有极其重要的意义。我国《宪法》第 44 条规定:“国家依照法律规定实行企业事业组织的职工和国家机关工作人员的退休制度。退休人员的生活受到国家和社会的保障。”《宪法》第45 条第1 款规定:“中华人民共和国公民在年老、疾病或者丧失劳动能力的情况下,有从国家和社会获得物质帮助的权利。国家发展为公民享受这些权利提供所需要的社会保险、社会救济和医疗卫生事业。”《宪法》明确规定了国家和社会要保障退休人员的生活,而养老金又是退休人员的主要生活来源,养老金权益的重要性在上述宪法条文中得到了体现,属于宪法保护的权益范围。另外,养老金对于社会公众来说显然是具有重大意义的,我国正在逐步扩大养老保险的覆盖范围,纳入社会保险体系中的公民正在不断增多,国家进行的每一次养老金待遇调整也都引发了社会的强烈关心。从以上分析来看,公民的养老金权益具有宪法地位上的保护意义、与公众利益紧密相关、具备相当程度的复杂性和争议性,需要适用较高的规范密度对其进行保护,所以养老金权益应该被纳入“重要保留”的范围,立法者不能对参保人的养老金随意进行处置,更不用说立法层级更低的其他行政机关了。

总的来说,养老保险的征缴与给付涉及政府与被保险人双方的利益,如果对养老金权益进行调整的权利由政府掌握,则面临未经合法程序随意限制被保险人合法利益的风险,这是对公民财产权的侵犯。一方面,给被保险人增加权益负担的调整行为若不适用法律保留原则,则很有可能导致其养老金权益被不合理限缩;另一方面,即便是上调被保险人的养老待遇,若不适用法律保留原则进行科学的判断和精算,也有可能给养老保险基金带来风险,进而影响后期的待遇给付。综上所述,国家对参保人的养老金权益应该进行较高立法层面的保护,其适用法律保留原则有深刻的理论依据。

(三)其他国家养老金不利调整的法律实践层面

从世界范围内看,为了应对老龄化背景下的养老金支付危机,许多国家都进行了养老保险体制改革,改革的目标主要是实现从现收现付式的社会统筹体制向以个人账户为基础并规定有最低限额保障的基金制转变。[1] 在这个转变过程中，公民的养老金权益难免会受到不同程度的限缩，但域外多数发达国家和地区都普遍将公民的养老金权益纳入财产权的保护范围，对公民养老金权益的限缩要限制在"法律"保留的范围之内，似乎也成为各国一致达成的共识。

在德国，最高国家权力归联邦，所以在基本政治制度框架下利用各种可能的手段来形成和推行养老金改革方案的主体是德国联邦立法机构。德国联邦议会和参议院是最高的立法机关，也就是说，除联邦议会外，由州政府代表组成的联邦参议院也参与立法，以保证各州在养老保险立法方面的权益。德国在进行养老金制度改革时，只要涉及对参保人的权益，无论是提高其养老金待遇水平还是为其增加权益上的负担，都是以颁布法案或者修正案的形式进行的。所以，德国在对其公民的养老金权益进行不利调整的过程中，总是法律先行的。

日本在2000年改革中，国会通过了有关年金制度改革的法案，大幅修改缴纳年金保险费和领取养老金的制度。[2] 2004年的改革中，《年金改革相关法案》是由国会通过后正式实施的。2016年的改革中，新《年金功能强化法》在日本参议院全体会议上因自民、公明两个执政党和日本维新会等的多数赞成获得了最终通过。可见，这些与养老金权益相关的历次调整都是由国会以立法的形式进行的。

美国《社会保障法》明确规定了联邦政府与各州政府的权责、受益者应具备的资格，以及社会保障费用的缴纳与管理办法。各级政府仅是社会保障法律文件的执行者，不得逾越法律红线，并受到立法与司法机关的监督。[3] 而国家的社会保障类法律通常是由美国国会通过才得以实施的。在调整形式方面，美国在进行养老金制度改革时始终坚持以法制化建设为保证。1935年《社会保障法》的颁布实施标志着美国社会保障制度的正式确立。它强化

[1] 参见廖志煜：《中国养老保险制度的改革》，载《中山大学学报论丛》2003年第2期。

[2] 参见陈红：《日本养老保险制度的沿革及启示》，载《国际经济合作》2000年第6期。

[3] 参见王楠：《美国社会保障制度的发展经验与启示》，载《中国国情国力》2017年第8期。

了劳动者个人的自我保障意识和社会互助共济观念，奠定了美国社会保障制度的基本法律框架。其社会保障法律以《社会保障法》为总纲，拥有4项养老保险类法律、3项医疗保险类法律、4项失业保险类法律、3项社会福利类法律及住房等具体法律，[1]它们在美国的立法层次都很高。此后，美国政府在推行社会保障事业的过程中，对养老保险类的相关法律经过了数次修改或增补，但是自建立起社会保障法律体系时，始终都是由议会以颁布法案或者修订法案的方式进行的，并以法律的强制力与约束力促成社会保障制度的完善。

第四节　基本养老金权益不利调整之实质限制*

一、养老金的法律属性决定其不利调整应受一定限制

养老金权益分为请求权、期待权和可期待利益。其法律属性无论是作为德国法确认的财产权，还是美国法规定的合同条款权利，[2]以及法国法中关于既得权的内容，[3]已经形成的养老金请求权和期待权都不得由立法机关任意调整。我国宪法中虽然没有确认养老金权益的财产地位，限制国家立法机关对其进行调整，但是在最高人民法院《关于适用〈中华人民共和国民法典〉婚姻家庭编的解释(一)》中确认了养老金请求权的夫妻共同财产地位，明确夫妻双方共同享有。[4] 这表明，我国虽然没有在公法领域确认养老金权益的财产权属性，但在私人关系中，确认了养老金权益的财产属性，要求私人之间变更财产关系时，应当将养老金请求权与其他私人财产一样纳入分割范围。

前面有关基本养老金权益属性的讨论是本节立论的基础。作为宪法上的财产权，养老金权益的不利调整相当于国家对参保人财产权的限制。首先，国家法律进行不利调整需要有合理的理由。养老保险基金的财务状况以

〔1〕 参见王楠：《美国社会保障制度的发展经验与启示》，载《中国国情国力》2017年第8期。

* 武汉大学法学院2017级经济法学硕士研究生周小雨参与了本节资料搜集和部分内容写作。

〔2〕 参见廖元豪：《政府可以违约吗——美国有关削减退休给付宪法争议判决分析》，载《月旦法学杂志》2019年第2期。

〔3〕 参见陈淳文：《既得权变更原则与年金改革》，载《月旦法学杂志》2019年第1期。

〔4〕 参见张荣芳：《新型夫妻共同财产：婚姻期间的养老金权益》，载《法学评论》2018年第2期。

及基金的安全运行和可持续，可以作为调整的理由。其次，国家应当对承受不利调整的参保人给予相应的补偿。从社会保险法的视角，由于养老金请求权的参保人一方已经依法完整地履行了所有义务，该权利已经成就，只是依法律的规定分阶段地行使请求权。该权利的形成条件和内容由法律明确规定。在该权利形成之后，国家通过立法变更养老保险权利的行使条件和内容，特别是对养老金请求权内容作不利变更或者是提高养老金请求权的行使条件时，不应当溯及既往，影响之前的权利义务关系，这也是法不溯及既往的基本要求。养老金期待权和可期待利益与养老金请求权相比，均具有一定的财产属性，养老金期待权的参保人虽然已经参保缴费并达到了领取养老金的最低年限，但还未达到退休年龄，还不能行使请求给付养老金的权利；养老金可期待利益的参保人最低缴费年限和退休年龄两项皆满足。此时，国家的养老保险制度变更和修改，提高养老金请求权行使的条件或者降低养老金的标准，对于参保人因此受到的损失应当给予适当补偿。

二、德国、美国和日本有关养老金权益不利调整的宪法约束

（一）德国养老金权益不利调整的法律应对

最初，德国宪法理论和实务皆不认同公法给付的财产权属性，以避免国家社会福利给付因取得财产权主观公权力的地位，牵制日后国家财政与立法的改革。20 世纪 50 年代学界和实务界对此的质疑渐起。直至 1980 年 2 月 28 日联邦宪法法院判决，始将宪法财产权保障从私法财产权延伸至社会保险所生的公法给付请求权。[1] 由此，从宪法法院的判决开始，养老金权益开始受到德国宪法的保护。德国《基本法》第 14 条[2]规定：(1)保障财产权和继承权。内容与限制由法律规定。(2)财产权负有义务。其行使应同时有利于公共福祉。(3)只有为实现公共福祉才可允许剥夺财产权。德国学界

---

〔1〕 参见孙迺翊：《离婚年金权利分配制度：以德国法为借镜》，载《中正法学集刊》2008 年第 25 期。

〔2〕 参见[德]克里斯托夫·默勒斯：《德国基本法：历史与内容》，赵真译，中国法制出版社 2014 年版，第 155 页。

将对财产权法定干预的方式分为强制征收与财产权内容限制。实务界与学说普遍将社会保险给付删减认定为财产权内容限制的规定，排除征收的适用，对给付额度的删减只是降低权利的给付范围与额度，并未剥夺整体权利。德国法律对于养老金财产权的保护并没有在《基本法》及其他相关立法中明文规定，而是通过宪法法院的司法活动实现的。

在德国，养老金财产权受到宪法法律保护应具备 3 个要件：一是具有私使用性与可支配性；二是基于自己给付；三是以生存保障为目的。[1] 只有符合如此 3 个条件的养老金权益才会受到法律的保护。另外，对于参保人基于自己给付和基于社会连带关系产生的给付，德国联邦宪法法院以此层级式保障作为改革的具体方针，"立法与行政机关可以大刀阔斧地删除社会保险基于连带原则产生的优惠性与次要性给付，保全社会保险对保费义务人的相对给付与基本给付的财政能力"，[2] 从而体现权利保障的比例原则。

（二）美国对养老金权益不利限缩的法律应对

最初，美国联邦及各州法院将养老金福利视为一种"恩惠"（gratuity）或"赠与"（gift），后随着此类案件在各州引发的诉讼，各州法院出现了对此不同的判决和认识。美国联邦最高法院认为，养老金作为一种"递延报酬"，是基于参保人与地方州之间的合同产生的权利（A large number of courts, including the supreme courts of North Dakota, South Carolina, South Dakota, and Washington, have held that public employees have a contractual right to their pension benefits），后来，美国联邦最高法院通过"美国信托公司诉新泽西州案"（United States Trust Co. v. New Jersey）创设了一套规则（首先，法院审查是否存在有效的合同义务；其次，各州的行为是否有损于合同；最后，法院审查损害对于合法和重要的公共目的是不是合理的和必要的）用于判定各州在

---

〔1〕 孙迺翊：《恩给性社会给付没保障？——宪法与行政法角度的分析》，载《月旦法学教室》2007 年第 2 期；钟秉正：《社会法与基本权保障》，台北，元照出版有限公司 2010 年版，第 89 页。

〔2〕 邵惠玲：《社会基本权之法制实践与司法审查》，台北，元照出版有限公司 2016 年版，第 153 页。

修改自己的合同义务时是否违宪。[1] 另外一些州法院认为，养老金是财产权(Connecticut, New Mexico, and Wyoming courts have ruled that their respective retirement systems created property interests in pension benefits)，新墨西哥州甚至在其宪法中规定了养老金的财产权。[2]

由此，对于养老金权益限缩的保护，在美国司法实践中并存3种法律观点：恩惠、合同权利(contractual right)和财产权(property right)。对于恩惠可以由立法机关的自由裁量权所限制、修正、取代、废止或者撤销，目前采此观点的只有阿肯色州、印第安纳州和得克萨斯州，其中，阿肯色州和印第安纳州虽然采取恩惠的观点，但是也区分具体情形。得克萨斯州采传统彻底的"恩惠说"；许多州通过宪法或法定声明明确将他们的养老金计划确定为合同关系，养老金计划创造了单务合同，政府据此合同以递延报酬的形式向退休人员提供退休福利，而对于合同的创建方式、合同成立的时间以及合同保护的客体，各州有所不同；而对于财产权，则受正当程序和征收征用条款的保护。[3]

(三)日本养老金不利调整的法律应对

1. 日本年金受给权的构造和财产权性质

日本将年金请求权称为年金受给权，认为其属于一种基本债权。参保人满足了接受保险给付的要件，如《国民年金法》和《厚生年金保险法》规定的缴费满25年，年龄达到65岁的条件后，还需要申请厚生大臣裁定具体的给付内容。没有经过裁定的年金受给权只停留在抽象性的规定上，经过裁定，这种行政行为的介入才得以具体化。因为年金的给付是按期实现的，年金请

---

[1] Raven Merlau, *The State Giveth and the State Taketh: Constitutional Pension Protections and the Retroactive Removal of Public Pension Tax Exemptions*, 19 Geo. Mason L. Rev. 1229(2012).

[2] *Wyoming and Connecticut Confer Property Rights to Pensions Via Case Law.* See, e. g., Pineman v. Oechslin, 488 A. 2d 803, 810(Conn. 1985); Peterson v. Sweetwater Cnty. Sch. Dist. No. One, 929 P. 2d 525, 531(Wyo. 1996).

[3] Michael B. Jr. Kent, *Public Pension Reform and the Takings Clause*, 4 Belmont L. Rev. 1 (2017).

求权人请求各期的利息、工钱、工资等现实性的各项债权被称为支分债权。[1] 按照时间发展阶段考察年金给付的法保护状态有:第一,未满足给付要件的阶段。此时年金受给权还未发生,基本上存在与年金受给付相关的事实上的期待利益。第二,尽管满足了给付要件,但未经过裁定,作为基本权的受给权虽然发生,但处于年金还不能给付的状态。第三,满足给付要件者申请行政裁定后的阶段,作为基本权的受给付权利现实上处于给付可能的状态,随着各月的到来,作为支分权的年金受给权随时发生。第四,支分权具体发生的时段。[2]

2. 对年金受给权的财产权保障

日本对厚生年金保险进行调整时,遵循法律保留原则与法定程序。以日本2004年的养老金改革为例,日本在进行养老金权益不利调整时需要遵循法定程序。2004年恰逢日本每5年对养老金制度进行重新评估,关于这次养老金改革的工作早在2003年就已着手进行。经过多方论证,2003年11月厚生劳动省公布了《年金保险改革方案》,2004年2月日本内阁会议通过了《年金改革相关法案》,2004年4月28日《年金改革相关法案》在众议院厚生劳动委员会得到认可,2004年5月6日自民党、公明党、民主党就养老金制度改革相关法案修正案达成一致意见,2004年5月11日国会通过该法案,2004年6月11日获参议院通过,养老金法案正式实施。[3] 可见,在调整程序方面,日本对公民养老金权益进行调整也是需要经过多次论证和审查的。

在保护内容方面,日本对不同状态的年金受给权保护方法存在一定的差异。针对第一阶段即将来应获得给付的给付额减低和给付开始的年龄提高等给付抑制措施,因为受给权基本上还未发生,从财产权受侵害的角度讨论该问题比较困难,主要从日本《宪法》第25条有关"健康的、具有文化意义的最低限度生活"之保障的视角考量。根据立法减低给付水平时,一般认为应

---

〔1〕 参见[日]菊池馨实:《关于既裁定年金减低的规范性考察》,载[日]菊池馨实:《社会保障法制的将来构想》,韩君玲译,商务印书馆2018年版,第89~90页。

〔2〕 参见[日]菊池馨实:《关于既裁定年金减低的规范性考察》,载[日]菊池馨实:《社会保障法制的将来构想》,韩君玲译,商务印书馆2018年版,第91页。

〔3〕 参见王伟:《日本公共养老金制度改革评析》,载《日本学刊》2007年第4期。

保证通过国会的民主正当性。从内容看,如果是基于合理性的理由而进行必要的最小限度减低,从根本上给付水平的减低并不违反《宪法》第 25 条的宗旨。[1] 对于年金给付权第二、第三阶段状态的保护,主要适用日本《宪法》第 29 条有关不得侵害财产权的规定。根据通说,日本《宪法》第 29 条第 1 款不得侵犯的财产权,是指包括物权、债权、无形财产权、公法上的权利等在内的,具有财产性价值的所有权利。[2] 即使承认了年金受给权的财产性质,也并不排除年金额降低的合法性,这里需要综合其他因素进行考虑,包括财产权的性质、内容变更的程度,以及所保护的公益性质。[3]

三、我国关于养老金权益不利变更的法律规制措施

(一)相关变更实现法律保留

1. 总体上适用法律的相对保留

从目前的立法实践状况来看,我国法律保留的适用范围采用的是重要性保留理论,即对涉及公共利益或实现人民基本权利之保障的行政行为进行法律保留。我国《宪法》第 13 条规定:"公民的合法的私有财产不受侵犯。国家依照法律规定保护公民的私有财产权和继承权……"这表明,公民的私有财产权是一项宪法性权利,一切具有财产价值的权利都应当受到保护。虽然我国宪法并未将公民财产权明确列入"公民的基本权利"一章,但公民的私有财产权是其他宪法基本权利的基础,是实现自由权的前提条件,公民的私有财产权得不到保障时,个人的其他一切权利都只是空谈。所以,财产权作为公民的一项核心权利,理应受到法律保留原则的保护。然而,作为主观性权利的财产权基本上只是一种由立法确定的权利,与高于立法权力的个人自

---

[1] 参见[日]菊池馨实:《关于既裁定年金减低的规范性考察》,载[日]菊池馨实:《社会保障法制的将来构想》,韩君玲译,商务印书馆 2018 年版,第 92、100 页。

[2] 参见[日]佐藤幸治:《宪法》(第 3 版),青林书院 1995 年版,第 565 页;[日]伊藤正己:《宪法》(第 3 版),弘文堂 1995 年版,第 368 页。转引自[日]菊池馨实:《关于既裁定年金减低的规范性考察》,载[日]菊池馨实:《社会保障法制的将来构想》,韩君玲译,商务印书馆 2018 年版,第 93 页。

[3] 参见[日]菊池馨实:《关于既裁定年金减低的规范性考察》,载[日]菊池馨实:《社会保障法制的将来构想》,韩君玲译,商务印书馆 2018 年版,第 95 页。

由权和政治权利不同。这意味着,在总体上对私人财产权的保护要低于对个人自由权和政治权利的保护。[1] 这一点在我国法律保留原则的立法实践中得到了充分体现。我国《立法法》将公民人身自由权和政治权利纳入了法律绝对保留的范围,而财产权却并未出现在列举条款中。但是,这并不表示立法者可以对公民财产权进行任意处置,虽然还不足以将其纳入法律绝对保留的范围,但以法律的相对保留对其进行保护是该原则的应有之义。而作为一项具有相当财产价值的权利,被保险人的养老金权利也应当适用法律保留原则,关键问题是,如何在该领域适用法律保留和应该适用何种程度的法律保留。

为了维持养老保险制度的运行,维护社会公平以及应对社会经济的变迁等其他目的,国家常有调整养老金政策的必要,但法律的制定程序严格,若国家只要进行养老金的不利调整都要求制定法律,那必然会导致调整效率低下等问题。所以全部保留并不具备现实意义上的可操作性,同时也会对行政自主性和行政效率造成很大的损害,反而不利于相关制度的出台和推行。养老金不利调整的法律保留原则之适用并不意味着所有不利调整的事项均须由立法机关制定法律来进行规制,行政立法的程序不如法律制定的程序复杂,较能保证时效,可以对社会的发展作出迅速地反映。立法机关要将对养老金进行不利调整的权利授权给行政机关,授权机关和被授权机关都必须遵循授权明确性的原则。就养老金的不利调整来说,对于参保人养老金权益的限制,即便不属于“绝对保留”的范畴,也应当是属于“相对保留”的事项,即养老金不利调整的部分事项必须由全国人大及其常委会制定法律进行保留,还有一部分事项可以授权给行政机关进行规定。

2. 具体适用应体现层级性

法律保留原则中的相对保留要求,国家在对公民的养老金权益进行保护时,应对具体调整事项的重要性进行区分,不同重要性的事项应适用不同的规范层级。

---

〔1〕 参见秦前红:《新宪法学》,武汉大学出版社2003年版,第153页。

首先，养老金权益调整的基本制度只能由法律规定。即必须由立法机关即全国人大及其常委会对养老金权益调整的基本制度作出框架性的规定。养老金权益调整的主体、对象、原因、程序、形式等基础性、实质性的事项，属于养老金权益调整基本制度的核心内容，深刻地影响参保人的养老金权益，所以这些内容必须以法律的形式规定下来。

一是调整主体的确定必须有法律依据。对于影响参保人相关权利与义务的事项，原则上应由代表民意的立法机关即全国人大及其常委会作为调整主体，在特殊情况下才可以授权国务院作为调整主体，此外的任何其他主体不得在法律没有授权的情况下对参保人的养老金权益进行调整。从调整范围来看，究竟哪些不利调整属于立法机关的权限范围，哪些属于可以授权国务院进行调整的范围，应当由全国人大及其常委会决定，将必须纳入立法范围的事项通过立法约束加以明确。二是养老金权益进行调整的原因不可随意罗列，到底在哪些情况出现时才能对养老金进行不利调整要以法律条文明确地规定下来，而不是笼统地概括为“为了公共利益”。在调整程序上，进行不利调整时需要立法机关制定详细的规则，有关部门必须严格按照法定程序制定与实施相关措施，以完善程序制度保障。在调整形式上，对公民养老金权益的限制应由立法机关以制定法律的形式进行规制，即便不能由法律作出规定，也必须由全国人大及其常委会明确授权国务院以行政法规的形式作出，而不是以地方政府规章作出，更不能以更低层级的规范性文件作出。

其次，只有《社会保险法》中明文规定的可以进行授权的事项，才可授权相关行政机关进行规定。在判断某项调整措施能否进行授权时，要在《社会保险法》中寻找授权依据，如《社会保险法》第 10 条规定，“……公务员和参照公务员法管理的工作人员养老保险的办法由国务院规定”；第 19 条规定，“个人跨统筹地区就业的，其基本养老保险关系随本人转移，缴费年限累计计算。个人达到法定退休年龄时，基本养老金分段计算、统一支付。具体办法由国务院规定”。只有在《社会保险法》中，由“法律”明文规定可以授权国务院颁布行政法规进行调整的事项才可以授权。

而且，授权应当遵循授权明确性的原则，授权立法应明确授权目的、范围等事项。授权明确性就要求授权的目的、内容、范围、期限、形式、能否转授权以及被授权机关实施授权决策应当遵循的原则等相关事项必须在授权文件中清楚、明确地体现出来,如此,无论是行政机关要制定相关的调整措施,还是参保人要进行养老金权益的救济,或是审查机关要对行政行为进行合法性审查,都能有迹可循。因此,要完善养老金权益调整相关的授权立法,将其规范化、制度化应注意以下几点:一是确定授权主体的资格和授权权限。授权机关只能就自身享有立法权的事项向下授权。二是界定授权的范围,属于必须由最高国家权力机关制定法律的事项不能授权立法。三是授权内容应具体,包括授权目的,授权事项范围,授权立法的形式、效力及适用范围,授权的有效期限,授权的监督方式和相应的监督程序等。总而言之,法律授权给行政机关进行调整并不意味着行政机关可以随意就调整事项进行规定,授权明确性原则也不是要致力完全剥夺行政机关的自由裁量权,而是要通过对授权行为给予恰当的限制,才能在法律保留和行政机关的自由裁量之间达到一个适当的平衡。

最后,对于不涉及实质性内容的技术性、细节性事项可以由行政机关根据具体情况自行规定。技术性、细节性事项的调整或说明并不会直接影响参保人养老金权益的增减,属于各级行政机关在实践过程中遇到的影响较轻微的次要事项,尽管这些问题可能难以避免,但各地产生的问题也不尽相同,有关行政部门也完全可以在不抵触上位法、无授权的情况下自行解决,这些事项的调整可以不受"法律"的规制和保护。实际上,法律也无法对各地面临的技术问题和细节问题进行详细、具体的规定,所以各级行政机关可以根据本地情况,就法律适用过程中出现的某些非实质性问题作出相应规定,这样也有利于行政机关更好地实施相关法律规定,被保险人更全面地理解相关的法律政策。

(二)对权利人的退休金权益不利变更的实质保障

1. 对养老金请求权的保障

当被保险人完成了领取养老金的等待期间并且已经达到了养老金给付年龄后,公法上的财产请求权即完全成就,被保险人得以向养老保险机构请领养老金。基本养老金的功能决定其给付方式是，在参保人退休之后按月提供养老金直至给付事由消失。在养老金给付持续数十年的时间内，国家对养老保险制度的调整不应当影响参保人的既得权利，[1]这也是法律不溯及既往原则的要求。因为参保人的养老金请求权在其达到退休年龄并满足其他给付要件时已经成就，在此之后，修改后新的养老保险法律不应当影响这些已经形成的权利。我国职工基本养老保险制度改革时明确规定的“老人老办法”也正是对这一原则的落实。但是，参保人在传统制度中因为工龄累计形成的残疾津贴和其遗属应享受的遗属津贴，现有的养老保险制度并未明确。残疾津贴和遗属津贴如同退休金一样，不应当随着职工基本养老保险制度的变更而被简单变更或者取消，而应当与基本养老金请求权一样，实现“老人老办法”，以实现职工在旧制度中累积的权益。

其实，养老金请求权与其他领域的请求权一样，既包括实体法的权利，也包括程序法上的权利。[2] 因此，在对公民基本养老金请求权进行保护时，既要重视与养老金请求权相关的实体法的制定，如法定退休年龄、提前退休政策等实体制度的健全和完善，更要注重对养老金请求权程序上权利的保障。正是因为养老金请求权主体之间的不平等性，被保险人在请求公权力机关给付养老金待遇时面临重重困难，正当程序对养老金请求权行使的意义才无比重要，养老金的申领、核实和发放程序以及这些程序的规范性、公开性与制度理性都值得反思。同时，没有诉权保障的请求权是没有意义的请求权，而我国养老金请求权欠缺的更多是诉讼程序上的请求权。[3] 因此，仅赋予被保险人向权力机关“请求”养老金的权利还不够，在权益受到侵害后能够进行有效的司法程序救济也是养老金请求权走向法治必不可少的环节。

2. 对养老金期待利益的保障

期待权作为一项权利，是对未来权利取得的一种期望，因取得了权利的

---

〔1〕 参见陈淳文：《既得权变动原则与年金改革》，载《月旦法学杂志》2019 年第 1 期。

〔2〕 参见郑尚元：《企业员工退休金请求权及权利塑造》，载《清华法学》2009 年第 6 期。

〔3〕 参见郑尚元：《企业员工退休金请求权及权利塑造》，载《清华法学》2009 年第 6 期。

部分要件,从而具有权利性质的法律地位,具有法律保护的合理性与完整性。[1] 作为一种长期性保障,被保险人领取养老金除应满足最低缴费年限外,还需要达到法定的退休年龄。在参保人参保缴费达到法定的最低年限后、届满法定退休年龄之前,其对养老金请求权处于一种期待状态,随着时间的推移,满足退休年龄后,该权利才从期待状态转变为请求权的实际行使状态。

基本养老金期待权的属性与请求权一样,应当受到与请求权相同的保障。实际上,在缴费已经届满15年时,参保人依法已经对养老保险基金享有待遇期待权,随着时间的推移,参保人达到退休领取养老金的年龄后,就可以请求养老金待遇,而不仅限于本人缴纳的个人账户累计额。所以,法律应明确规定养老金期待权的含义以及享受期待权的条件,在期待权随着时间届满而成就时,依法保障参保人的养老金请求权。

3. 对被保险人退保时返还请求权的保障

依据《社会保险法》的规定,个人账户养老金是个人工作期间为退休后养老积蓄的资金,是基本养老保险待遇的重要组成部分,是国家强制提取的,原则上个人自费缴纳的养老保险金,在未缴满15年的情况下是不可以提前支取并退保的。只有以下几种情况才可以申请退保:(1)职工养老保险参保人退休前离境定居并丧失中华人民共和国国籍,本人提出书面申请退保的;(2)未达到法定退休年龄的在职参保人因病或非因工死亡的,遗属申请退保的;(3)工残退休或因工死亡的,本人或遗属申请退保;(4)达到国家规定的退休年龄已在异地按月领取机关事业基本养老金、企业职工基本养老金或城乡居民基本养老金等养老保险待遇的。

但是,在这几种情况下对被保险人保险关系进行清理时,返还的仅仅是职工个人账户中个人缴费的部分,单位缴费的部分则归入社会统筹基金所有,而用人单位缴纳的部分远远多于职工自己缴纳的部分,被保险人相当于损失了大部分的保险费。这种不予退还用人单位缴纳的保费也不予计发待

---

[1] 参见申卫星:《期待权研究导论》,载《清华法学》2002年第1期。

遇的做法，实际上将统筹部分缴费作为“罚没款”处理了，损害了被保险人的大部分养老金权益。[1] 但是国家不退还社会统筹部分的保费并没有任何法律依据，既然这部分人在退保后已经无法获得相应的养老金待遇了，就要在退保时赋予他们对已经缴纳保费的返还请求权，包括个人账户部分和社会统筹账户部分。

〔1〕 参见张荣芳、郭凤郡：《职工双重基本养老保险关系之处理规则》，载《湖北警官学院学报》2018年第4期。

第五章　公职人员退休金调整的法律规则

公职人员的含义，各国的定义范围不同。我国公职人员，是指依照法律法规担任公共职务、行使公共职权、履行公共职能或者提供公共服务的任何人员。[1] 公职人员与国家之间具有特殊的法律关系。为了稳定公职人员队伍，提高国家公共管理的效力，很多国家为公职人员建立特别的基本养老保障，由国家直接为退休公职人员提供退休金。在 2014 年 10 月之前，我国职工养老保险实现双轨制，公职人员未纳入职工基本养老保险体系，单位和个人不缴保险费，在其退休时，由国家财政直接向退休公职人员支付退休金。公职人员退休金制度决定公职人员的退休金性质不同于职工基本养老保险金，国家修改法律对退休金进行不利调整时，其约束基础和约束方式也存在差异。本章讨论的是公职人员在退休时由其所在用人单位直接支付的退休金，该退休金权益的属性问题，以及法律调整的宪法约束问题。本章的结构安排为：首先，讨论公职人员与国家之间的法律关系；其次，介绍美国、德国公职人员基本养老保险金调整的状况及法律约束；最后，以我国被剥夺公职的人员退休金调整问题为视角，讨论我国公职人员退休金的属性及其调整的法律规则。

---

〔1〕 参见刘艳红：《行政犯罪视野下的国家工作人员犯罪》，载《刑法论丛》2008 年第 4 期。

第一节 公职人员与国家之间的法律关系*

随着2015年政府机关和事业单位工作人员养老保险待遇的改革,机关和事业单位建立了基本养老保险制度,将社会统筹与个人账户相结合。这项改革实施了"老人老办法"、"新人新办法"以及"中人逐渐过渡"的措施。对于该制度实施之后入职的国家公职人员来说,他们实行与企业职工相同的养老保险制度,其养老保险权益的性质与企业职工无异。而在制度改革之前已经退休的"老人"和改革之前累计了一定服务年限的"中人",其由国家负担的退休金和被视同缴费的退休金权益,其性质为何?国家通过立法调整退休金制度时是否应当遵循一定的宪法规范?为了探明此问题,首先要确定公职人员与国家之间关系的性质。本书所指的"公职人员"一词,是指由国家任命并赋予行使公权力,代表国家行事,由国家财政支付其工资和福利的人。在世界范围内,公职人员的名称和范围不尽相同。本书对公职人员与国家之间关系的研究仅针对公务员与国家之间的关系,其主体仅为公务员与国家。

公职人员和国家的关系问题,在世界范围内存在较大差异,理论基础不同,发展历程亦不同。在美国,关于公职人员与国家之间关系的讨论最初源于公务员被免职而引起的争议,司法实务界以特权论(Privilege doctrine)或称"权利/特权区别说"界定公职人员与国家之间的关系而拒绝对公务员权利给予保护。这一理论是由大法官霍姆斯(Holmes)最初在"McAuliffe v. New Bedford案"[1]中所建立的,并逐渐成形。"权利/特权区别说"就是将权利与特权相区分,前者是受法律保护之利益,后者是国家给予之恩惠。[2] 在此种理论下,公务员所享有的身份以及基于身份所享有的利益是一种特权,国家可以单方剥夺。后来,此种理论受到新财产和新自由理论的挑战,司法实务界以财产和自由为理论基础对公职人员的利益给予保护,国家对公职人

* 武汉大学法学院2017级硕士研究生张岩参与了本节资料搜集和部分内容写作。

〔1〕 155 Mass 216,29 N. E 517(1892).

〔2〕 Van Alstyne, *The Demise of the Right-Privilege Distinction in Constitutional Law*, 81 Harv. L. Rev. 1439(1968).

员权益的限制受到正当程序的约束。公职人员与国家之间的关系亦不再是特权关系,而是一种遵循正当程序的法律关系。在德国、日本等大陆法系国家的法律体系中,公职人员与国家之间的关系性质经历了从特别权力关系到特别法律关系的演进历程。自19世纪德国出现特别权力关系理论以来,它在日本等国家或地区得到了应用和修正。我国对特别权力关系理论的认识比较晚,到20世纪90年代中后期才开始有学者在涉及比较行政法学时提及这一概念。但此时特别权力关系理论已经经过修正和发展。由于我国的立法传统和立法精神与作为大陆法系国家的德国、日本较接近,因此本书对公职人员与国家之间关系的研究亦借鉴此理论。

一、传统理论——特别权力关系

(一)特别权力关系理论的发源——德国

特别权力关系(Das besondere Gewaltverhältnis),又称特别服从关系(Das besondere Sub jektionsverhältnis),是指非一般权力(国家对普通公民的统治权)之间的关系,其中一方,由于合同或其他特殊法律原因,于一定范围内,有权向另一方下达命令,而他方负有服从义务之关系。此与国家基于主权地位对其管辖权所及之一般人民行使公权力不同。[1] 该理论最初产生于德国,其在德国的诞生、壮大是德国古老民族传统与德意志民族团结、国家统一背景下的产物。思想家默塞曾经指出,“每个民族都有它的主要动力。在德意志是服从;在英格兰是自由;在荷兰是贸易;在法兰西是尊君”。[2] 服从是普鲁士官僚制度建立的重要前提,也是德国进行自上而下改革的客观要求。[3] 在德国,特别权力关系理论由德国学者保罗·拉班德(Paul Laband)最早提出,奥托·梅耶(Otto Mayer)在其基础上建立更加完整的理论体系。

作为著名的德国法学家,拉班德(Paul Laband)首先明确提出了特别权

---

〔1〕 参见翁岳生:《行政法与现代法治国家》,台北,祥新印刷有限公司1976年版,第131页。
〔2〕 郭少棠:《权力与自由——德国现代化新论》,华东师范大学出版社2001年版,第14~15页。
〔3〕 参见翁岳生:《行政法与现代法治国家》,台北,祥新印刷有限公司1976年版,第133页。

力关系的概念,从而界定了公务员与国家之间关系的本质。[1] 他指出,在3种情况下,人们对国家负有义务:[2]一是基于私法上的雇佣、委托、承揽契约而发生的。在这种关系中,双方当事人之间的法律地位是平等的,人民有完全独立之人格。二是基于权力关系,这是国家对公民的统治,双方是一种命令与服从的管理关系。三是前两种关系的融合,即关系的产生取决于公民意思自治,一旦成立双方关系便具有权力性,不再是平等法律关系。拉班德认为,公务员与国家之间的关系属于第三种类型,即意思自治和权力关系的结合。双方基于意思自治形成契约后,两者之间的关系则是绝对服从和管理的关系。公务员对国家有特殊的服从、忠诚等义务,国家则负有保护义务和支付商定的养老金的责任。在此种关系中,国家之保护义务比给付俸给、退休金义务更加重要,而公务员的忠诚义务和服从义务则至关重要。拉班德的理论为德国的特别权力关系提供了最原始的理论基础,要求公务员必须以自己的个性和能力献身于国家,并忠诚履行职责。

奥托·梅耶在特别权力关系理论上有更深的发展。他认为,基于国家的权力规则,人民与国家之间存在普通的权力关系,而基于特殊的法律原因,存在另一种特殊的权力关系。这种权力关系中的相对人比一般人处于更加从属的地位。特别权力关系主要类型有:(1)公法上之勤务关系;(2)公法上之营造物利用关系;(3)公法上之特别监督关系。[3] 而公职人员与国家之间的关系即属于公法上之勤务关系,其并非一种法律关系,而是一种强调忠诚、服从和地位附属性的内部化关系。该关系更类似"君臣"关系,公职人员由于其身份及职务与国家的作用休戚与共,其对国家绝对地服从和牺牲,使其能获得国家的特别照顾。[4] 其特征在于,相对人义务具有不确定性,其不像普通公民和国家的关系一般有法律作为义务规定的依据,义务的履行更具预见

---

〔1〕 Paul Laband, Staatsrecht des Deutschen Reiches, 2. Aufl., 1888, S. 416.

〔2〕 P. Laband, a. a. O. S. 406ff. Laband.

〔3〕 参见翁岳生:《行政法与现代法治国家》,台北,祥新印刷有限公司1976年版,第136页。

〔4〕 参见钟秉正:《公教人员保险年金化之相关问题——以社会法学理为中心》,载《财产法及经济法》2012年第31期。

性和确定性。公职人员对国家的义务具有不确定性，即使没有具体的法律根据，为了实现行政目的，国家亦可以行使支配权，对公职人员发出命令，公职人员负有履行在一定范围内的概括义务。奥托·梅耶特别指出，在特殊的权力关系中，依法行政、法律保留等原则不再适用，相对人无权起诉国家的处罚。[1]

（二）特别权力关系理论的继承——日本

任何一种理论的产生、继承和发展都需要与之相契合的文化传统和制度基础。英国、美国、法国、瑞士和其他国家没有特殊的权力关系理论，因为这些国家没有该理论生存的文化土壤和制度基础。[2] 法国的行政法院可以审理一切行政行为产生的争议，包括公务员因自身权益受国家侵害产生的争议，因而其承认公务员的司法救济权。[3] 在美国，直至1946年《联邦程序法》实施后，公务员与国家之间的纠纷与其他案件一样，实行由普通法院管辖一切案件的制度，并适用同样程序与相同法律，因而没有特别的权力关系理论。

第二次世界大战前的日本法律深受德国影响，故德国的特别权力关系理论在日本得以沿用。在日本，一木喜德郎[4]首先提出了特别权力关系理论。其认为，特别权力为权利的一种，其权利的行使并非属于法律行为，其对于义务者行使权利时，也不必以法规为之，而以训令即可。其后，美浓部达吉[5]讨论了这种特殊的权力关系，认为特殊权力关系乃指由于合同或其他特殊法律原因，双方形成权力关系，一方有强制命令权而另一方有服从义务。特别

〔1〕 参见翁岳生：《论特别权力关系之新趋势》，载翁岳生：《行政法与现代法治国家》，台北，祥新印刷有限公司1976年版，第136页。

〔2〕 参见吴小龙、王族臻：《特别权力关系理论与我国的“引进”》，载《法学》2005年第4期。

〔3〕 参见[法]古斯塔夫·佩泽尔：《法国行政法》，廖坤明、周洁译，国家行政学院出版社2002年版，第100~105页。

〔4〕 参见[日]室井力主编：《日本现代行政法》，吴微译，中国政法大学出版社1995年版，第39页。

〔5〕 参见翁岳生：《行政法与现代法治国家》，台北，祥新印刷有限公司1976年版，第138页。

权力关系涵盖6种关系,包括公务员与国家之间的关系。[1] 另有学者和田英夫[2]指出,在特别权力关系中,国家对相对人一方有概括的命令权与惩戒权,行使这些权力无须法律依据,也不允许司法救济。

从历史上看,日本划分不同等级的社会阶层,以"天皇"为国家的最高意志和统治力量,国家要求个人对其绝对服从。在特别权力关系之下,国家与公职人员之间也存在不平等的统治和控制关系。在特别权力关系理论的影响下,日本通过了"陆军恩给令""官吏恩给令",建立恩给制。[3] 恩给制是一种国家对公务员一生恪尽职守的恩惠给付制度。该制度之下,公务员成为由国家"购买"了生命的人,国家则要求公务员一生勤勤恳恳、恪尽职守,为国家工作终生。相应地,国家承担对退休的官吏及其家属的养老金支出,为他们提供生活支持与物质保障作为其工作一生的体恤和恩惠。

二、特别权力关系理论的修正与发展——特别法律关系

(一)特别权力关系理论修正与发展的背景和原因

在特定的历史时期,传统的特别权力关系理论为德国、日本等界定公职人员与国家之间的关系提供了重要的理论依据,但其对公权力的绝对遵从、对基本人权的忽视和对司法救济措施的排斥使其饱受诟病。因而,第二次世界大战结束后,德国和日本的行政学者从德国和日本在战争期间给人民带来的巨大灾难中吸取了教训,对这种特殊的权力关系理论进行了检讨和反思。与此同时,人权观念也在世界各地广泛传播,越来越多的国家在各自的宪法中承认和明确了公民的基本权利。20世纪中叶,与传统特别权力关系理论相悖的"司法国"理论[4]在德国流行起来。所谓司法国理论,是指一切的行

---

[1] 特别权力关系,包括公法上之勤务关系、营造物利用关系、对基于特许而从事国家事务者的特别监督关系(公共团体等)、特别之保护关系(受国家特别保护之事业)、特别监视关系(受刑人等)、公共合作社与社员之关系。公务员与国家间的关系属于公法上之勤务关系。

[2] 参见[日]和田英夫:《现代行政法》,倪建民、潘世圣译,中国广播电视出版社1993年版,第62页。

[3] 参见张凌竹:《日本公务员与私营部门雇员退休金待遇差距之成因分析》,载《东疆学刊》2011年第4期。

[4] 参见陈新民:《中国行政法学原理》,中国政法大学出版社2002年版,第65页。

政权都必须臣服于司法权之下，从而法院应拥有对全部行政机关的决定的审查权限，是为“完全审查论”，传统特别权力关系下所有的行政决定都没有例外。在此背景下，传统特别权力关系理论得到修正和发展。公职人员与国家之间的关系受到法律的调整，成立一种特别的法律关系的观点开始被支持。

（二）德国特别权力关系理论的修正与发展

1. 理论界对特别权力关系理论的修正与发展

“司法国”理论主导了日后对于行政法学传统理论的再思考方向，这些行政法制进步的新观念，都必须归功于那些具有理想主义的公法学者。然而，要全面将司法审查权力扩张到特别权力关系领域内，亦有实质上的困难。若所有行政决定都可以由法院进行审查，不仅法院案件会激增，法院介入行政管理所带来的权力和职能混同问题亦无法解决。[1] 但在“司法国”的背景下，德国也开始反思特别权力关系下的司法救济问题。1949 年，德国制定了《基本法》。[2] 《基本法》对人权原则和法治原则的贯彻，尤其是对基本权利的保护大大冲击了传统的特别权力关系。德国《基本法》关于基本权利的规定意味着公民的基本权利无正当法律依据不受任何国家机关、组织和个人的限制，并且当公共机关非法侵犯公民基本权利时，他们有权提起诉讼。

德国《基本法》的出台使公务员的基本权利受到和普通公民同样的保护，对基本权利的限制应当有法律依据且可进行司法救济。然而公务员的其他权利如何保护，是否允许司法救济？这一点法律没有规定，因而在理论界引起广泛的探讨。关于特别权力关系下的行为是否可以进行诉讼救济有 3 种观点：第一，“否定说”。“否定说”持传统观点，认为特别权力关系是内部权力关系，行政机关在此关系中作的一切行政处分，均不能通过司法程序加以救济。因该观点与《基本法》及德国各邦行政诉讼法的规定相悖，故支持者甚少。第二，“肯定说”。此说认为，无论是否属于特别权力关系，只要该行为违法，便可以进行司法救济，而违法的判断标准在于是否超越或滥用权

---

[1] 参见陈新民：《中国行政法学原理》，中国政法大学出版社 2002 年版，第 65 页。

[2] 该法于 1949 年 5 月 8 日经联邦德国议会审议通过，同月 23 日公布。德国现行《行政法院法》第 40 条第 1 项。

力。第三,“折中说”。此说将特别权力关系进一步区分为外部关系(非履职行为)与内部关系(履职行为),属于外部关系之行政处分,可提起行政诉讼。其中,涉及公务人员身份变更的行为亦属于外部行为,为司法审查之对象。折中主义理论因德国著名公法学家乌勒的理论而闻名,他提出了将特殊的权力关系下的行为二分为“基础关系”和“管理关系”的观点。“基础关系”,是指与公务员身份的产生、变更和消灭直接相关的事项,如公务员被免职等;“管理关系”,是指行政主体为实现行政目的所采取的管理措施,如公务员的工资制度、奖惩制度等。在“基础关系”中,行政主体的行为被视为行政制裁,适用法律保留和司法救济,行政主体在“管理关系”中的行为被视为内部管理行为,不能进行司法救济。上述乌勒之理论提出后,大体为德国多数学者及司法实务界所采纳,成为通说。

作为通说的“二分法”理论避免了对公务员权利的过分限制,主张对不同的行为按照不同性质区别对待,在公务员权利的保障方面有所改善。但这种理论的缺陷在于:只有公务员的身份受影响之行为受到法律保留原则的保护,允许司法救济,但是对于身份行为之外的其他涉及对公务员基本权利的剥夺行为则并未予以规制。在“管理关系”中的一些行为涉及作为基本权的财产权,如剥夺工资福利等,将它排除在司法救济之外,显然是和《基本法》的内容和精神相冲突的。于是,“重要性理论”(Wesentlichkeitstheorie)作为“二分法”理论的补充应运而生。这种理论主张,是否应该适用法律保留原则并允许进行司法救济不应以行为的性质面向进行一体化适用,而应以行为的严重程度作为标准。特别权力关系下的某些行为一旦侵害对个人具有重要性的基本权利,便因其行为的严重性而应允许相对人进行司法救济。这一理论显然比前者更靠近《基本法》的精神。

重要性理论的重要意义在于:承认公民的基本人权应受宪法保障,无论其是否处于特别权力关系,行政机关对相对人基本权利的限制仅可依据法律规定,不得依据国家的行政管理职权。如果行政机关对其公务员的指令或决定涉及侵犯公务员的基本人权,则属于行政处罚,公务员有权要求司法补救。从“二分法”涉及公务员个人身份行为到“重要性理论”对所有公务员的基本权利进行法律保护,受法律保留原则的约束,公务员与国家的关系逐渐走向法治的轨道,受到法律的调整和约束,而不仅仅是一种权力关系。因此,德国学者平特纳认为,特别权力关系理论应转变为特别法律关系理论。[1] 即公务员与国家之间的特别关系不应再仅仅是一种权力关系,而应成为一种法律关系,受到法律上原则和规则的约束和调整。

2. 司法实务界对特别权力关系理论的修正与发展

在《基本法》公布后不久的1950年,以乌勒为代表的德国公法学家提出将特别权力关系下的行为二分,分为"基础关系"和"管理关系"的观点成为通说。而法院有关特别权力关系之行为的判例也与通说保持一致。法院认为,行政机关对于公务员身份的纪律处分应被视为行政处罚,公务员可以向行政法院提起诉讼。[2]

随着"重要性理论"的产生,德国司法实务界亦由"二分法"理论开始向"重要性理论"突破。自1972年3月14日德国联邦宪法法院公布的具有划时代意义的刑事执行案件的判决(Bverf GE33,1)以来,德国司法实务界开始采用"重要性理论"。[3] 尽管这一判决仅针对作为特别权力关系相对人之一的服刑罪犯,认为对其基本通信自由的限制应有法律依据而不能任意为之,但这显然是对"重要性理论"的承认。随后的法院判决进一步通过个案逐渐扩大"重要性理论"的适用范围,特别是扩大到公务员和国家之间的关系。虽然"重要性"标准本身也是模糊的,但它使公务员基本权利面向受到法律的高度关注,使传统的特别权力关系受到法律的约束和调整。

3. 特别法律关系下对公务人员的权利保障

特别法律关系下,公务员与国家的关系是公法关系,其权利义务的内容由法律直接规定。德国为了加强对公务人员的权利保护,于基本法中规定了常业文官制度之沿袭原则,该原则主要形成于魏玛共和国时期,魏玛宪法会

---

〔1〕 参见[德]G. 平特纳:《德国普通行政法》,朱林译,中国政法大学出版社1999年版,第87页。

〔2〕 Otto Bachof, Verfassungsrecht, Verwaltungsrecht, Verfahrensrecht in der Rechtsprechung des Bundesverwaltungsgerichts, 2. Aufl., 1964, S. 216.

〔3〕 参见于安编著:《德国行政法》,清华大学出版社1999年版,第34~36页。

以公务员应得之权利不容侵犯表征公务人员受宪法保障之主观公权力。之后为了保留立法者的较大裁量空间，该条删改为：公务人员之权利应考量常业文官制度沿袭原则予以规范并持续发展，此乃今日德国《基本法》第 33 条第 5 项规定之常业文官制度的结构性保障。结构性保障联结该条第 1 项保障人民服公职权利与义务之公平对待原则、第 2 项功绩原则、[1]第 4 项公务员制度的功能性保留等条款，[2]形成了德国《基本法》文官制度的保障内涵。[3] 沿袭原则要求公务员的权利保障应遵循《基本法》的原则和规定，遵循制度设立的目的，禁止立法者随意补充规定。在该项原则下，对公务员的权利产生了应列入考量和注意义务两种保障层级，界定立法者依其政策任务，形塑公务法制之形成空间。[4] 具有特殊重要性之沿袭原则使立法者产生注意义务，产生立法上的要求，维护常业文官不可侵犯的核心领域，禁止立法者以法令或以基本法常业文官制度永续发展条款为名进行补充规定，并进行结构性的变革。[5] 由此，沿袭原则所确认之常业文官制度性保障，将魏玛宪法保障主观面向的公务人员宪法权利转换为客观宪法秩序应维护的常业文官制度的原则与价值，使对公务员权利的保障遵循统一原则。[6]

在沿袭原则的指导下，法律规定了国家对公务人员进行赡养的义务。国家基于公务关系下公务人员的忠诚义务，要求公务人员全力奉献，并以对等赡养给付平衡其所负责任，主要表现在俸给与退抚制度。[7] 在公务人员老年保障方面，德国公务员之老年保障主要来自公务员退休金，其规范依据为

---

〔1〕 功绩原则：要求公务人员任用与晋升符合公务员特质、能力与贡献。

〔2〕 公务员制度的功能性保留：要求公权力的实行由基于公法职务与忠诚关系之公务人员承担持续性任务。

〔3〕 参见邵惠玲：《社会基本权之法制实践与司法审查》，台北，元照出版有限公司 2016 年版，第 257 页。

〔4〕 BVerfG Beschluβ vom 6. 3. 2007, Az. 2 BvR 556/04, S. 21. 转引自邵惠玲：《社会基本权之法制实践与司法审查》，台北，元照出版有限公司 2016 年版，第 257 页。

〔5〕 Battis, in: Sachs, GG, 5. Aufl., München 2009, Art. 33 Rn. 67. 转引自邵惠玲：《社会基本权之法制实践与司法审查》，台北，元照出版有限公司 2016 年版，第 258 页。

〔6〕 参见邵惠玲：《社会基本权之法制实践与司法审查》，台北，元照出版有限公司 2016 年版，第 256 ~ 258 页。

〔7〕 参见邵惠玲：《社会基本权之法制实践与司法审查》，台北，元照出版有限公司 2016 年版，第 254 ~ 260 页。

《公务员照顾法》(Beamtenversorgungsgesetz),[1]该规范贯彻了特别法律关系理论。按照特别法律关系理论,公务员与国家之间的法律关系成立之后,公务员即享有终身的身份保障。因此,公务人员的退休制度是政府专门为公务员所设立的一种照顾机制。公务员所面临的社会安全问题有别于劳工、农民以及其他社会团体,故德国的社会保险制度将公务人员排除于强制纳保对象之外。德国仅针对公务员之老年风险建立有公务员抚恤制度,而至于疾病、照护、生育以及死亡等风险则由其自行加保,政府再给予保费补助。其理念在于落实公务员法律关系中国家对公务员的抚恤与照顾责任(Alimentations-und Fürsorgepflicht),故亦有别于社会保险是通过团结共同体来分摊风险,以达到社会衡平与保障劳工的目的。[2]

(三)日本特别权力关系理论的修正与发展

1. 理论界对特别权力关系理论的修正与发展

日本对于法治原则是否适用于特别权力关系有3种观点:"否定说"(完全否认传统的法治原则适用于特殊的权力关系)、"肯定说"(完全肯定法治原则适用于特殊的权力关系)和"折中说"(一方面,承认行政机关具有普遍优势和支配权,以达到公法的特定目的,排除法治原则的适用;另一方面,注重人权保障与司法权的运用,适用于法治原则)。"否定说"以美浓部达吉为代表,"肯定说"以矶崎辰五郎与室井力为代表,"折中说"以田中二郎、雄川一郎为代表,占据通说地位的是"折中说"。[3] "肯定说"代表室井力教授认为,特别权力关系理论是19世纪末德国君主立宪制的理论产物,现在必须持强烈的批判态度。而对于公务员与国家之间这种公法上的权力关系,其以日本《宪法》第41条[4]和宪法的基本人权为基础,认为所有公权力都需要有法

[1] 参见钟秉正:《公教人员保险年金化之相关问题——以社会法学理为中心》,载《财产法及经济法》2012年第31期。

[2] 参见钟秉正:《公教人员保险年金化之相关问题——以社会法学理为中心》,载《财产法及经济法》2012年第31期。

[3] 参见翁岳生:《行政法与现代法治国家》,台北,祥新印刷有限公司1976年版,第147~150页。

[4] 1946年11月3日公布,1947年5月3日施行。日本《宪法》第41条规定:"国会是最高国家权力机关,是国家唯一立法机关。"

律依据并适用司法救济，此特殊的权力关系亦不得例外。

2. 司法实务界对特别权力关系理论的修正与发展

日本司法实践对传统特别权力关系的态度也经历了从承认向推翻的转变。第二次世界大战以来，日本最高法院似乎始终采纳特别权力关系的传统理论，只是对过去的见解作部分的修改而已。并认为对于根据法律规定或意思自治进入特别权力关系的相对人来说，出于行政目的，限制其基本权利是不可避免的。如何掌握这种限制的程度取决于具体情况。[1] 另外，日本法院认为，行政机关有自律权，但是要对自律权进行一定程度的限制，超越自律权范围的就构成行政处分，适用法治国家之一般公法原则，符合诉讼的构成要件，公务员可以提起诉讼。一旦构成行政处分，行政机关自由裁量权的大小便只影响处分的合法与违法问题，而不影响是否可以适用诉讼救济。但是究竟何为行政处分，判例仅将涉及公职人员身份的行政行为认定为处分，至于其他特别权力关系内的行为，法院仍然拒绝给予权利保护的机会。[2] 后来，法院对于一般人事行政事项，如涉及公务员作为一般市民之基本权利义务时，仍得作为司法审查之对象。例如，一般行政事项涉及侵害公务人员之财产请求权时，得向法院提起诉讼。另外，职务处分行为也可以获得诉讼救济。[3] 从日本司法判例来看，基本上和德国的基础关系和管理关系相区分理论与重要性理论大体一致，认为符合基础关系和重要性的行政行为可以进行司法救济。

综上，无论是日本的理论界还是实务界，对于特别权力关系均持批判态度，认为特别权力关系已经不符合法治要求，公务员与国家的关系应当是一种法律(公法)关系。虽然承认行政机关的自治权，但是公务员的基本权利和职务处分行为亦受到法律保护。

3. 特别法律关系下对公务人员的权利保障

随着理论界和实务界对特别法律关系理论的探讨，日本对公务人员的权

〔1〕 参见翁岳生：《行政法与现代法治国家》，台北，祥新印刷有限公司 1976 年版，第 150 页。

〔2〕 翁岳生：《行政法与现代法治国家》，台北，祥新印刷有限公司 1976 年版，第 151 页。

〔3〕 翁岳生：《行政法与现代法治国家》，台北，祥新印刷有限公司 1976 年版，第 151 页。

利保障更加注重法治化。日本有关公务员自身的职务保障权、经济(物质)利益权和救济权利的规定是相对完整的。例如,日本《国家公务员法》规定的国家公务员权利大致有以下3种:一是执行职务的身份保障权利,是指基于平等、公开原则,国民均有从事公务而成为公务员、执行国家公务的资格。并且,除法定原因外,国家不得违反其意愿而将其降级、停职或开除。[1] 二是经济(物质)利益权,是指公务员有依法获得工资的权利、领取退职金和退职养老保险金的权利;对于公务员工资制度,日本采取的是公务员工资法定制度。公务员的工资以按照法定标准发放为原则,对优秀公务员则采取定期升级或者特别升级制度作为法定工资的补充,这与我国的法定工资大体无异;对于退休后的老年生活保障,公务员则还享有职务上费用的报销权、领取退职金和享受退职养老保险金的权利。[2] 三是请求救济权,是指一般公务员受到不利处分时有请求救济的权利,有请求就工作条件采取限制措施的权利等。[3] 此外,对于公务员的司法救济权,日本《宪法》也采用一般的概括条款方式。由此可见,日本《宪法》亦概括性地赋予公务员以司法救济权利,对其权利进行相当程度之保护。

三、我国公职人员与国家之间关系的性质

国家对公务员、上级对下级处于管理者地位。[4] 公务员的招用、任命、解雇、考核、职务的变更,甚至工资、生活津贴等的提供,均由主管机关管辖。随着法治的进步,中国颁布了相应的法律来规范公务员的权利和义务。我国《行政诉讼法》第13条第3项规定,行政机关对行政机关工作人员的奖惩、任免等决定属于不可诉的行为。最高人民法院《关于执行〈中华人民共和国行政诉讼

---

〔1〕 日本《国家公务员法》第75条第1款。参见谭宗泽:《公务员法与地方制度法》,台北,元照出版有限公司2003年版,第196页。

〔2〕 日本《国家公务员法》第62条、第63条。参见谭宗泽《公务员法与地方制度法》,台北,元照出版有限公司2003年版,第196页。

〔3〕 日本《国家公务员法》第86条。参见谭宗泽:《公务员法与地方制度法》,台北,元照出版有限公司2003年版,第196页。

〔4〕 参见邓志:《法治视野下特别权力关系问题研究》,武汉大学2010年博士学位论文,第31页。

法〉若干问题的解释》(已失效)第4条作出进一步解释,"'对行政机关工作人员的奖惩、任免等决定',是指行政机关作出的涉及该行政机关公务员权利义务的决定"。上述规定不仅将对行政机关人员的奖惩、任免归类于不可诉行为,并且将所有涉及公务员权利义务的决定都包括进来,如工资的升降、福利待遇等。按照我国《公务员法》第95条的规定,我国公务员对国家的人事处理、处罚决定等不服的,无权依法提起行政诉讼,而只能选择申诉、复议等救济方式。

特别权力关系下的我国对公职人员基本权利的限制,引发学界以及社会公众的诸多探讨。我国公职人员的基本权利因其特别身份而受到行政机关自治权的单方限制。法谚有云:"没有救济则没有权利。"我国公职人员的基本权利在现阶段并不遵循法律保留原则,行政机关可以单方限制其作为普通公民的基本权利,没有司法救济途径。在权利义务方面,我国公务员义务本位的色彩浓厚,行政立法存在重义务规范、轻权利保障的部门立法习惯。

从总体来看,我国绝大多数学者主张借鉴特别法律关系理论,并且改变传统法律规范中体现的特别权力关系色彩。[1] 随着对基本人权保障的呼声不断高涨,法治国家的不断兴起,人民不再被看作国家统治的客体或臣民,人民所享有之公法上的权利开始逐渐被承认。公法权利,系指基于公法(行政法)的规定,人民享有要求国家作为、不作为或容忍,以实现个人利益的权利。[2] 公法上权利的承认除作为行政法体系建构的基本要素外,最重要的意义在于破除过去官尊民卑的陈旧观念,彰显人民在国家中的主体地位,确立人民与行政权之间对等的法律关系。随着公法上权利的提升,保护公务员权利的要求也越来越高。

---

〔1〕 参见陈太清:《特别权力关系与司法审查》,载《河北法学》2005年第5期;杨临宏:《特别权力关系理论研究》,载《法学论坛》2001年第4期;杨海坤、章志远:《中国行政法基本理论研究》,北京大学出版社2004年版,第100页;徐小庆:《论"特别权力关系理论"视角下执政党组织与党员关系》,载《政治学研究》2015年第6期;伍劲松:《论特别权力关系》,载《华南师范大学学报(社会科学版)》2004年第4期;沈寿文:《关于特别权力关系理论的争鸣》,载《云南大学学报(法学版)》2004年第6期;吴万得:《德日两国特别权力关系理论之探讨》,载《政法论坛(中国政法大学学报)》2001年第5期;胡建淼:《"特别权力关系"理论与中国的行政立法——以〈行政诉讼法〉〈国家公务员法〉为例》,载《中国法学》2005年第5期。

〔2〕 参见李建良:《行政法:第十二讲——公法上权利的概念、理论与运用》,载《月旦法学教室》2011年第99期。

在这种公法权利的背景下，对公务员权利保障的要求促使我们反思我国现在的特别权力关系，而在经过研究修正后的特别法律关系的基础上，结合我国制度实际与法治化的要求对其进行吸收。特别法律关系理论承认宪法上的基本原则（如法治国家原则、法律保留原则）可以适用特别法律关系、突破传统内部关系的观念并允许进行司法救济、强调保护个人基本权利等，这些都要求我们彻底检讨旧时的行政法学理论，按照权利保障和依法行政的要求，重新界定公职人员与国家之间关系的性质，建构公职人员与国家之间新的法律关系，使行政日益合法化与合理化。

那么，如何建构新的公务员法律关系？实际上，经过修正的特别法律关系理论为我们建构新的公务员法律关系提供了思路，它也为中国法律制度的设计和公务员权益的保护提供了思路，向特别法律关系改革和转变是我国法治化的应有之义。修正后的特别法律关系要求：首先，如果对相对人基本权利有所限制，应该有法律依据，并适用法律保留原则；其次，按照基础关系和经营关系分离理论和重要性理论，凡涉及相对人权益的重大事项（个人基本权利，如财产权）以及身份受影响的行为，均可进行司法救济；最后，特别的权力关系应当被特别的法律关系所取代，公务员与国家间的关系应被纳入法治范畴。它受制于法律的约束和调整，不能由行政机关的单方面自治来控制。特别法律关系理论具有一定的科学性，我国亦可以借鉴该理论，将公务员与国家的关系纳入法治轨道，受法律的调整和约束。限制相对人基本权利的，应当有法律依据，并遵循法律保留原则；此外，根据基础关系和经营关系分离理论和重要性理论，赋予公务员一定的司法救济权利。[1]

第二节　美国公共部门养老金改革的法律规则*

一、美国公共部门养老金制度的基本情况

美国的养老金制度最早可以追溯到1857年，当时纽约市为因公负伤的

[1] 参见唐祖爱：《论公职人员的权利保护》，载《理论月刊》2006年第9期。

* 武汉大学法学院2017年博士研究生孟现玉参与了本节资料搜集和部分内容写作。

警察提供一次性津贴。此后，美国各州纷纷效仿并建立了自己的制度，覆盖范围扩展至教师。1911 年，马萨诸塞州建立了第一个州级别的制度，对象为一般的政府雇员（除从事教学和公共安全外的雇员）。[1] 1935 年，美国经历了大萧条后，为振兴经济，罗斯福签署颁布了第一个综合性的社会保障立法，即《社会保障法》。此法确定了强制缴纳的养老金制度，并将退休金与工资及缴款相挂钩，其主要针对的是商业和工业部门即私人部门，养老金制度的覆盖范围进一步扩大。到了 20 世纪 60 年代，大部分的州和地方都建立起了养老金制度。随着美国公共雇员的日益增多和私人养老金制度的改革，美国在 1974 年颁布了《雇员退休收入保障法案》（Employee Retirement Income Security Act，ERISA）。在此法案设计之初，公共雇员和私人部门雇员都被纳入其中，但由于种种原因，在正式颁布时，公共雇员被排除在了此法案之外。

美国公共部门养老金制度属于第二支柱，其最早于 1920 年建立，被称为公务员退休金制度（Civil Service Retirement System）。该制度主要针对的是 1984 年以前的公共雇员，并独立于社会保险。作为一个给付确定性的养老金制度（Defined Benefit Plan），[2] 公共雇员退休后的待遇取决于雇员最高 3 年的平均工资和服务年限。1983 年美国《社会保障法修正案》规定，1983 年以后雇佣的联邦雇员需要参与社会保险。为了与社会保险接轨，1986 年，美国国会通过了联邦雇员退休制度（Federal Employee Retirement System），1984 年新进入的公共雇员参与到该制度中，之前的雇员则可以选择公务员退休制度或者该制度。联邦雇员退休制度共有 3 个主要内容：（1）社会保险（social security）；（2）基本退休年金（basic retirement annuity）；（3）节俭储蓄计划（thrift savings plan）。但其不受管理私人部门养老金的《雇员退休收入安全

---

〔1〕 See Alicia H. Munnell, *State and Local Pensions: What Now?*, Washington D. C.: Brookings Institution Press, 2012, p. 12.

〔2〕 美国的养老金制度可以分为两种类型：待遇确定型（Defined Benefit Pension Plan, DB）和缴费确定型（Defined Contribution Plan, DC）。待遇确定型，是指事先确定员工退休后每月可享受的退休金，然后根据基金的运营状况和员工个人的年龄、服务年限等因素，逐年计算出雇主的应缴费额。缴费确定型，是指雇主按照事先确定的缴费比例按月划入员工的个人账户，基金的积累额由数十年间的投资回报率予以决定。参见吕学静编著：《现代各国社会保障制度》，中国劳动社会保障出版社 2006 年版，第 56～57 页。公共部门的养老金大多数属于待遇确定型，近年来逐步向缴费确定型转变。

法案》(Employee Retirement Income Security Act)的监管,而只受《国内税收法》(Internal Revenue Code)的监管。根据联邦雇员退休制度,联邦、州和地方政府与雇员均需按照一定的工资比例缴纳社会保障税。社会保障税由美国财政部国内工资局集中收缴并专项进入美国社会保障署(Social Security Administration)设立的社会保障基金。2016 年,社会保障税税率为雇员工资额的 12.4%,由雇员和雇主各缴纳 50%,即雇员和雇主各缴纳该雇员工资额的 6.2%,且最低缴纳年限为 40 个季度。

二、美国公共部门养老金的法律地位

历史上,美国大多数州都视公共部门养老金(Public Pensions)为退休金,养老金可以被任意修改或撤销。随着社会经济的发展,美国法院逐渐抛弃这种观点,并采取一些措施保护养老金制度中的参保者,主要是赋予养老金一定的法律地位,如合同权、财产权。

(一)恩惠

20 世纪中期以前,大多数州的传统观点是将公共部门的养老金视为"恩惠",也就是说,公职人员所获取的养老保险利益是"来自获得高度评价与慈善的政府的奖励金",其可以被"立法机关修改、修订、废止或者被替代",一切都取决于立法机关的自由裁量权。[1] 在这种观点下,政府可以任意修改公共部门雇员的养老金,而不受宪法或法律的约束。随着养老金改革的步伐推进,养老金制度的任意变更导致现实中的争议频发,州法院开始改变原有观点,转而认为养老金应是一种可受保护的权益,主要有两种观点:"合同条款"和"财产权"。这种转变,或源于各州政策的改变,或是因为州宪法禁止州向个人无偿赠与(在这种情况下,将养老金视为政府的奖励金就是违宪的,政府也不得向个人支付养老金待遇)。[2]

截至目前,美国只有阿肯色州、印第安纳州和得克萨斯州继续认为公共

---

〔1〕 Blough v. Ekstrom, 144 N. E. 2d 436, 440(Ill. App. Ct. 1957).

〔2〕 Amy B. Monahan, *Public Pension Plan Reform: The Legal Framework*, Legal Studies Research Paper Series Research Paper, No. 10－13, 4.

部门的养老金为“恩惠”。但从实践中看，这3个州也在逐渐改变这种观点，阿肯色州和印第安纳州认为，只有强制养老金(Involuntary Plan)即雇员无法自主选择是否缴纳养老保险费的养老金制度，其性质才是“恩惠”。[1] 而得克萨斯州最近对养老金的改革也仅适用于新加入的雇员。

(二)合同条款

美国大多数州都认同公共部门养老金的合同性质，其中一个占据主流的原理是，公共部门养老金创造了一个单边合同，政府通过提供退休权益作为递延报酬(deferred compensation)，雇员则以工作表现作为成立合同的意思表示。美国宪法规定，只要合同成立，合同中的权利和利益就受到保护，任何州都不得损害合同关系。[2]。

衡量公共部门养老金变更是否符合宪法或法律，主要有以下3点考察要素：[3]

(1)合同关系的存在。美国大多数州都支持养老金的合同性质，一些州明确地将该性质写入宪法，或者通过判例或立法肯定该性质，但也有部分州持不同意见。在实践中，如果有争议的立法是模糊不清的，法院可以根据法意和立法背景进行判断，若证据表明立法机关确实创造了合同性权利，且对自身有强制力，那么该合同关系就是存在的。

(2)损害合同的事实。首先应理解合同关系保护哪些养老金利益。在宪法明确养老金合同性质的州，有的州既保护雇员已经得到的利益也保护雇员将来要获得的利益，有的州则只保护雇员已经得到的利益。而在宪法并未明确养老金合同性质的州，有两种观点：持严格合同理论(Strict Contract Theory)的州，如佐治亚州、宾夕法尼亚州，认为不经过参保者同意不能对养老金进行修改；持修正合同理论(Modified Contract Theory)的州，如加利福尼

---

[1] Robinson v. Taylor, 29 S. W. 3d 691, 693 - 94 (Ark. 2000), Ballard v. Bd. of Trustees of Police Pension Fund, 324 N. E. 2d 813, 815 (Ind. 1975).

[2] U. S. Const. Art. I, § 10.

[3] See General Motors Corp. v. Romein, 503 U. S. 181, 186 (1992).

亚州,允许对养老金规定进行合理修改。[1]

(3)损害的结果是实质性的。损害的发生改变了主体之间的合同关系,这种改变侵害的是合同建立的基础,或者是合理信赖的权利。在实践中,通常将养老金总额的减少视为一种实质性损害。

以上3种要素相辅相成,缺少任何一种,对合同的变更都不构成违宪或违法。但同时,美国联邦最高法院还指出,该禁止性条款并不是绝对的,如果修改合同是为了重要的公共利益,且州谨慎使用了统治权的情况下,那么这种修改就是合法的。当修改合同时,审查法院通常要求这种行为是合理且必要的,这种合理性主要体现在确实存在签订合同时未曾料及的情况,必要性体现在:第一,当这种始料未及的情况出现时,没有其他比修改合同损害更少的方式。第二,如果不修改合同,就无法实现目标。[2] 可见,当损害合同的事实发生时,要证明它的合理性与必要性,是一件并不容易的事情。因此,采用合同权也就自然而然地极大限制了各州对养老金的随意改革。

(三)财产权(property)/征用条款(taking clause)

在美国,公共养老金制度在政府和雇员之间建立合同的这一理念并没有被广泛认可,一些州明确拒绝了合同条款的界定,他们认为公共养老金本身是一种财产权利。[3] 如康涅狄格州、新墨西哥州、得克萨斯州等,其原理是公共养老金待遇是由政府承诺给予的、以货币支付的,其具有一定的经济价值,因此可以构成雇员的“财产”。[4]

财产权受联邦宪法第五修正案和第十四修正案的保护,美国宪法规定,非经正当程序与公正的赔偿,私有财产不得被剥夺或征用。也就是我们所说的“征用条款”和“正当程序原则”(due process)。因此,任何对养老金的损

---

〔1〕 See Anna K. Selby, *Pensions in a Pinch: Why Texas Should Reconsider Its Policies on Public Retirement Benefit Protection*, 43 Tex. Tech. L. Rev. 1211, p. 1232 – 1235 (2011).

〔2〕 See U. S. Tr. Co. of N. Y. v. New Jersey, 431 U. S. 1, p. 21 – 30 (1977).

〔3〕 See Pineman v. Oechslin, 488 A. 2d, p. 803, 809 – 810 (Conn. 1985); Spiller v. State, 627 A. 2d, p. 513, 517 n. 12 (Me. 1993); Pierce v. State, 910 P. 2d, p. 288, 301 – 302 (N. M. 1995).

〔4〕 See Buck, Jeremy Stuart, *An Analysis of the Legal Obstacles to State Pension Reform* (2012), Theses and Dissertations, 608, 2.

害都有可能违反宪法中对财产权的规定。

征用条款对于财产权保护有独特的意义,因为征用条款所关注的是法律是否或者在多大程度上干预了个人的财产权,即征用条款旨在法律制度的效果,而不是法律制度所追求的利益。[1] 因此,在征用条款下,即使州有合理的目的,其剥夺或征用私人财产的行为都有可能是违宪的。

在判断公共部门的养老金改革是否触犯了征用条款时,须将焦点集中于3个基本问题:

(1)政府是否征用了私人财产。这里有两个独立要素:一是在征用发生时,权利所有人必须有可被保护的财产权利。在美国,财产权基本都是由法律直接规定的,而大多数州都认同公共部门养老金的合同权或财产权性质。因此,在一般情况下,养老金参保人确实有可被保护的财产权利。二是政府行为确实剥夺了权利所有人的权益。在这一点上,美国认为并非所有影响私人财产的政府行为都需要给予补偿,同时对于何为"剥夺"或"征用"也没有详细的规定。因此在实践中,通常需要财产所有人首先证明其财产被政府强制地侵入或者占有,或者其财产被"完全"征用。例如,法律剥夺了财产所有人的经济收益权。[2] 经过以上环节,如果还得不到解决,那么就需要考虑实质的调查(essentially ad hoc,cvfactual inquiries),即"佩恩标准"(Penn central test),它包括三个方面:一是管制对原告的经济影响;二是管制干涉明显投资回报预期的程度;三是政府行为的性质。[3]

(2)征用是否为了公共目的。这种公共目的应该是为了广泛而普遍的社会或经济问题,这种要求旨在保证国家合法合理地使用其统治权,而不是向特殊利益集团输送利益。

(3)财产所有人是否得到了公正的补偿。一般而言,如果确实征用了财产所有权人的财产,那么其将得到在"财产被占用时的公平市场价值"。[4]

---

[1] See Lingle v. Chevron U. S. A. ,Inc. ,544 U. S. 528,543(2005).

[2] See Michael B. Kent, *Construing the Canon, An Exegesis of Regulatory Takings Jurisprudence After Lingle v. Chevron*,16 N. Y. U. ENVTL. L. J. 63,94 - 101(2008).

[3] See Penn Cent. Transp. Co. v. City of New York,438 U. S. 104,124(1978).

[4] Kirby Forest Indus. ,Inc. v. United States,467 U. S. 1,10(1984).

但怎么确定公平市场价值却是一个难题,如在养老金改革上,参保人应该得到养老金改革前所应得到的养老金总额,然而由于缺乏特殊种类财产的市场,所以应补偿的养老金总额就很难确定了。

正当程序原则有两个组成部分:程序性正当程序原则(procedural due process)和实质性正当程序原则(substantive due process)。程序性正当程序原则,是指当政府要剥夺私人财产时,需经过法定程序并进行公示。此原则主要考察的是政府剥夺财产时的形式,要求比较低,因此很难对政府有所限制。相比而言,实质性正当程序原则的影响更大一些,它要求财产所有人需证明其被宪法保护的权利已经被政府专横地剥夺了。[1] 因此,养老金制度的变更必须合理并与州利益相关。

综上,在美国长期的法律实践下,养老金的法律地位从"恩惠"到"财产权""合同权"逐步转变,这说明了其已经开始注意到保障公共部门养老金计划的重要性。养老金的存在是公共部门雇员长期留在工作岗位上的一项重要原因,基于合理期待和信赖利益,雇员应该拥有他们已经积累的养老金权利,国家可以基于某种公共目的灵活地修改养老金计划,但这种修改不应该是不利益的。

三、美国公共雇员养老金制度的改革类型及法律限制

美国各州的公共雇员养老金都已出现不同程度的资金缺口,为了避免政府预算的紧张,各州都开始对其养老金制度进行改革。例如,仅在 2013 年,美国就有 6 个州对公共雇员养老金制度进行了重大的结构性调整,有十几个州改变了雇员的缴款份额,9 个州降低了生活费用调整。[2] 但在改革过程中,也不断有人指出这些改革或许正在触犯美国宪法或各州立法。据统计,至少有 25 个司法管辖区有关于养老金改革违宪的控诉,包括科罗拉多州、明

---

〔1〕 See Walker v. City of Waterbury, 601 F. Supp. 2d 420, 424(D. Conn. 2009).

〔2〕 See Luke Martel and Anna Petrini, *Pensions and Retirement Plan Enactments in* 2013 *State Legislatures*, National Conference of State Legislatures, Accessed Aug. 15, 2022, http://www.ncsl.org/Portals/1/Documents/fiscal/2013_Pension_and_Retirement_Plan_Enactments.pdf, 1.

尼苏达州、南达科他州、新罕布什尔州、新墨西哥州、马萨诸塞州、佛罗里达州、纽约州、新泽西州和罗得岛州。[1] 针对养老金改革所提出的主张，最主要的是它对合同条款的侵害。合同条款禁止政府通过法律取消合同的义务，而养老金的性质实际上是一项参保人依据合同享有的权利，所以任何减少养老金待遇的行为都是政府一方对合同义务的减损。法院对养老金改革问题有非常广泛的意见，但不同州法院的意见不一。例如，科罗拉多州、明尼苏达州、新泽西州和南达科他州法院支持降低生活成本调整，但亚利桑那州则持反对意见。直至现在，无论是在州一级还是在联邦一级，都没有对养老金改革有比较明确的指导或统一解释。[2] 以下将对美国养老金改革的基本类型及其法律限制进行介绍。

(一)增加养老金的缴费份额及其法律限制

美国公共雇员在参加养老保险时，需要按照工资比例缴纳一定的份额。一些州在对养老金进行改革时，采取提高公共雇员的缴纳比例从而充实基金的方式减小财政压力，这是最直观和简单的一种改革措施。美国部分州如阿肯色州、堪萨斯州、路易斯安那州、明尼苏达州、蒙大拿州、内布拉斯加州等都采取这种方式，但这种改革措施受到了来自联邦宪法或各州立法的限制。

在“辛格等诉托皮卡市案”中，托皮卡市在1945年根据堪萨斯州法律为消防员和警察建立单独的养老金，当时规定的公共雇员缴款份额为月工资的3%。1961年，堪萨斯州公共雇员退休制度(Kansas Public Employees Retirement System，KPERS)成立并实施。1965年，通过立法对该制度进行了修订，建立了针对消防员和警察的雇员退休制度(Kansas Police and Firemen's Retirement System，KP&F)，并规定雇主需要代扣雇员7%的工资以缴纳养老费，1967年1月1日后的新雇员需加入该制度，之前的老雇员可继续留在地方的养老金系统内。1976年，立法再次修订，将地方养老金系统内的消防员和警察的养老金缴纳份额调整至7%。1977年，就此修订法案提起了一项集

[1] See Stuart Buck, *The Legal Ramifications of Public Pension Reform*, 17 Tex. Rev. L. & Pol, 28.

[2] See Stuart Buck, *Pension Litigation Summary*, LJAF Policy Perspective, 2013, 4.

体诉讼请求,原告认为1945年法案所建立起的养老金制度是吸引消防员和警察留在岗位上的重要原因,养老金制度是政府与雇员之间的一项合同,但1976年法案在并未提供其他福利的情况下增加了雇员的缴费,此法案侵害了雇员的合同利益,因此是违宪的。但这次请求并未成功。1978年,托皮卡市撤销了地方养老金系统,并要求所有消防员和警察转入堪萨斯州消防员和警察的雇员退休制度中。于是,雇员们提出了第二次集体诉讼请求,在审理中,堪萨斯州最高法院认为,托皮卡市与消防员和警察之间的养老金为合同性质,立法可以对养老金制度进行合理修改,但必须是在利害相抵的情况下,且没有证据证明托皮卡市的此次修改是为了应对紧急的金融危机或其他危机,因此托皮卡市的做法违反了美国《宪法》第一章及第十四修正案。[1]

2011年,亚利桑那州立法机构提高了公共雇员的养老金缴纳份额,使原由政府和雇员各自缴纳50%的情况变更为政府缴纳47%、雇员缴纳53%。由此招致了公共雇员的不满,亚利桑那州法院认为,此做法违反了州宪法且并非为了重要的公共目的,其宪法规定:"公共养老金制度的性质是合同,受宪法保护,公共雇员退休后的福利不应被减少或损害。"而增加雇员的缴费份额实质上减少了其退休后的福利,是对雇员负担的增加、利益的减损。[2] 另外,马萨诸塞州最高法院认为,立法机构增加了雇员对养老金的缴费份额,但却没有同等地给予这些雇员津贴或其他有利调整,那么这种立法就是始终无效的。[3] 宾夕法尼亚州最高法院认为,提高雇员的缴费份额是违宪的,因为它实际上减少了雇员所应得到的养老金总额,这也就改变了国家的合同义务,使其在继续获得雇员劳动成果的同时减少了其所承诺的给予雇员的劳动报酬。[4]

但是也有一些州持相反意见,如明尼苏达州认为,参保人无论是基于合同权利还是承诺禁反言原则(Promissory Estoppel Theories),都没有缴纳固定

---

〔1〕 See Singer v. City of Topeka, 607 P. 2d 467, 227Kan. 356(1980).

〔2〕 See Amy Monahan, *Understanding the Legal Limits on Public Pension Reform*, American Enterprise Institute, 2013(5), p. 4 – 5.

〔3〕 See DowJones & Co., Inc. v. Superior Court, 303 N. E. 2d 847, 864(Mass. 1974).

〔4〕 See Or. State Police Officers' Ass' n, 918 P. 2d, 775.

缴费份额的权利,并且养老金的缴费份额在以往也都一直处于变化的状态,固定的缴费份额是不现实的,因此增加雇员的缴费份额不违宪。[1] 罗得岛州认为,合同条款并不保障公共雇员的工资调整,其应该取决于立法上的自由裁量权。

(二)改革生活费用调整及其法律限制

为了应对通货膨胀对养老金的影响,美国每年都要对养老金待遇进行调整,以保障退休人员的老年生活。这种调整被称为生活费用调整(cost-of-living adjustments),生活费用调整一般与成本指数相挂钩,最常见的是消费价格指数(consumer price index),即生活费用调整通常是一定时期内城市工薪阶层和文职人员的消费价格指数的增长百分比。生活费用调整对于雇员的养老金本身有很大影响。比如,某人本年应收取的养老金为 3000 美元,生活费用调整为 5%,那么其最终收取的养老金应该为 3150 美元。可见,生活费用调整有很大的作用,但相应地也会增加政府的财政支出。因此,近些年来,多数州在进行养老金改革时,采用改革生活费用调整的方法来减少养老金的总支出,从而减少财政压力,如缅因州、密苏里州、蒙大拿州、内布拉斯加州、新墨西哥州等。其采用的改革方法很多,如降低生活费用调整、改变生活费用调整的计算公式、限制生活费用调整上限、限制生活费用调整的领取条件等。

但这种改革也并非一帆风顺,近些年来有很多关于生活费用调整的诉讼。例如,在"消防员诉洛杉矶市案"中,洛杉矶市在 1971 年通过了一项宪法修正案,取消了 1966 年对警察和消防员养老金的生活费用调整设置 2% 上限的规定,以应对通货膨胀的影响。但在 1982 年,洛杉矶市重新修正了宪法,对警察和消防员养老金的生活费用调整再次设置了 3% 的上限,涉及在职雇员的,不溯及既往,只对以后的生活费用调整生效。此修正案引起了消防员和警察的不满,他们提起上诉。法院在审理中认为,公共雇员所享有的领取养老金的权利是法律应保护的权利之一,养老保险法律应保障养老金不受经

---

〔1〕 See AFSCME Councils 6,14,65 &96 v. Sundquist 338 N. W. 2d 560(Minn. 1983).

济安全的影响,养老金不像其他完全由立法规定的劳动关系那样,它受联邦和州宪法中合同条款的保护。雇员自被雇用开始便享有这种合同权。为养老金的生活费用调整设置上限将降低参保人的生活水平,侵害了参保人的合理期待,是对合同条款的实质损害,因此是违宪的。[1] 该判决与加利福尼亚州法院的认定是一致的。加利福尼亚州法院一贯认为,生活费用调整是养老金待遇的一部分,并自雇员被雇用的第一天起即受到法律保护。自雇员开始工作起,生活费用调整就不能被侵害,法律不仅保护已经产生的生活费用调整利益,而且也保护将来产生的生活费用调整利益。在现行的加利福尼亚州法律下,唯一可以变更生活费用调整的只有一种情况,即有新的利益可以抵消对雇员养老金利益的损害。[2] 类似的,在“布斯诉西姆斯案”中,西弗吉尼亚州公共安全司在 1988 年为退休的公共雇员提供 3.75% 的生活费用调整,但在 1994 年基于基金赤字的担忧,西弗吉尼亚州公共安全司对养老金制度进行了改革,内容为在增加公共雇员缴费份额的基础上将生活费用调整从 3.75% 下降至 2%,这一改革引起了很大争议。西弗吉尼亚州最高法院认为,养老保险基金来自雇员和雇主的共同缴款,其预期是通过基金本身的运作来履行义务,缴款是该基金运作的先决条件,州宪法中也规定了对养老金建立年度预算,因此,养老金是国家的合法债务。公共雇员拥有财产权且其养老金不受侵害,基于信赖利益,这种财产权受到合同条款的保护。因此,最终该州否定了将部队人员的生活费用调整从 3.75% 下调至 2% 的法案。[3] 此外,在“阿里纳诉普罗维登斯案”中,罗得岛州最高法院认为,公共雇员对于生活费用调整有合理的期待,因此降低退休消防员的生活费用调整是违法的。[4]

生活费用调整对退休人员来说有独特的意义,其在一定程度上弥补了通

---

〔1〕 See United Firefighters of Los Angeles City v. City of Los Angeles, 210 Cal. App. 3d 1108 (1984).

〔2〕 See Jennie Herriot-Hatfield, Amy Monahan, Sarah Rosenberg, Bill Tucker, *A Legal Guide to State Pension Reform*, *Education Sector Policy Briefs*, 2012, Accessed Aug. 15, 2022, https://www.air.org/sites/default/files/publications/PensionLegalGuide_RELEASE.pdf.

〔3〕 See Booth v. Sims 456 S. E. 2d 167(W. Va. 1995).

〔4〕 See Arena v. City of Providence 919 A. 2d 379(R. I. 2007).

货膨胀下养老金的贬值，有助于公共雇员老年生活的维持，因此保护生活费用调整也自然成为宪法或法律的任务之一。但是什么样的生活费用调整才是符合实际的，仍是一个值得研究的课题。

（三）延迟退休及其法律限制

延迟退休是美国大多数州所采取的改革措施，如亚拉巴马州、纽约州、加利福尼亚州、明尼苏达州、怀俄明州等。其一方面通过延长雇员的服务年限增加雇员对养老金的总投入，另一方面又缩减了雇员领取养老金的时间，从而减少养老金的支出压力。但延迟退休显然对于即将退休的雇员是不公平的，这意味着其加入养老金制度时所预期的退休年龄落了空，他们可能要工作更长时间才能享受福利，这无疑是一种打击。

延迟退休自然而然也引起了很多诉讼。在“克里斯滕森诉明尼阿波利斯市雇员退休委员会案”中，克里斯滕森于 1951 年开始工作，1966 年缴纳养老金，1974 年辞职离开公共部门。在此期间，他已经工作了 10 年，根据明尼苏达州法律，他有权领取养老金。于是，在 1974 年 1 月，克里斯滕森开始每月领取 355.19 美元的养老金。但 1980 年，明尼苏达州修改了养老金法律，将雇员的退休年龄推迟到了 60 岁。因此，明尼阿波利斯市雇员退休委员会就暂停发放他的养老金，并要求其在 60 岁后，即 12 年后再领取养老金。克里斯滕森认为此修正法案是违宪的，它在缺乏正当程序的情况下剥夺了他的财产，或者是侵害了其雇佣合同。根据是，他工作了 10 年，并在 38 岁退休，但后来他的养老金被停发，原因是当时的退休年龄被提升至 60 岁。明尼苏达州最高法院认为，提高退休年龄并将其适用于已经退休的人员是对合同义务的侵害。[1]

但随着老龄化的增长和预期寿命的增加，延迟退休似乎已成为不可避免的事情，但如何保证新旧员工的公平问题，美国有些州采取了弹性退休方式，即按比例退休。例如，2011 年罗得岛州的改革，其根据雇员的服务年限确定

---

〔1〕 See Christensen v. Minneapolis Municipal Employees Retirement Board, 331 N. W. 2d 740 – 752 (Minn. 1983).

不同的退休年龄。

(四)降低养老金待遇及其法律限制

降低养老金待遇,是指改变公共雇员入职时所给予的养老金福利,其可以直接减少养老金福利的支出,是美国部分州改革公共雇员养老金时采用的一种方法。但该做法是对公共雇员老年生活保障的一种损害,受到来自美国宪法或法律的限制。

在美国新罕布什尔州,法官可以得到其退休当年75%年薪的养老金,但在2003年,州立法机关规定,退休法官的养老待遇不得高于其最后一年年薪的75%,这就意味着退休法官的养老金将不再进行调升,也无法适用生活费用调整,这自然引来了已退休法官们的不满,其认为这种做法触犯了合同权利。在判决中,法院认为,立法机构的做法是对合同权利的实质损害,因为雇员对于政府提供的养老金有合理信赖,法官们认为他们退休时养老金不会有显著改变。[1] 同样的事情也发生在明尼苏达州,该州法律规定,退休法官可以得到其工资的一半,退休后工资调升的按调升后工资予以计算。但随后的法律修改了养老金制度,规定退休法官只能领取其退休当日工资的一半,或者是1967年7月1日工资的一半,以两者最终数额较多的计发。退休法官认为,将其养老金同在职法官工资脱钩使他们的养老金权益受到了侵害,并就此提起诉讼。明尼苏达州最高法院赞同退休法官们的观点,并认为法官出于对国家的信任,领取较低的工资,以在退休时领取到养老金,再加上其同样受到通货膨胀的影响,因此退休法官们理应得到其入职时被承诺给予的养老金。[2]

除直接降低养老金待遇外,还有一些间接降低养老金的方式。例如,在北卡罗来纳州,立法机构通过立法向养老金收税,而最高法院认为雇员的养老金免予缴纳税款,现在立法要限制免税的金额,这将损害雇员的合同权利,同时也是对个人私人财产的剥夺。[3]

总而言之,养老金改革绝不仅仅是简单的经济或政治问题,它更是一个

〔1〕 See Cloutier v. State, 42 A. 3d 816(N. H. ,2012).

〔2〕 See Sylvestre v. Minnesota, 214 N. W. 2d 658 – 666(Minn. 1973).

〔3〕 See Bailey v. North Carolina, 500 S. E. 2d 54, 69(N. C. 1998).

法律问题。在美国,为了解决养老金的赤字问题,缓解财政压力,各州都采取了不同的改革措施,但这些改革措施却遭到了来自宪法或法律的限制,其中,影响最深远的就是对合同义务的违反。因此,在对养老金制度改革之前,立法者应首先在基金安全与法律限制之间进行平衡,以保障改革的顺利进行。

第三节　德国公务员退休金不利调整规则*

一、德国公务员退休金制度

(一)德国公务员制度性保障理论

德国公务员制度起始于普鲁士帝国皇帝威廉一世。1794 年,德国颁布第一部公务员法规——普鲁士各邦通则,确定公务员关系为公法关系,同时规定,公务人员不再是地方官,而是国家的公仆,[1]呈现国家公权力任命、赋予公务人员身份的法律地位。随着公务人员法律地位的提升,德国法学研究由强化公职法律关系转向公务人员保障的角度,开始将私法中的赡养概念运用于公法公职关系。一方面,学理上由公务关系对公务人员的限制,引申出了补偿理论。这个理论最初由 18 世纪末的学者佐伊费特(Seuffert)提出:基于职务与报酬之相互性,主张国家应补偿公务人员因公务关系禁止兼业营利所生之不利益,而以补偿原则作为赡养的正当性基础。[2] 另一方面,考虑到公务人员职务奉献的完全理论,即国家要求并促使公务员以完全人格与劳动力投入公务,这也是国家对公务人员提供赡养的原因。赡养原则在退休前体现为公务人员的俸给,在退休后则表现为国家对公务人员的退抚给付,两者的水平都和公务人员的个人公务奉献密切关联。

现今,德国《基本法》第 33 条第 5 项规定了公务员的制度性保障,第 1 项保障人民服公职权利与义务之公平对待原则,第 2 项功绩原则,[3]第 4 项公

---

* 武汉大学法学院 2018 级经济法学硕士研究生浮文婷参与了本节资料搜集和部分内容写作。

[1] See Beamtentum, http://de. wikipedia. org/wiki/Beamtentum.

[2] See Summer, Beitrage zum Beamtenrecht, Tubingen, 2007, S. 10, 14. 转引自邵惠玲:《社会基本权之法制实践与司法审查》,台北,元照出版有限公司 2016 年版,第 255 页。

[3] 功绩原则,即要求公务人员任用与晋升符合公务员特质、能力与贡献。

务制度的功能性保留,〔1〕共同形成了德国《基本法》公务员制度的保障内涵。所谓制度性保障,是指立法者不得任意以法律侵害制度的核心,如果基于立法政策的考量调整或改变制度内涵时,立法机关应遵循信赖保护原则,对相关利益进行衡量后再作判断。公务员制度性保障主要遵循沿袭原则。德国联邦宪法法院将沿袭原则分为应列入考量和须注意义务两种保障层级,界定立法者依其政策任务,形塑公务法制之形成空间。〔2〕立法者借由须注意义务对公务人员不可侵犯的核心领域权利进行保护,禁止其以法令或基本法公务人员制度永续发展条款为名补充规定,并进行结构性变革。〔3〕由此可见,德国《基本法》第33条通过沿袭原则确认公务员的制度性保障,将魏玛宪法主观面向的公务人员宪法权利,转换为客观宪法秩序应维护的公务人员制度原则与价值;公务关系受宪法保障之内涵,不再只是委由立法权形塑的个人主观法律权利,而是维护宪政体制下公务人员制度原理的立法义务。〔4〕德国宪法层面对公务关系的维护不仅是对公务人员所具各种法律权利的维护,更是对公务人员制度及其基础原理的维护,由个体上升到更高维度的整体层次保障。

综上,德国公务人员的退休抚恤受到公务员的制度性保障,其退抚制度的核心内容即赡养原则不得被立法者肆意变更,纵使需变更也应遵循信赖保护原则及比例原则的要求。

(二)德国公务员退休金制度概述

德国针对公务员老年风险建立有公务员抚恤制度,至于疾病、照顾、生育

---

〔1〕 功能性保留,即要求公权力的实行,由基于公法职务与忠诚关系之公务人员承担持续性任务。

〔2〕 See BVerfG Beschluβvom 6. 3. 2007, Az. 2 BvR 556/04, S. 21. 转引自邵惠玲:《社会基本权之法制实践与司法审查》,台北,元照出版有限公司2016年版,第257页。

〔3〕 See Battis, in: Sachs, GG, 5. Aufl., München 2009, Art. 33 Rn. 67. 转引自邵惠玲:《社会基本权之法制实践与司法审查》,台北,元照出版有限公司2016年版,第258页。

〔4〕 参见邵惠玲:《社会基本权之法制实践与司法审查》,台北,元照出版有限公司2016年版,第258页。

以及死亡等风险则由其自行加保,政府再给予保费补助。[1] 如前所述,德国政府对公务人员的赡养原则在退休后体现为对公务人员的退抚给付,并由此建立起德国公务员的退休金制度,其规范依据为德国《公务员退休金法》。德国公务员退休金制度概述如下。

1. 覆盖范围

德国公务员退休金制度中所提到的国家雇员,即公共部门任职的人员,和我国基本养老保险制度中所提到的公务员不能完全等同。公共部门人员由 3 类不同的群体组成:公务员(终身制)(civil servants)、公共事业工作者(public servants)和军人(soldiers)。[2] 大约只有 1/3 的公共部门人员是终身制的公务员,被覆盖在独立的公务员退休金制度中,由公务员补充法律(《公务员退休金法》)规定。而公共事业工作者和军人则被分别覆盖在法定养老金制度和军人补充法律当中。我们在此讨论的仅仅是被覆盖在独立公务员退休金制度中的公务员。

2. 财务来源

德国公务员在工作期间不需要缴纳保费,其退休金支出纳入国家财政预算,通过税收进行融资。公务员在达到法定条件时会获得退休金。这种退休金是基于赡养原则计发的,即主管部门有义务为公务员及其家庭提供与其职责和职务重要性、一般经济条件和生活水平发展相适应的生计保障。[3] 该义务属于德国《基本法》第 33 条第 5 项规定的公务员制度性保障原则,是以公务员对国家的忠诚关系(如禁止罢工)为基础的,也就是说,公务员非基于劳动合同,而是基于行政性任命而履行其相应职责的。其中,当公务员由于年龄原因解除职务履行义务后,国家向其提供适当的"薪水"是该项支持义

〔1〕 在此须注意社会保险的公办民营特性,公务人员虽然不负担纳保义务,但仍可通过各项民营保险达到保险的目的。参见[德]彼得·克劳哲:《老年安全》,钟秉正译,载《中央警察大学法学论集》2001 年第 6 期。

〔2〕 参见[荷]Matthias Stepan:《德国公务员养老金制度改革——维持独立但使老年人收入更平等》,载《社会保障研究》2012 年第 2 期。

〔3〕 参见德国联邦宪法法院判例:BVerfG, Beschluss vom 17. November 2015 - 2 BvL 19/09 = BVerfGE 140, p. 240 - 316。

务的重要体现形式之一。

3. 领取条件

德国公务员在达到法定退休年龄并满足服务期的要求或丧失劳动能力时方可领取退休金。正常退休的公务员必须至少参加工作 5 年,其法定的退休年龄为 65 岁,对警察、监狱工作人员和专业消防队员来说,60 岁即可退休。2006 年 12 月,德国大联合政府内阁会议通过《德国退休体制改革决议》方案,规定从 2012 年起,德国人退休年龄由 65 岁延至 67 岁。联邦总理、各部部长、各州州长等德国政务官的退休年龄不受法定退休年龄的限制。[1] 基于年龄、身体状态等因素的考量,德国公务员可以申请提前退休。公务员可以在 63 岁时申请提前退休,严重残疾的公务员可以在 60 岁时提出申请,完全丧失劳动能力的,不受年龄限制。

4. 待遇计算

公务员退休金制度和法定养老金制度的共性是待遇水平的计算原则,替代率由服务年限决定。法定养老保险的基数是平均收入,而公务员退休金的基数是与公务水平相关的最新的毛收入(非平均)。待遇水平 = 与公务水平最新相关的毛收入(非平均) × 由服务年限确定的替代率。[2] 公务员工龄满 10 年的,其退休金为最后一个月工资的 35%;工龄满 11 年至 25 年的公务员,在此基础上每增加一年增发原工资的 2%。服务年限达到 26 年及以上的公务员,每超过一年再增发原工资的 1%。工龄不满一年的余数,以 182 天以上计算为一年。公务员每月的退休金数额最高不得超过最后一个月工资的 75%。[3] 也就是说,公务员服务期在 40 年以上时,其能拿到的最高退休金替代率为 75%。2009 年公务员法新条例修正了《关于修订公务员制度和工

---

〔1〕 参见刘碧强:《比较与超越:西方国家公务员退休养老模式与经验借鉴》,载《行政论坛》2013 年第 6 期。

〔2〕 参见[荷]Matthias Stepan:《德国公务员养老金制度改革——维持独立但使老年人收入更平等》,载《社会保障研究》2012 年第 2 期。

〔3〕 参见龙玉其:《不同类型公务员养老保险制度的比较研究——以英国、德国、新加坡为例》,载《保险研究》2012 年第 7 期。

资条例的第五项法案》,将最高退休金替代率封顶为71.5%。[1] 如果公务员在达到法定退休年龄前申请退休,每提前退休一年,退休金减少3.6%,最大削减为10.8%。因公伤残的公务员退休金替代率至少为66.7%。

二、德国公务员退休金制度改革追溯

(一)改革动因

不同于法定养老金,公务员退休金不用缴费,且平均退休金水平较高,其公平性和财政可持续性一直受到公众关注。自20世纪90年代以来,德国公务员退休金经历了大大小小的数次改革,联邦政府在进行公务员退休金改革时主要考量以下因素。

1. 公务员退休金支出增加

不断增长的老年人口给德国养老保障制度带来了挑战,尤其是长期以来德国实行的是现收现付的养老保险制度模式,养老负担愈加沉重。对公务人员来说,其退休金由国家财政负担,相对而言,无疑是一笔巨大的财政支出。

如同世界上所有现收现付的养老金制度一样,德国财政支付模式确立于两个不同世代的群体所建立的隐性"代际合同",而这又取决于一个稳定的人口结构。[2] 全球人口老龄化危机,德国也未能幸免,这主要表现在德国的老年抚养比上。根据联邦统计局的数据,2016年,德国青少年(20岁以下)的比例为18%。工作年龄人口(20~64岁)占60%,老年人(65岁及以上)占21%,大约6%的人口年龄很大,即80岁或以上。[3] 严重老龄化的人口结构使德国养老金的财政压力剧增。

德国的退休公务员数量也在不断增长。自德国统一以来,养老金领取

---

〔1〕 修正后,公务员在全职工作的每一整年都会将个人养老金权利增加1.79375个点数,因此40年后可达到最高值71.75点。

〔2〕 参见刘涛:《德国养老保险制度的改革:重构福利国家的边界》,载《公共行政评论》2014年第6期。

〔3〕 参见Datenreport 2018 Kapitel 1:Bevölkerung und Demografie,p. 14,https://www.destatis.de/DE/Service/Statistik-Campus/Datenreport/Downloads/datenreport-2018-kap-1.html,最后访问日期:2019年12月3日。

者,即退休公务员、法官、职业军人及其幸存者的总人数大幅增加。此外,随之而来的是公务员退休金支出的大幅上涨,根据联邦统计局的数据,2017 年德国联邦公务员退休金税前总支出高达 2,772,450,000 欧元,退休金支出占德国财政支出的比例也在不断升高。[1] 巨大的财政压力让德国政府不得不着手采取相应措施以保证财政的可持续性,在此基础上,方可确保公务员制度的延续。

2. 法定养老保险不断改革

德国养老保险制度是世界上最早建立的养老保险制度,自建立以来,一直在不断改革和完善。公务员退休金制度的有关改革在很大程度上受到法定养老保险制度改革的影响。在法定养老保险的制度改革中,甚至直接包含了一些关于公务员退休金改革的措施,比如在 2001 年里斯特改革中,联邦政府出台政策促进公务员积极参加以基金累积制为基础的个人养老保障制度。德国养老体系的整体趋势逐渐趋向通过理性调整待遇水平以应对人口老龄化背景下的财政负担,公务员退休体系体现出一种待遇缩减的趋势。虽然德国通说认为,以税收支付的公务人员退抚制度属于《基本法》第 33 条公务员制度性保障的范畴,与法定养老保险的宪法基础为《基本法》第 20 条社会国原则不同,二者之间没有跨体系平等的问题。因此,面对人口老龄化压力,不断下调所得替代率以保障一般受雇者的法定养老保险,公务人员退休制度却不受影响。但是,人口老龄化既是社会全体共同的挑战,公务员就没有理由置身事外,公务员退休金制度的改革势在必行。

3. 东、西德统一

东部德国于 1992 年正式并入西部,东部养老保险体制也相应向西部靠拢。[2] 可以说,德国公务员退休金制度的调整和改革主要是在两德统一后,即 20 世纪 90 年代后进行的。两德的统一给公务员退休金制度改革带来的影响有直接层面和间接层面的,都表现为财政支出方面的负担。一方面,需

---

〔1〕 Statistisches Bundesamt:Statistisches Jahrbuch 2018.

〔2〕 参见张萱、朱善文:《德国养老保险体制的改革与启示》,载《劳动保障世界》2008 年第 7 期。

要统一管理原来各自独立的东、西德公务员养老问题，在公务员养老保险待遇方面需要统一，拉平东、西德的公务员养老保险待遇，为新的联邦德国的公务员养老保险待遇支付增加了负担；另一方面，两德统一后，需要对东德进行大量的转移支付，给经济发展增加了负担。[1] 换言之，东部德国和西部德国的合并，直接或间接地给联邦德国带来了财政负担，进而对公务员退休金制度的改革产生了影响。

4. 经济增速放缓

第二次世界大战以后，德国经济飞速发展，为其提供广覆盖、低缴费、高福利的社会保障奠定了良好的物质基础。事实上，当时德国经济的飞速发展也促使政府选择了现收现付的社会保障模式。到 20 世纪 70 年代，石油危机爆发，许多国家陷入了经济发展的困境，德国的发展速度也明显放缓。在经济增速放缓的同时，人口老龄化日益严重且失业率居高不下，政府每年用于社会保障的财政支出压力逐渐增加。在此背景下，德国政府不得不开源节流、减轻财政负担，采取相应措施控制社会保障支出，如提高社会保障缴费率、延长退休年龄、降低社会保障待遇等。德国经济增速放缓也可以说是公务员退休金制度改革的原因之一。

(二) 改革历程

如前所述，公务员退休金制度自 20 世纪 90 年代开始逐步改革，笔者按时间顺序对有关的重大改革作了一个梳理。

1.《公务员制度改革法》(1997 年)

德国在 1997 年 2 月 24 日公布《公务员法改革条例》，于 1997 年 7 月 1 日开始生效。在该条例中，针对公务人员的退抚支出，作出了许多新的规定。首先，将公务员申请自愿退休的年龄，由 62 岁提升为 63 岁，以避免提早退休而增加退休金支出。同时，公务员领取全额退休金需要达到的最长服务年限

[1] 参见龙玉其：《公务员养老保险制度国际比较研究》，社会科学文献出版社 2012 年版，第 123 页。

从35年延长到40年。其次,因不堪胜任职务[1]而申请提前退休的公务员,也须先行审酌其是否有调转至其他职务的可行性后,才可以不堪胜任职务为由,提前退休。以不堪胜任职务为由申请提前退休的公务员,除须具备医师证明外,其退休金也相应削减。公务员每提前退休一年,退休金减少3.6%,但总的减扣不得超过10.8%。最后,公务员在专业养成教育期间(如大学及更高学历进修期间),最长只能计3年退休年资,避免因此泛滥而增加国库退休金之支出。[2]

2. 李斯特计划(2001年)

2001年5月,德国通过以劳工部长李斯特(又译"里斯特")命名的养老金改革法案,对法定养老保险制度进行了全面性改革,同时对公务员养老保险制度进行相应改革。养老金改革法案于2002年1月1日开始生效,其核心在于政府决定在法定养老保险之外建立单独的个人自愿参加的储蓄性养老保险计划,公务员也在其所涵盖的范围当中。受到李斯特养老金改革方案中对法定养老保险替代率调降的影响,德国政府也对联邦公务员及法官的退休所得替代率进行了调降。从2003年开始,在接下来的8年内,公务员退休金增长率每年降低0.5%,退休金的最高替代率从75%降到71.75%。本次改革削减的退休金的50%将被增加到公务员养老储备基金当中,用于未来的公务员养老金支出。[3] 实际上,2001年德国主要对普通职员参加的法定养老保险制度进行了改革,但正如前文所述,近年来法定养老保险制度与公务员养老保险制度的改革表现出一定的同步性,退休所得替代率的调降只是一个开始。面对财政危机和人口老龄化的威胁,公务员群体似乎无法独善其身,其退休金制度的改革如箭在弦上,不得不发。

---

〔1〕 德国公务员法上的不堪胜任职务,是指身体上的残缺或身体上的衰弱或精神上的衰弱致无法持续履行其职务的义务者。

〔2〕 See Vgl. Battis,(Fn. 43),S. 1036. 转引自林明锵:《德国公务员制度之最新变革:兼论我国文官制度的危机》,载《台大法学论丛》2011年第12期。

〔3〕 参见龙玉其:《公务员养老保险制度国际比较研究》,社会科学文献出版社2012年版,第128页。

3.《联邦公务员法》(2009 年)

2009 年,为了解决德国联邦财政的持续扩大赤字,同时确保联邦退抚照顾制度的有效推行以及方便联邦宪法法院作出有关裁判,对于先前公务员退抚照顾的不足及由此引起的关于违反传统职业公务员制度的指责,新的《联邦公务员法》通过部分修正联邦公务员退抚照顾法的规定作出了回应。此次"防卫式"修正的目的主要是将公务员的退抚照顾与法定养老金照顾的程度尽量一致化。首先,延迟公务员退休年龄,凡是在 1964 年以后出生的公务员,其退休年龄延长到 67 岁。其次,缩短大学就读期间可以计入服务期的年限。凡在大学攻读学士学位的公务员,其就读期间可算作服务期的年限最高为 855 天(约 2 年),攻读硕士学位的,最高为 1095 天(约 3 年)。最后,明文规定,由公共部门转往私部门服务的公务员,其在任职公务员期间的退休抚恤年资与待遇,可携带衔接私部门的法定养老保险,即所谓"可携带式的退抚年资"。另外,从 2009 年开始,联邦公务员领取全额养老金的最低服务年限提高到了 45 年。

综观德国公务员退休金制度的改革历程可以看出,联邦政府采取了不少措施对公务员退休金权益进行限制,如延迟退休年龄、降低退休金替代率、调整待遇计发办法等。改革动因在前文论述中已经明晰,但诸限制措施下的法理基础和合理性仍有待进一步探讨。

三、德国公务员退休金不利调整之限制——基于联邦宪法法院判决的分析

(一)2005 年判决:退休金适当性调降之可行

2001 年里斯特改革中,立法者密集修正《公务员退休金法》中的退休金规定,造成公务员退休金自 2002 年年底起 7 年间大幅降低,引发理论与实务界关于立法者是否有权例行调整退休金的争议。德国《基本法》中明确规定对公务员的制度性保障,当政府对退休金替代率进行调降时,是否有违宪之虞?

德国联邦宪法法院于 2005 年对此作出了合宪宣告的判决,即否认立法

者基于《基本法》的公务员制度沿袭原则,没有进行例行退休金调整的权利。针对公务员退休金的保障水平,联邦判决依循实务审查立场,强调适当性原则的抽象标准:立法者规范的退休金请求权,原则上应考量环境变化,确保适当的生活所得;[1]同时,强调《基本法》中的公务员退休金制度性保障并不是退休金固定不变,而是将退休金调降的重点放在其调降的适当性和对退休权益的必要性上。

首先,在具体阐述中,德国联邦宪法法院认为,《基本法》第3条第5项公务员制度固然要求国家应该依照公务人员的职位给予适当的薪资与退休给付,以维持公务员及其家庭的适当生活水准,但并未要求退休金所得替代率必须维持在75%。其次,尽管法定养老保险制度与公务员退休抚恤制度立基于不同的宪法基础,制度功能不同,但法院也承认法定养老保险基于人口结构的考量而降低了给付水准,对于公务员退抚制度具有指标意义,法定养老金改革方案对公务员退抚制度究竟有多少值得采纳之处,属于立法者裁量的范围。联邦宪法法院认为,争议的公务员退抚制度改革并未逾越宪法的裁量界限,也未抵触国家对公务员的照顾义务。最后,关于信赖保护问题,联邦法院明确指出,系争规定属于非真正溯及既往之情形,对于退休金制度从工作时期延伸至退休时期的持续性法律关系来说,退休者对制度固然享有高度的信赖利益,退休金制度本身也必须依当下社会经济条件而随时调整,不可能期待制度固定不变。法院认为,立法者基于联邦政府公务员退休制度的长期支出预估报告,考量国家财政负担能力而调降公务人员退休金所得替代率,乃属于重大公共利益,7年的过渡期间已足以使退休公务人员逐步适应调整,因此认定系争规定并未抵触信赖保护原则。故立法者在不违反退休赡养与养老保险制度结构性差异的前提下,逐年调降公务人员退休金给付率,仍保障71.75%的退休金对工资的替代率,符合适当赡养原则。

此外,法院判决也否认将法定养老金的调降与退休金的过度删减相等

---

〔1〕 See BVerfGE114,258(282). 转引自邵惠玲:《社会基本权之法制实践与司法审查》,台北,元照出版有限公司2016年版,第267页。

同。在德国,普通职员退休所得以法定养老保险给付为基础保障,另外以职业退休制度如企业年金等作为补充。而公务员退休金制度则是国家依据赡养原则提供的完全保障制度,具有基础保险和附加保障的双重功能,不能被公务员参加个人理财或集体保险所生的给付取代。换言之,德国法下公务员退休金水准,对应的是普通职工法定养老金与企业年金所得之和。

综上,面对财政压力对退休金给付的影响,2005 年德国联邦宪法法院的判决强调,立法者在调降退休金水准时必须遵循比例原则。国家财政整顿固然是立法者追求国家利益所为的合法行为,但是无法将其作为调降退休金的正当性基础,仍需平衡公务员权益损失和财政节约必要性之间的关系。2005 年联邦宪法法院最后基于第三方制作的退抚制度报告判决确认了联邦政府节约财政的必要性,同时考虑到退抚制度的永续经营对退休金权益维护有其重要性,肯定立法者调降退抚水准属于合理事由。[1] 值得注意的是,该案判决肯定了退休金受财产权的保障,然而针对退休金给付水准所生权益,应该从信赖保护的观点考量公务人员是否足以适应新法调降后的社会状态,权衡新法对公务人员权益的影响,即退休给付水准不属于财产权保障范围。

（二）2007 年判决:退休金制度基础性变革之禁止

有别于退休金给付水准不受沿袭原则的保障,德国联邦宪法法院遵循公务员最后职位的赡养原则,禁止立法者以财政压力为由,通过修法进行公务员制度的基础性变革。1999 年《公务员退休金法》规定,公务人员退休的最后职位需要在相应职位上受领工资满 3 年,才能被纳入退休金的计算当中。2007 年德国联邦宪法法院判决宣告此规定侵害了德国《基本法》第 33 条公务员制度的结构性保障。立法者以任职最后职位至少 3 年的限制规定降低退休金,必须针对老年退休制度提出合理事由,始能取得正当性。[2] 而最后职务至少任职满 3 年的要求仅仅是延长任期,对缓解财政压

---

〔1〕 参见邵惠玲:《社会基本权之法制实践与司法审查》,台北,元照出版有限公司 2016 年版,第 269 页。

〔2〕 See BVerfG 117,372(388).转引自邵惠玲:《社会基本权之法制实践与司法审查》,台北,元照出版有限公司 2016 年版,第 270 页。

力没有任何作用，故联邦法院判决其不属于合理事由，无法作为限制赡养原则的理由。

联邦宪法法院认为，将最后职务任职的最低时限延长至 3 年不是对最后职位赡养原则的修改，而是根本性改变，这一改变是缺乏宪法基础甚至是违宪的。立法者应遵守的传统公务员原则之一是，退休金按照最后职位的薪酬水平和替代率计算，晋升后职位的承认对于退休金金额的确定至关重要。首先，德国法律理论和实务普遍认为，最后职位认可的标准是公务员在该职位上必须满足最低可持续服务的标准。此前，因考虑到服务期太短将不能使退休人员有机会在晋升后的职位充分履行公务职责这一事实，已将最后职务的最低服务期限延长至 2 年。鉴于公务员是在宪法规定的既定结构原则的基础上获得宪法保障的，因此再进一步延长至 3 年是不合理的。其次，将最后职位服务年限延长至 3 年并不能达到确保公务员有效履行最后职位职责的目的。联邦宪法法院认为，对公务员养老金标准的确定应该考虑其在最后职位上的服务贡献，而不是单纯地考虑受领薪俸的时间长短。即使公务员在达到法定年龄限制前服务不满 3 年，该官员仍有足够的机会有效地履行其公务职责，并为国家和人民谋福利。最后，以社会保险法的任何变化为由来延长最后职务任期至 3 年的调整都是缺少法律依据支撑。公民平均预期寿命的增加并不能构成延长最后职务任期的合理理由，不能将法定养老保险的法律变更类比适用于公务员的最后职位赡养原则，因为法定养老金中没有相应的最后职位任期的规定。[1]

此外，关于联邦政府所主张的公共预算的财政状况、服务与养老金待遇的对称平衡等依据都不能证明将最后职位最低服务时限延长至 3 年的合理性。联邦宪法法院主张，如果公共部门的财政状况本身可以证明降低赡养费水平是合理的，那么立法机关完全可以接受该调整。但是，最后职务至少任职满 3 年的要求仅仅是延长任期，对缓解财政压力无法起到预期作用。国家

---

〔1〕 See BVerfG, zum Beschluss des Zweiten Senats vom 20. März 2007 – 2 BvL 11/04 – BVerfGE 61,43.

对公务员养老金标准的调整并不能简单地通过公共部门的经济可能性、政治紧迫性或者实现一般福利国家的原则来衡量。如果以公共财政状况的压力为由，延长公务员最后职位的任期要求，将开启公务员制度不受宪法规制的大门。

综上，有别于对公务员退休金替代率的调降，延长最后职位任期的规定属于公务员退休金制度的基础性变革。2007 年，联邦宪法法院判决，以宪法上公务员最后职位赡养原则为由，否认该基础性变革的合宪性。基于德国《基本法》第 33 条公务员制度的结构性保障，公共财务预算状况、人口结构变化与法定养老金制度的变化都不足以构成公务员退休金制度基础性内容变革的合法性与合理性基础。

经过对两个德国联邦宪法法院相关判决的分析，我们可以得知，德国公务员退休给付水准调整时往往涉及国家对公务人员应负赡养义务的限制，而德国构建起的对公务员退休后基本权的保障制度，表现为法律对公务员制度内涵的干预与审查强度，通过法律呈现对个体基本权的妨害程度。当对退休给付的限制构成了对赡养原则和公务员财产权、平等权等基本权的侵害时，则要求较高强度的审查。同时，由于德国政府对公务人员实行完全的国家保障制度，当政府基于财政压力对公务员养老金给付水准进行调整时，往往要在国家利益和公务人员群体权益之间找到平衡点，对退休金给付水准进行调整的理由也需要具有相应的正当性。对于公务员待遇的调整方式，以及相应的变更都会以法律条文的形式明确规定在成文法中（典型如《公务员保障法》第 4 条至第 15a 条和第 69e 条），法律的修改需要遵循相应的程序性要求。

第四节　合理定性与差别调整：被开除公职者的退休金调整规则*

党的十八大以来，我国以空前的力度严厉打击腐败行为，取得了令人

---

* 本节原载《四川大学学报（哲学社会科学版）》2017 年第 5 期。

瞩目的成效，现行公职人员的退休金制度也在其中发挥了一定程度的作用。公务员正常退休后，享受国家规定的退休金和其他待遇。但是，如果他们在退休前或者退休后，因为违法违纪被开除公职，即无法以公职人员的身份享有相关权利。已经达到退休年龄的，将丧失退休金请领权以及公费医疗保障权；未达到退休年龄的，如果再就业，在公共部门累计的工龄清零，工作年限自重新就业之日起计算。剥夺被开除者的退休待遇或者清除其在公职部门累计的工龄，可以有力地促进公职人员勤勉尽职，保障行政管理活动的机动性和有效性。退休待遇是公职人员退出劳动领域后的基本生存基础，一旦被剥夺，其老年、残疾风险将失去保障。这是否符合宪法关于公民权利保障原则？由此带来新的社会问题如何解决？从本源上看，公职人员退休金的性质是什么？是基本养老保险待遇还是单位提供的退休福利？对之限制或者剥夺的法律原则是什么？近年来，理论界在研究公务员的退出机制时，也关注到公务员非正常退出后的社会保障问题，包括失业保障、医疗保障和养老保障，认识到从公民权保障和社会稳定等方面出发，应当为这部分主体建立一定的养老保障体系，保留参保公务员的原有缴费年限，对未参保者重新按照职工或者居民养老保险制度建立相关保障，进而纳入社会救助体系。[1] 但公职人员退休金的性质问题，并未纳入讨论范围，为被开除者提供养老待遇或者剥夺其退休金，相关规范的法理基础何在，也缺乏系统性分析。本书从退休金的性质出发，论证公职人员的退休待遇既具有职工基本养老保险待遇的属性，又包含公共部门支付的退休福利。对于前者，法律不得对其限制或者剥夺；而退休福利，尽管可以因为公职身份的丧失而被剥夺，但限制或者剥夺的方式必须符合宪法和法律的相关规定。

---

[1] 参见丁近：《为公务员非正常退出提供社保出路》，载《人事天地》2014 年第 4 期。

一、公职人员的退休待遇由惩戒机关处分

(一)剥夺退休待遇是有关主管部门设定并附加在“开除公职”之上的处分

剥夺退休待遇不是我国法律确定的惩戒方式,而是惩戒机关自行设定并给予违法违纪公职人员的一种处分。我国《公务员法》第九章规定了公务员的惩戒制度,明确公职人员违法违纪将受到行政处分。国务院《行政机关公务员处分条例》进一步细化公务员违反纪律或者未履行法定义务时,如何适用相关行政处分。该处分方式包括:警告、记过、记大过、降级、撤职、开除6种类型,剥夺退休待遇或者清除工龄均不在其中。剥夺被开除者退休待遇的依据是原监察部、人社部的内部文件。原监察部《关于对犯错误的已退休国家公务员追究行政纪律责任若干问题的通知》(监发〔2001〕3号)规定,公职人员在退休前被判处有期徒刑以上刑罚的,取消其退休金及其他待遇;原人事部对《关于对离退休的国家公务员所犯错误如何追究其政纪责任的函》的复函(人函〔2001〕27号)和人力资源和社会保障部等四部委《关于公务员被采取强制措施和受行政刑事处罚工资待遇处理有关问题的通知》(人社部发〔2010〕104号)明确规定,退休的公务员在之前或者退休后触犯刑法,被判处有期徒刑以上刑罚的,自判决之日起下月取消其退休费和其他退休待遇。清除被开除公职人员在公共部门累计的工龄,则由新中国成立初期的相关管理文件确定。1955年国务院《关于处理国家机关工作人员退职、退休时计算工作年限的暂行规定》(以下简称《规定》)第8条规定,工作人员受过开除或刑事处分的,应当从重新参加工作之日起计算工作年限。依据该《规定》,内务部发布了《关于工作人员曾受过开除、劳动教养、刑事处分工龄计算问题的复函》(〔59〕内人事福字740号文),其第1条规定,工作人员受过开除处分或者刑事处分的,应当从重新参加工作之日起计算工作年限。这样,公职人员因为违纪被开除公职或者因犯罪而受到刑事处分的,其累计的工龄被彻底清除,既不能作为在公职机关享受待遇的依据,也无法累计到新就业的用人单位工龄中。上述文件一直未宣布作废,至今仍是司法机关处理相关案件

的依据。[1] 另外，原劳动人事部保险福利局《关于解除劳动教养的职工工龄计算问题的复函》（劳人险函〔1984〕15 号）进一步强调，公职人员被开除公职的，应从重新参加工作之日起计算连续工龄。

剥夺退休待遇不是一种独立的行政处分，而是附加在“开除公职”之上的一种后果。“开除公职”作为一种行政处分，是行政主体对公务员违反职务上的义务和纪律所实施的一种惩戒措施。[2] 一般而言，公职人员除严重违纪应受到开除公职的行政处分外，被判处徒刑以上刑罚需要给予羁押的，必须由有关部门依法给予开除公职的行政处分。[3] 对于受到开除处分的公职人员，国务院人事部门和监察部门规定，必须剥夺其退休待遇。这部分人员在达到退休年龄时，失去享受退休待遇的资格；已经退休并开始享受退休待遇，自人民法院判决生效之日起，原退休待遇全部取消。限制或者剥夺被开除公职者的退休金权利，既没有宪法依据，也不是公务员法设定的惩戒方式，而是由国务院有关部门规定的、附加于开除处分之上的一种内部纪律处分。

剥夺公职人员的退休待遇或者清除其累计的工龄，直接后果是：对于已经退休或者接近退休的人员来说，其老年保障完全丧失，既无生活来源也缺乏医疗保障；对于有机会再就业的人员，其老年保障水平也因被清除工龄的长短不同而有不同程序的降低。直至 2015 年 1 月，我国公职人员的养老保障一直通过退休金制度予以实现。这部分人在职时没有参加养老保险、缴纳养老保险费，退休后，以本人退休时的职务工资和基本工资为基数，享受国家规定的月退休金和其他待遇。事业单位和其他社会团体中参照公务员管理的人员和其他公职人员，他们的退休条件和待遇与公务员相同。相关费用由

---

〔1〕 参见（2013）黄浦行初字第 210 号判决，载法意科技，http://www.lawyee.org/Case/Case_Display.asp? ChannelID = 2010100&RID = 2388712。

〔2〕 《行政机关公务员处分条例》第 9 条第 1 款规定，行政机关公务员受开除处分的，自处分决定生效之日起，解除其与单位的人事关系，不得再担任公务员职务。我国《公务员法》设定的公务员范围，除包括行政主体管辖的公务员外，还包括权力机关、司法机关和事业单位及其社会组织内部的工作人员。本书讨论的对象包含了上述公职人员，其用人单位是本书所称的公共部门。

〔3〕 参见《行政机关公务员处分条例》第 17 条规定。

政府通过财政预算全额拨付。[1] 被开除公职者，达到退休年龄的，无法办理退休手续、享受退休待遇；已经办理退休手续的，将失去之后的月退休金请求权和公费医疗待遇请求权。未达到退休年龄，在被开除公职后重新就业的，以企业职工的身份参加基本养老保险缴费，从零开始累计养老保险缴费年限。[2]

（二）处罚设定主体和方式的法律问题

有关主管部门决定其公职人员的劳动条件和待遇的合法性问题，是本书质疑的首要问题之一。公职人员与公共部门之间是一种特殊的劳动关系，其内容不同于私部门的劳动关系由双方协商确定，而是由《宪法》和《公务员法》等法律予以规定的，工资、退休待遇，解除、终止劳动关系的条件和程序等均如此。该劳动关系的终止途径有：退休、正常退职以及非正常解除。开除公职作为一种非正常解除，意指公职部门单方面解除与公职人员的劳动关系，并且无须支付相应的补偿，原因是该劳动者违反了有关法律或者公共部门内部管理纪律，达到了法定的应当开除的条件。与私部门劳动关系解除一样，公共部门劳动关系的解除条件和后果均应当由法律明确规定，作为公职人员雇主的机关和事业单位，只能依法行使解雇权，无权在法律之外对劳动者设定不利后果。我国宪法和法律既未规定被开除公职者其退休待遇也应同时被剥夺，也未规定公职人员退休待遇与其身份不可分离。正好相反，法律明确规定公职人员在正常终结劳动关系，如辞职、调动时，他们在公共部门累计的工龄具有可携带性。[3] 原人事部、人社部属于公职人员的人事主管部门，能否在依法解除劳动关系时，取消其职员法定的退休待遇或者清除其工龄？答案显而易见。监察部门作为行政监督机关，仅负责行政机关及其工作人员和行政机关任命的工作人员的遵纪守法监督工作，其职权除依法对行政机关工作人员给予行政处分外，还包括对其违法所得进行没收、追缴，处分

[1] 参见《公务员法》第79条。

[2] 这部分主体因为“被开除”的不良记录，无法再进入公职人员行业。

[3] 参见原劳动和社会保障部、财政部、原人事部、中央机构编制委员会办公室《关于职工在机关事业单位与企业之间流动时社会保险关系处理意见的通知》（劳社部发〔2001〕13号）第一部分。

被开除公职者的退休待遇并不在其职权范围内。[1] 原人事部、原监察部和人社部既无处分公职人员基本劳动条件和退休待遇的职权,也未获得相关立法的授权,这些部门通过内部公文"函""通知"的形式剥夺被开除公职者的退休待遇,其行为依据和合法性均存在问题。而且,这部分公职人员的退休待遇被剥夺之后,基本生活问题如何解决?我国《宪法》第 45 条关于"中华人民共和国公民在年老、疾病或者丧失劳动能力的情况下,有从国家和社会获得物质帮助的权利"的相关规定又如何实现?

公职人员的有关主管部门在法定的惩戒措施之外另行对违法违纪人员进行处罚,是本书质疑的第二个问题。我国《公务员法》第 15 条明确规定,公务员非因法定事由、非经法定程序,不被处分。而该法第 61 条规定,公务员违法违纪,只能依照该法给予处分。剥夺退休待遇,并不是《公务员法》确定的 6 种惩戒方式之一,而是由惩戒执行主体(国务院主管部门)另行规定的。作为公职人员惩戒制度的执行主体,必须依据法律法规的规定,对违法违纪主体实施惩戒,包括惩戒事由、惩戒形式、惩戒程序均应严格依法,这是公务员权利保障的基本要求,也是我国公务员法确定的基本原则。国务院人事主管部门和监察部门在法律规定的惩戒方式之外,另行设定惩戒方式,没收退休待遇和清除他们在公共部门累计的工龄,显然有违法律规定,不符合其执行机关依法履行职责的要求。

公职人员退休待遇的性质是什么?法律对此应当如何保障?剥夺或者限制应遵循什么原则?下文将从退休待遇的性质入手,论证我国公职人员的退休待遇属于其基本养老保险权利和单位退休福利的复合体。基本养老保险权利,涉及公职人员退出劳动领域后的基本生存和老年风险保障,法律不得无偿予以剥夺。单位退休福利部分,是勤勉敬业者的奖励,违法违纪被开除公职者自然不得享受,从公共管理秩序和政府执行效率的角度也应当如此。即便如此,从惩戒法定的原则出发,退休金的限制和剥夺应当由公务员法予以明确。

---

〔1〕 参见《行政监察条例》第 2 条和第 24 条。

二、公职人员退休待遇的性质：基本养老保险权利与退休福利之融合

(一)公职人员的退休待遇涵盖其基本养老保险权益

我国公职人员的退休待遇是其退出劳动领域后的唯一生活来源。公职人员的养老保障体系,一直秉承家长式的照顾抚恤模式:他们自入职时起,生、老、病、死等社会风险全部由国家负担,正常退出劳动领域后,享受国家全额支付的退休金。作为第一层次的基本养老保障收入,退休金的替代率可以高达80%以上,甚至100%。[1] 在这种保障体系中,国家无须也无力为公职人员再建立第二层次的年金保障,[2]退休待遇是公职人员正常退出劳动领域后的全部生活来源。

公职人员的退休待遇,包含了个人的报酬积累。公职人员自入职起,即与国家成立一种法律关系。他们服从安排、忠于雇主,按照规定提供职务劳动。同时,按照法律规定享受劳动的对价——工资、福利以及退休保障。与企业职工的劳动报酬由市场机制决定不同,公职人员的劳动报酬及其构成、分配时间等要素,皆由公务员法等法律以规范的形式予以确定。国家利用初次分配的机会,将公职人员的收入在工作期间和离开工作岗位(暂时或者永久)之后进行合理分配,一部分以工资和福利的形式于工作期间予以支付,维持公务人员本人及其扶养对象的生活;另一部分留存于国家财政中,待其退休后以退休金的方式按月提供,以保障他们退出劳动领域后的生活。所以,公职人员,特别是高学历、高职务层次的公务员,在职收入可能低于企业的相当人员。[3]

---

〔1〕 参见2006年人事部、财政部《关于机关事业单位离退休人员计发离退休费等问题的实施办法》(国人部发〔2006〕60号)。

〔2〕 我国在20世纪90年代进行企业职工基本养老保险制度改革时,为企业职工建立了基本养老保险和企业年金保险,但该制度直到2015年1月才开始适用于机关事业单位职工。

〔3〕 2009年12月至2010年4月,结合企业薪酬调查,人社部工资司在广东、山西选择9个地市开展了试调查,根据比较方案,课题组对试调查数据进行了整理分析,形成了《公务员与企业相当人员工资水平试调查分析报告》。该报告显示,在其他条件相同的条件下,高学历(本科以上)、高职务(处级及以上)层次人员,公务员工资收入低于企业相当人员,低学历(高中、中专、技校及以下)、低职务(科级及以下)层次人员,公务员工资高于企业相当人员。参见《人社部调查:高职务公务员工资低于企业相当人员》,载新浪财经,http://finance.sina.com.cn/china/20140103/021917828516.shtml。

在机关事业单位工作人员养老保险与企业职工养老保险制度并轨的过程中，国务院决定对机关事业单位工作人员的工资进行适当调整，[1]使其当期工资与企业职工工资一样，能够反映出劳动报酬。只有这样，公职人员才能依据保险原理另行缴纳养老保险费。

在退休制度下，公职人员尽管没有缴纳养老保险费，但他们通过提供劳动、累计工龄，将收入的一部分提供给国家以预防老年风险。因此，一方面，国家肯认公职人员在退休金体制下的工作时间视同缴费，[2]就像企业职工基本养老保险制度建立时，法律确认国有企业职工在企业工作但未缴费年限的养老金利益一样。[3] 另一方面，法律认可公职人员在机关事业单位累计的工龄与企业职工缴纳社会保险费的年限可以互相转换。在机关事业单位工作人员与企业职工的养老保障实现“双轨制”的体系下，公职人员在正常情况下离职转移到企业工作，他们在机关事业单位累计的工龄，将被视同缴纳了社会保险费，不仅作为其养老保险待遇的计算依据，[4]也是其退休后享受医疗保险待遇的基础。正因为退休金是公职人员退出劳动领域后的基本生活来源，是这些主体在职时通过累计工龄留存在用人单位，以便解决其老年和残疾风险的预防资金，与养老保险体系下职工通过缴纳养老保险费、预防老年和残疾风险的养老保险金性质相同。所以，社会法学者将公务人员的退休金制度涵盖在社会预护体系之内。[5]

（二）公职人员的退休待遇包含公共部门为其提供的退休福利

同时，公职人员的退休金也包含公共部门为其提供的退休福利。国家与公务人员之间的关系，被认为一种特别的法律关系，区别于一般雇主与雇员

---

〔1〕 参见国务院办公厅转发人力资源和社会保障部、财政部《关于调整机关事业单位工作人员基本工资标准和增加机关事业单位离退休人员离退休费三个实施方案的通知》（国办发〔2015〕3 号）。

〔2〕 参见国务院《关于机关事业单位工作人员养老保险制度改革的决定》（国发〔2015〕2 号）第四部分。

〔3〕 参见《社会保险法》第 13 条。

〔4〕 参见原劳动和社会保障部、原人事部、财政部等《关于职工在机关事业单位与企业之间流动时社会保险关系处理意见的通知》（劳社部发〔2001〕13 号）。

〔5〕 参见钟秉正：《社会保险法论》（修订二版），台北，三民书局股份有限公司 2012 年版，第 36 页。

之间的劳动关系。在这一关系中,一方面,公务员被认为是人民的公仆,承担特别义务,履行对国家的忠诚和奉献责任,遵循行政体系制定的内部规章;另一方面,国家以优厚的工作待遇和服务条件笼络和吸引公务人员,以回报他们的奉献。据此关系建立的公务员退休和抚恤制度,无须公职人员缴费,由国家以恩给的方式向退休人员提供退休待遇。该制度属于内部化保障,相当于雇主责任。[1] 公职人员的退休待遇在一定程度上是一种身份保障,与劳动关系并存。

首先,从退休金享受条件看,公职人员退休金与其服务于公共部门的时间没有明确的对应关系,只需退休时具有这一身份即可。一般而言,领取养老金需要具备两个要件:年龄和工作年限,即劳动能力状态和缴费时间要求。我国现行的公职人员退休制度,没有要求这部分主体在公共部门服务的最低年限,只规定了累计的工作年限。该工作年限不仅包括在公共部门工作的时间,也包括在其他私部门工作的时间,公职人员只要退休时具备公务员身份就可以享受相关待遇。而同样属于机关事业单位的人员,如果不具备在编公务人员的身份,其享受退休金的工龄条件则是,必须在本单位连续工作满10年。[2] 并且,公职人员的退休待遇与工作年限之间的关联度不强。退休制度虽然规定,公职人员退休金的替代率与工龄具有关联性,但限于几个大的年限段:工作满10年不满15年;工作满15年不满20年;工作20年以上。在每个大年限段,工作时间的长短不影响退休金的多少,因此,工作年限对退休金的替代率影响较小。[3]

其次,公职人员退休金标准由其退休时的职务和级别确定,与其整个工作期间的收入不挂钩。企业职工基本养老保险待遇不仅决定于缴费年限,而且取决于缴费基数,体现出参保人对基金的积累和贡献。公职人员的退休金则不同,完全取决于该主体退休时的职务和级别。

---

〔1〕 参见[德]汉斯·察赫:《福利社会的欧洲设计:察赫社会法文集》,刘冬梅、杨一帆译,北京大学出版社2014年版,第264页。

〔2〕 参见国务院《关于工人退休、退职的暂行办法》(国发〔1978〕104号)。

〔3〕 参见王晓军、乔杨:《我国企业与机关事业单位职工养老待遇差距分析》,载《统计研究》2007年第5期。

最后,公职人员的退休金高于一般职工的养老金。一是因为公职人员退休金的计算基数高。公职人员退休金以其退休时职务工资和级别工资之和为基数。由于他们的职务和级别一般遵循由低到高的晋升序列,在退休时处于最高状态,所以退休时的收入也处于最高水平。事业单位专业人员的考核和评判体系,尽管与公务员不同,但基本上均按照职务和级别划分,并且随着工作时间的累计、工作能力的提升而逐步晋升,退休时达到最高点,相应的职务工资和级别工资在退休时也处于最高状态。企业职工个人养老金水平主要反映其缴费水平,同时受到退休时社会平均工资的影响。[1] 职工个人缴费工资基数,在其职业生涯中会有一个由低到高、再从高而低的变化曲线:青年时期由于工作经验不足,工作绩效相对较低,工资水平相对较低;壮年时期的工作能力最强,工作经验相对丰富,工作绩效最高,工资水平最高;之后,由于身体和年龄方面的限制,工作的绩效会逐步降低,到退休时工资水平可能处于最低状态。而社会平均工资,总体而言,会低于公职人员的收入水平。所以,职工养老金的基数与机关事业单位的公职人员相比,会存在较大差距。二是因为公职人员退休金的替代率大大高于企业职工养老金替代率:我国公职人员的退休金替代率一般在80%以上,工作年限长的,甚至达到90%或者100%,远远高出养老保险制度体系下的企业职工。[2] 我国公职人员的退休金明显高于一般职工,虽然就公职人员整体而言,其受教育的水平高、职业能力强、廉洁奉公要求高,但他们在职时无须缴纳养老保险费,退休后又享受远远丰厚于一般职工的退休待遇。退休金制度的这些设计体现了国家对公职人员的福利待遇,与养老保险制度的个人贡献机制相区别,是国家对公职人员长期奉献于行政管理和公共服务行为的奖励,也是国家维持高效、廉洁公务员队伍的支出。

因此,公职人员的退休待遇既有职工的基本养老保险待遇,也包含用人

---

〔1〕 参见国务院《关于完善企业职工基本养老保险制度的决定》(国发〔2005〕38号)第六部分。

〔2〕 2014年企业退休人员养老金替代率为67.5%。参见人力资源和社会保障部社会保险事业管理中心:《中国社会保险发展年度报告(2014)》,载中国劳动保障新闻网,http://www.clssn.com/html1/report/13/1272-1.htm。

单位支付的退休福利。这种性质决定了法律对公职人员的退休金应当采取不同的限制措施:基本养老保险待遇,涉及本人的缴费和退休后的基本生存问题,具有财产属性和生存保障属性,应当遵循私人财产保护原则和生存保障原则。

三、维持基本生存的财产不得剥夺:基本养老保险权利的限制原则

(一)公职人员基本养老金的形态及财产属性

公职人员的退休金包含了退休职工的基本养老保险金,这部分待遇与养老保险制度体系下职工的基本养老保险待遇,具有相同的权利状态和本质属性。养老保险金作为养老保险待遇,为年老、残疾等永久丧失劳动能力的公民提供收入替代给付,属于一种长期给付。我国《社会保险法》第 16 条第 1 款规定,参加基本养老保险的个人,达到法定退休年龄时累计缴费满 15 年的,按月领取基本养老金。在养老保险关系存续期间,被保险人依法缴纳保险费,在其缴费年限达到法定最低标准且发生保险事故时,保险人给付养老金的条件方才成就,被保险人此时才有权请求给付养老金。被保险人参加养老保险,缴纳养老保险费达到 15 年,但未发生保险事故时,保险人提供养老金给付义务的条件并未成就,此时被保险人请求给付养老金的权利处于期待状态。无论是养老金的请求权还是期待权,均为被保险人依据该特定养老保险关系而享有的权利。至于未累计到最低缴费年限时,被保险人对本人及其雇主缴纳的养老保险费(或者视同缴纳),有权申请转移或者直接退回。养老金权利可分为 3 个阶段:满足等待期间且达到法定给付条件(届满退休年龄或者丧失劳动能力),可以主张养老金请求权;已满足等待期间但尚未达到法定给付年龄,享有养老金期待权;保险开始至满足等待期间之前,具有养老金期待的可能性。[1]

公职人员退休金权利与职工通过缴纳保险费获得养老金的权利相同,当其累计工龄达到领取退休金的基本要求时,只要符合领取退休金关于健康方

---

〔1〕 参见钟秉正:《社会法与基本权保障》,台北,元照出版有限公司 2010 年版,第 122 页。

面或者年龄方面的要求,即有权要求单位支付规定的退休金。当其累计工龄达到了领取退休金的要求,但未满足健康或者年龄条件时,对退休金具有期待的权利。该期待权属于一种附条件成就的权利,条件未成就前权利人不能行使;但当条件成就时就成为现实权利。公职人员累计的工龄未达到法定的最低年限要求时,其退休金权利属于一种期待可能性,权利人虽然不能行使养老金请求权,但可以请求转移或者支取缴纳的保险费。公职人员对退休金享有的这些权利是一种法定请求权,请求权的行使对象是其提供服务的公共部门或者机关,请求权的依据是《公务员法》和其他公职人员退休法。该权利属于公法上的债权,应当属于我国宪法保障的财产权范围。

将养老保险请求权和期待权视为权利人的财产,纳入宪法保护范围,是现代主要市场经济国家和地区的普遍做法。德国联邦宪法法院在 1980 年作出一项标志性判决,肯定被保险人基于社会保险立法所取得的法定年金保险期待权,性质上虽为公法上的给付请求权,但仍受德国《基本法》第 14 条财产权的保障。〔1〕依据德国现行宪法实务的做法,年金请求权与期待权得作为财产权保障标的的要件为:具有财产价值之权利地位;基于自己的给付;具有生存保障的作用。〔2〕美国联邦宪法第十四修正案规定,财产权利受到法律正当程序的保护。在 20 世纪 70 年代以前,正当程序之财产概念的范围相当狭窄,主要包括财产法通常定义的不动产、动产和金钱或者证券。1970 年以后,联邦最高法院基于福利社会的"新财产"概念,极大扩充了正当程序的适用范围。

(二)剥夺或者限制基本养老保险权益应当符合宪法及法律的规定

我国宪法中虽然没有明确规定退休金权利的财产权属性,但最高人民法院已经通过司法解释予以确认。〔3〕对以财产权为核心的宪法基本权利加以

---

〔1〕参见孙迺翊:《社会给付权利之宪法保障与社会政策之形成空间:以德国联邦宪法法院关于年金财产权保障及最低生存权保障之判决为中心》,载《台大法学论丛》2012 年第 2 期。

〔2〕参见钟秉正:《社会法与基本权保障》,台北,元照出版有限公司 2010 年版,第 129 页。

〔3〕参见最高人民法院在 2003 年 12 月 26 日颁布的《关于适用〈中华人民共和国婚姻法〉若干问题的解释(二)》(法释〔2003〕19 号)第 11 条、2011 年 8 月 9 日颁布的《关于适用〈中华人民共和国婚姻法〉若干问题的解释(三)》(法释〔2011〕18 号)第 13 条。

限制,应当以公共利益的需要为前提,并遵循法律保留原则和比例原则。[1]基本养老金权利既不属于违法所得,也未用于违法违纪行为,即使行为人违反刑法,实施了严重的犯罪行为,其合法财产和生存保障仍然是宪法和法律保障的对象,对之限制或者没收必须符合宪法和法律的规定。我国《宪法》中没有明确私有财产权的限制原则,但第13条规定了国家征收私有财产的条件:为了公共利益的需要,可以依照法律规定对公民私有财产实行征收或者征用并给予补偿。[2]《民法典》第243条和《城市房地产管理法》第6条进一步明确,对公民私有财产实行征收的条件是:征收的目的必须是公共利益,征收的对象是个人的房屋及其他不动产,征收的依据应有明确的法律规定,并给予足额补偿,如果征收个人住宅,还应当保障被征收人的居住条件。退休金请求权或者期待权虽然不属于《民法典》和《城市房地产管理法》规定的可以征收的个人合法财产,但其性质与物权同属财产权的范畴,应遵循相同的保护原则。

首先,法律对退休金权利的限制或者剥夺应当遵循"公共利益"目的。对公共利益的界定,可以参照《国有土地上房屋征收与补偿条例》第8条的规定。剥夺被开除者的退休待遇,在一定程度上可以起到威慑违法违纪者的效果,达到维护行政机关的管理秩序和提高行政管理效率的目的。但这显然不符合国务院界定的公共利益范围。[3]况且,与房地产等物权不同的是,养老金权利属于一种债权,能否限制或者剥夺存在重大疑问。

其次,从比例原则出发,行政管理秩序和效率问题,与公职人员的基本生存相比,其轻重大小清晰可见。我国公职人员的退休金,是其退出劳动领域后的生存保障。国家建立养老保险和退休制度的根本目的在于为公民提供基本老年保障,保障对象包含了所有具有风险保障需求和保障能力的主体,甚至不设置国籍界限,更不包含道德评价。国家若不能确保个人的基本生存

---

〔1〕 参见陈新民:《论宪法人民基本权利的限制》,载陈新民:《德国公法学基础理论》(增订新版·上卷),法律出版社2010年版,第388~437页。

〔2〕 我国《宪法》第13条规定,公民的合法私有财产不受侵犯。国家依照法律规定保护公民的私有财产权和继承权。

〔3〕 参见《国有土地上房屋征收与补偿条例》第8条。

需求，那么国家高权的正当性也会被动摇。因而对于个人生存所必需的财产，国家不得加以征收或者课以负担。[1] 我国对于参加养老保险的涉案职工，明确规定其养老保险权利不因判刑或者劳教而受到影响。[2] 公务人员的社会保险制度并未实施，退休待遇是其在年老、残疾无法提供劳动时的收入替代，而且是单一来源的收入，用以维持这一阶段的基本生存需要。对违法违纪的公职人员来说，作为公民的基本人权仍然属于我国宪法保障的对象，其年老、残疾保障不会因为公务人员身份的丧失而失去，如同参加养老保险制度的职工。否则，被剥夺退休金和其他医疗保障的公职人员，基本生活将无以为继；即使未达到退休年龄，往往因为年龄方面的原因已无力重新积累足够的养老保险缴费年限，从而无权获得养老保险金，其基本生存将受到严重威胁。

无论公职人员的行为违法甚至犯罪，其基本养老金和个人缴费均不会因此而丧失，这也是通例。在美国，无论是联邦政府雇员还是州政府雇员，依照相关法律，因为犯罪而被剥夺的退休金，均限于第二支柱的退休金福利，这部分退休金福利主要由政府或者雇主支付；如果其中包含了个人供款部分，那这部分是可以退回给个人的。而维持基本生活的第一支柱退休金和主要由个人缴费构成的个人退休账户不受影响。[3] 日本的公务员，除享受面向全民的基础养老金外，还有针对公务员这一群体的共济年金。这两种由参保人缴费构成的基础养老金和职业养老金，[4]在公务员丧失身份时均不得剥夺。公务员因为失职或者犯罪而被剥夺的退休待遇，仅限于公务员退休津贴。这部分津贴是政府提供给长期在政府机关工作的公务员的补偿，全部经费源于

---

〔1〕 参见蔡维音：《财产权之保护内涵与释义学结构》，载《成大法学》2006 年第 11 期。

〔2〕 参见 2004 年中央社会治安综合治理委员会等八部委《关于进一步做好刑满释放、解除劳动教养人员促进就业和社会保障工作的意见》（综治委〔2004〕4 号）第 11 条。

〔3〕 参见刘怡斐：《美国联邦政府雇员养老金计划对我国的启示》，载《经济研究参考》2013 年第 59 期；Jack Maskell, *Loss of Federal Pensions for Members of Congress Convicted of Certain Offenses*, Accessed Jan. 15, 2017, www.fas.org/sgp/crs/misc/96 – 530.pdf；State Pension Forfeiture Laws, Accessed Jan. 15, 2017, http://www.governing.com/gov-data/other/state-pension-forfeiture-laws.html。

〔4〕 参见龙玉其：《公务员养老保险制度国际比较研究》，社会科学文献出版社 2012 年版，第 134 ~ 136 页。

财政。[1] 德国公务员的养老金制度与我国基本相似，公务员退休后依据《官员供养法》获得单一体系的退休金。依据《德国联邦公务员惩戒法》的规定，公务员因为渎职受到的惩戒措施中包含了剥夺退休金；并且规定，对于"解除公务员关系的决定生效前公务员退休的，该决定具有剥夺退休金的效力"；但是该法明确规定，剥夺退休金后，公务员在被承诺给予基于补办保险所得养老金之前，可获得退休金 70% 的生活费，期限最长为 6 个月。[2] 法国法规定，公职人员因为辞职、解雇或者撤职而永久离开公共部门，在他们服务时间未届满最低年限时，无权获取公职人员退休金，但他们在公职人员退休制度中的分摊金将被转入社会保险中的养老保险总制度。[3] 对于已经退休的公职人员，原有的法国《文职人员及军人退休金法》(Code des Pensions Civiles et Militaires de Retraite)第 59 条规定，本法的权利人如被撤职、强制退休，将被中止其获得或者享受养老金的权利。2003 年 8 月 21 日第 2003 - 775 号关于退休制度改革的法律(Loi n° 2003 - 775 du 21 août 2003 portant réforme des retraites)第 65 条废除了这一不合理的规定。[4]

基本养老金作为公职人员退休后维持生存的财产，属于我国宪法保障的公民的基本生存权和财产权，不得因为违法违纪而受到剥夺或者限制。现行规范关于公职人员退休金中基本养老保险权利的剥夺或者限制规定，不仅违反了宪法关于公民基本生活保障原则和财产权保障原则，而且破坏了《公务员法》规定的惩戒法定原则。

---

〔1〕 参见郭冬瑞：《从日德两国对涉案公务人员体系之管控检视我国推行相关法制》，载《全国律师》2014 年第 1 期。

〔2〕 参见《德国联邦公务员法　德国联邦公务员惩戒法》，徐久生译，中国方正出版社 2014 年版，第 105 页。

〔3〕 See Retraite d' un ancien fonctionnaire：rétablissement au régime general，Accessed Jan. 15，2017，https：//www. service-public. fr/particuliers/vosdroits/F2095#N100FB.

〔4〕 See Loi n° 2003 - 775 du 21 août 2003 portant réforme des retraites，Accessed Jan. 15，2017，https：//www. legifrance. gouv. fr/affichTexte. do？ cidTexte = JORFTEXT000000781627.

四、经济惩戒的必要性和合法性：剥夺被开除者的退休福利

(一)剥夺违规公职人员退休福利的必要性

公职人员的退休待遇除为其提供年老、残疾保障外,还有一项重要的功能:促进公职人员勤勉、竭力地提供公共服务,奖励其中忠于职守之人。在多层次养老保障体系中,维持老年安全的基本养老金与鼓励员工忠诚、勤勉的职业年金分属于两个不同的体系,不仅资金来源不同,功能作用各异,而且其法律属性、调整原则均不同。基本养老金纳入财产权利保护范围,不得被限制和剥夺。职业年金原则上属于单位为其员工提供的一种给付,与劳动关系相关联。[1]

退休福利相当于多层次养老体系中的职业年金,是公共部门对部分公职人员的奖励和补偿,不能支付给违法违纪人员。政府或者公共部门作为公职人员的雇主,在要求公职人员承担忠诚和勤勉义务的同时,为他们提供更加优厚的保障和待遇,包括退休金和其他福利。这些福利待遇一般在基本养老保险金之外,由用人单位单方面提供,其对价是公职人员忠于职守、勤勉敬业的公共服务。当公职人员未履行这些义务,违反公共纪律或者内部管理规定,甚至犯罪(被开除公职)时,就丧失了请求支付这些待遇的权利。这相当于在私部门劳动关系中,雇员违反劳动合同约定,就应当承担法定或者约定的法律后果。

从公共管理秩序维护的角度,剥夺违法违纪者的退休福利也是非常必要的。公务员惩戒制度作为一种行政责任制度,其功能主要在于维护行政的机动性和合时宜性。[2] 在公务人员的惩戒措施中,包括名誉性惩罚、财产性惩

〔1〕 依据德国企业年金法,作为企业退休给付,是指雇主对其劳工,或者企业主对其他为其工作的人的允诺。在美国的退休计划概念中,同样揭示了退休计划是雇主为了提供其过去或者现在的劳工的退休所得或者延迟所得而创设或者维持的计划。职业年金一般被认为是用人单位为其员工提供的一种福利,与社会保险相比,其被认为是一种内化的解决风险的方式。参见[德]汉斯·察赫:《福利社会的欧洲设计:察赫社会法文集》,刘冬梅、杨一帆译,北京大学出版社 2014 年版,第 344 页。

〔2〕 参见郭冬瑞:《从日德两国对涉案公务人员体系之管控检视我国推行相关法制》,载《中国律师》2014 年第 1 期。

罚和身份性惩罚。开除公职作为最重的一种制裁，属于身份制裁。公职人员因为违法、违纪被开除，相当于雇主针对有过错员工行使单方面的解除权，解除与该公职人员的劳动关系。但该措施对于接近退休或者已经退休，或者决意离职的公职人员来说，可能无法发挥作用，他们可能会尽速办理离职或者退休手续而规避法律关于开除公职的制裁。这时，只有通过经济方面的制裁，包括剥夺退休福利、没收违法所得，甚至给予一定的罚款，方可有效地制裁违法行为，以警示其他人员，达到维护正常行政管理秩序的目的。所以，公职人员严重违反职业纪律甚至违法犯罪，被开除公职之后，应当并处剥夺与其身份相对应的退休福利。

近年来，日本发生多起公务员于其过失行为被发觉时，利用速办退休程序，得以技术性逃避被剥夺或者减少退职金的事情，为了有效地制裁违法者，日本政府遂于2008年年底大幅修改《国家公务人员退职津贴制度》，[1]加大对涉案人员退职金的管控。《德国联邦公务员惩戒法》对离职人员的退休金设定部分或者全部限制支付的机制，使离职公务员的惩戒具有实效。[2] 在"阿尔杰·希斯伪证案"后，美国国会于1954年颁布了《希斯法案》(Hiss Act)，对联邦政府雇员的退休金福利没收作出了规定。《希斯法案》适用于联邦政府所有文职和军职的雇员，包括国会议员和哥伦比亚特区的政府雇员，但对军职雇员的适用具有一定的灵活性，如赋予退伍军人事务部长在给予雇员家属退休金福利上的自由裁量权。[3]

(二)剥夺违规公职人员退休福利的法律规则

即便如此，剥夺或者限制退休福利的形式必须合法。公职人员的退休金权利，属于我国《公务员法》确认的公务员权利，其取得条件、标准，以及限制规则均应当由《公务员法》加以规范，这是宪法关于公民工作权保障的基本要求。同时，剥夺或者限制被开除公职者的退休福利，作为一种惩戒措施必

---

〔1〕 参见郭冬瑞：《从日德两国对涉案公务人员体系之管控检视我国推行相关法制》，载《中国律师》2014年第1期。

〔2〕 参见《德国联邦公务员惩戒法》第5条、第11条及第12条。

〔3〕 Jack Maskell, *Loss of Federal Pensions for Members of Congress Convicted of Certain Offenses*, Accessed Jan. 1, 2017, www.fas.org/sgp/crs/misc/96-530.pdf.

须遵循法律保留原则，也是我国《宪法》和《公务员法》规定的原则。我国《公务员法》第15条明确规定了公务员的权利，强调"非因法定事由、非经法定程序，不被免职、降职、辞退或者处分"；国务院发布的《行政机关公务员处分条例》第3条进一步规定，行政机关公务员依法履行职务的行为受法律保护，非因法定事由，非经法定程序，不受处分。该法所称的"处分"，即行政惩戒。因此，对公职人员的退休福利进行处分或者限制，作为一种行政惩戒措施，必须由《公务员法》加以明确规定，并设定法定的救济程序，以实现程序正义。

五、现行规范完善之建议：退休待遇的分离与规范调整

在一元化的退休金制度下，公职人员的退休金作为一个整体而存在，并未区分为基本养老保险金和职工退休福利。将性质和功能完全不同的两部分混同起来，不仅不符合现代多元化养老金体系的要求，[1]也使有过错的公职人员养老待遇的处理陷入两难境地：如果没收过错公职人员的退休金，不仅违反宪法关于公民财产权保障的要求，而且使这部分主体退出劳动领域后的生活无以为继；如果他们被开除之后可以继续享有丰厚的退休待遇，又与国家提倡的惩治贪官污吏、整肃公职人员队伍的目标不符合。区分公职人员退休金中的基本养老保险权利以及与身份相关的退休福利，一方面，使其不因身份的非正常丧失而失去合法财产和基本生存保障；另一方面，让违法违纪者不得享有公共部门提供的、奖励性的特别养老给付。如此，既保障了公民的基本人权，也维护了正常的行政管理秩序。

对被开除公职者的退休金进行有效规制，首先，必须区分基本养老保险

---

〔1〕 世界银行在1994年发表了《扭转老年危机：保障老人及促进增长的政策》(*Averting the Old-Age Crisis: Policies to Protect the Old and Promote Growth*)报告书，提出三支柱的养老模式，即第一支柱的强制性政府管理的养老保险，第二支柱的强制性私人管理的养老保险，以及第三支柱的自愿储蓄。自此之后，世界银行一直致力优化其制度设计，并于2005年的报告书中提出了五支柱的养老保障模式，包括零支柱的无须个人供款的基本退休金，第一支柱的与收入挂钩的强制性公共退休金，第二支柱的强制性职业退休金，第三支柱的自愿的职业或者私人退休金，以及第四支柱的非财政支援。参见香港立法会秘书处：《世界银行的退休金制度改革概念架构及选定地方退休生活保障制度的最新发展》，载香港特别行政区立法会，http://www.legco.gov.hk/yr10-11/chinese/sec/library/1011in13-c.pdf，最后访问日期：2016年1月26日。

待遇和职工退休福利。国务院《关于机关事业单位工作人员养老保险制度改革的决定》(国发〔2015〕2号),明确将公职人员的养老待遇划分为基本养老保险金和职业年金,新制度实施之后入职的公职人员将不再面临这一问题。但是,公职人员养老金制度的完全并轨需要较长时间,[1]在原有退休金制度下退休或者累计过工龄的人员,因为违法违纪被开除,其退休待遇的处理必须解决这一问题。依据该决定,公职人员基本养老保险金的计发依据和办法、享受条件和待遇标准与企业职工完全一致。依据该决定"立足增量改革,实现平稳过渡"的改革原则,可以认为机关事业单位强制职业年金的2/3是单位提供的退休福利,其中的1/3属于职工个人供款的累计。[2] 一是因为这部分职业年金的供款完全由机关事业单位提供;二是这部分供款是在基本养老保险之外,为公职人员提供更高水平的养老保障。这与机关事业单位职工退休金高出企业职工基本养老金部分吻合。在单一退休金制度下,我国公职人员的退休金替代率高于企业职工基本养老金的比例部分,可以视为机关事业单位职工的福利。公民的基本养老保障权平等,是平等权的基本要求。许多国家建立全民统一的基本养老金制度,以实现公民基本养老保险权利的平等。[3] 而且,社会保险权与其他社会保障权不同,因为参保人的先期给付(缴纳保费或者累计工龄)使被保险人的养老保险请求权具有了财产属性。保费与养老保险请求权之间的关联关系,要求参保人员养老金的高低应当与其缴费年限、缴费工资相关联,不因为职业身份而存在差异,即养老金替代率的高低主要由缴费年限决定。传统上公务员一般都享受较养老保险体系下职工更丰厚的养老金待遇,这也成为近些年来公务员养老金制度被改革的焦

---

〔1〕 对于新制度过渡期的时间,多地在实施办法中提出设立10年过渡期。参见《机关事业单位养老保险并轨方案已出齐》,载新浪财经,http://finance.sina.com.cn/roll/2016-02-17/doc-ifxpmpqr4484469.shtml。

〔2〕 机关事业单位职工的职业年金,由单位缴费8%和个人缴费4%的缴费工资积累构成,其中个人贡献部分属于个人的劳动报酬积累。

〔3〕 根据美世咨询公司发布的2014年全球养老金指数,养老保障体系最好的10个国家分别是丹麦、澳大利亚、荷兰、芬兰、瑞士、瑞典、加拿大、智利、英国和新加坡。其中,除智利和新加坡外,其他8个国家都有国家或者政府建立的、为全体国民提供的第一层次的基础养老金。参见《盘点全球养老保障体系最佳十国》,载每经网,http://m.nbd.com.cn/articles/2015-09-09/944889_2.html。

点之一。[1] 我国机关事业单位养老保险制度改革方案的目标亦如此。

从另一角度分析，公职人员退休制度与养老保险制度的过渡方案亦可得出这一比例。在公职人员养老制度转换过程中，老职工（改革措施前已经退休的职工）可以按照原来的退休制度享受退休金待遇，新职工（改革方案之后进入公职人员行列的职工）直接按照新制度参加养老保险。涉及过渡方案的只有“中人”，即改革方案之前参加工作又未达到退休年龄的这部分人员。国务院改革方案中则原则性规定，他们在改革前没有实行个人缴费的工作年限确定为“视同缴费年限”，将来退休时在发给基础养老金和个人账户养老金的同时，再依据视同缴费年限长短等因素发给过渡性养老金。该“过渡性养老金”可以视为公职人员的福利。因为如果不考虑这部分福利，公职人员在公共部门积累的养老金利益，应当与企业职工缴纳养老保险费累积的利益一致，即直接根据视同缴费年限的收入标准和计费比例记入缴费账户，无须考虑过渡性养老金问题。

其次，对退休金中的基本养老保险金和单位福利分别予以规范调整。对于基本养老金，因为其维持基本生存的财产属性，受到宪法和法律的特别保障，立法机关不得对之限制或者剥夺，以保障所有公民，包括违法违纪的前公职人员在年老退出劳动领域后的基本生活需要。我国现行法律关于剥夺被开除公职者退休金权利的规定，不仅损害了公民的财产权和社会保险权，造成该部分群体老无所依、老无所养，而且违反了《宪法》和《公务员法》关于公务员惩戒制度的设定形式要求。

对于机关事业单位提供的退休福利，在职工违法违纪被开除公职时，依法加以剥夺，这样不仅符合该部分福利设置的目的——激励公职人员勤勉、敬业地提供公共服务，而且对违法违纪者给予适当的经济惩戒，可以提高行政管理效率。但是，依据《宪法》关于公务员权利保障的要求以及现代法治原则，公职人员的惩戒应当由《公务员法》予以设置。修改我国《公务员法》，

---

〔1〕 参见［荷］Matthias Stepan：《德国公务员养老金制度改革——维持独立但使老年人收入更平等》，载《社会保障研究》2012 年第 2 卷。

增加“剥夺退休福利或者清除他们累积的退休福利工龄”(或者没收单位供款累计的职业年金或者职业年金利益),明确规定该惩戒措施的适用条件。就目前而言,可以将这一惩戒措施适用于被依法开除公职者。这样,既能保证制度的法定性,又能做到制度的连续性和统一性。作为一种法定惩戒措施,退休福利的剥夺或者没收,应当依法设置权利救济体系。这样,我国公职人员的退休制度,才能在充分保障公职人员退休权利的前提下,提升国家行政管理效率。

第六章　基本养老保险权益合并计算的法律规则

第一节　基本养老保险关系跨统筹地区转接制度的困境与历史渊源

党的十九大报告提出，我国要完善城镇职工基本养老保险和城乡居民基本养老保险制度，尽快实现养老保险全国统筹。2018 年 5 月 30 日，国务院公布了《关于建立企业职工基本养老保险基金中央调剂制度的通知》，决定从 2018 年 7 月 1 日起实施基金中央调剂制度。2021 年 12 月，中央经济工作会议提出推进基本养老保险全国统筹的目标。中央决定企业职工基本养老保险全国统筹从 2022 年 1 月开始正式实施。统筹主要是指在全国层面统一制定政策、统一收支管理制度、建立统一经办服务管理和信息系统。基金管理仍然由各省负责。职工跨统筹地区流动就业时需要转移基本养老保险关系。国家建立了基本养老保险关系转移接续规则解决这些问题，规定参保人的基本养老保险关系随本人跨统筹地区就业而转移。本节从养老保险关系转移的法律含义出发，分析制度法理困境和实际运行障碍，并提出解决问题的方案。

一、职工基本养老保险关系跨统筹地区转移接续制度的内容

《社会保险法》规定，职工跨统筹地区就业，基本养老保险关系随本人转移，并授权国务院制定具体的转移办法。因为国务院一直未出台相关具体办法，此前人力资源和社会保障部和财政部发布的《城镇企业职工基本养老保

险关系转移接续暂行办法》(以下简称《暂行办法》)(国办发〔2009〕66号)仍然是调整职工跨统筹地区就业,基本养老保险关系转移接续的规则。并且,为了落实《暂行办法》,人力资源和社会保障部办公厅于2013年发布《关于职工基本养老保险关系转移接续有关问题的函》。其主要内容包括:(1)职工跨统筹地区就业,转移基本养老保险关系。具体办法:前一就业地的保险基金将参保人的个人账户全部储存额转移到新的统筹地;统筹基金按照实际缴费工资的12%转移到新的就业地。新就业地接受职工原有的缴费年限和部分保险费,直至参保人达到退休条件时由退休金支付地承担支付责任。退休金的支付地与最后就业地可能是同一地区,也可能不是。依据该规定,职工养老金待遇支付地原则上是职工的户籍所在地,也可以在累计缴费超过10年的其他地方。作为退休金支付地,养老保险经办机构在接收部分保险费的基础上,完全承担之前各阶段保险人的义务,累计计算参保人两地缴费的年限,达到退休条件的,向参保人支付养老金。(2)距离退休年龄不足10年的职工(男性年满50周岁、女性年满40周岁)跨统筹地区就业的,基本养老保险关系不转移,由新就业地为其建立临时基本养老保险账户,待其达到退休年龄时,将临时账户归集到原参保地或者待遇领取地。经党委组织部门和人社部批准调动的职工除外。

基本养老保险关系转接的程序由参保人主导办理。无论是职工跨统筹地区转移基本养老保险关系,还是参保人在居民和职工体系之间衔接,转移和衔接手续基本一致。法律规定,参保人在新的参保地建立基本养老保险关系后,由其主导将原来的基本养老保险关系转移到新的参保地。基本程序包括:(1)申请。由参保人或者所在用人单位向接收地保险经办机构提出申请。(2)审核并同意接受。接收地经办机构对申请材料进行审核,对符合接受条件的向参保人员发出接受函,或者向转出地经办机构发出联系函。前者适用职工跨地区转移基本养老保险关系,后者适用参保人在不同身份之间转移养老保险关系。(3)转出基本养老保险关系。原基本养老保险经办机构在收到参保人提交接收函或者新参保地经办机构传送的联系函后,完成信息的传递和基金划转手续。(4)办理接续手续。新参保地经办机构办结接受和衔接手续，并通知参保单位或者参保人。

二、基本养老保险关系跨地区转移未遵循债转移同一性要求

基本养老保险关系是参保人与保险人之间因为参加养老保险、缴纳养老保险费而依法形成的以保险费缴纳和保险待遇的支付为主要内容的权利义务关系，相当于依法形成的债权债务关系。参保人因为变更就业地点或者改变身份就业，依据现行的法律规定需要变更养老保险人，尽管无须征得参保人的同意，但应当遵循债务转移的一般要求，即债务内容不因转让而变化。转移基本养老保险关系，意味着参保人对原保险人的养老金期待权或者可期待利益转移给新的保险人，[1]就保险人的角度而言，即转让未来的养老金权益给付义务。现行规定虽然要求职工跨统筹地区就业时转移基本养老保险关系，但并未遵循债转移的原理。

（一）职工跨地区就业改变了个人权益

职工跨统筹地区就业时，其个人账户累计额和所在用人单位缴费记录全部转移到新的就业地。从表面上看，参保人个人没有因为转移而流失相关保费记录，但是其缴费工资指数发生了变化，因而养老金权益会受到一定程度的影响。参保人跨统筹地区转移基本养老保险关系，接收地按照本地区各年度在岗职工平均工资核算转入保险费的指数。[2] 因为各地在岗职工月平均工资水平差异较大，同样的缴费工资基数在不同地区对应的缴费工资指数不同。基本养老保险关系从一个地区转移到另一地区后，其指数化月平均缴费工资就发生了变化。如果从低职工平均工资地到高职工平均工资地，相同的缴费工资基数对应的指数化月平均工资就会降低，养老金就会降低；反之则相反。这种变化激励参保人选择有利于自己的统筹地区转移基本养老保险

〔1〕 如果参保人已经达到退休条件，享有养老金的请求权，即使转换生活地点亦不得变更养老经办机构。

〔2〕 参见《城镇企业职工基本养老保险关系转移接续暂行办法》第 3 条、第 7 条的规定。

关系。这一转移规则变更了参保人的权益。[1]

(二)原经办机构给付的对价未完全转让给受让人

在职工跨统筹地区转移基本养老保险关系时,原保险人将参保人债务转移给新的保险经办机构时,其获得的对价——参保人及其用人单位缴纳的保险费未完整转移。第一,职工基本养老保险现收现付制度决定参保人及其用人单位缴纳的保险费无法转移。参保人缴纳的保险费(无论是个人缴费部分,还是单位缴费部分)全部进入收入账户,用于当期的养老保险待遇支出,每个参保人及其所在用人单位缴纳的养老保险费无法从统筹基金中分离出来。所以,即使全部转移保险人接收的对价,也只是转移了保险档案中记载的保险费额度。第二,相关规定转移的对象是记载的部分保险费。现有的转移规则要求养老保险关系转移时仅转移参保人个人账户记载的全部储存额和实际缴费工资基数的12%统筹基金,即保险档案记录中参保人所在用人单位缴纳保险费的12%,个人所缴保险费的本金和依据法定利率计算的利息总额;接收人在承接部分对价的基础上,全部承担对参保人养老金权益支付的义务。

这种规则在转让人和受让人之间造成了利益不平衡。我国基本养老保险依然按照统筹地区建立养老保险基金。各统筹地区作为独立的社会保险人而存在,经办保险事务,管理运营保险基金,对该保险团体的参保人独立承担责任。参保人改变统筹地区就业的,需要中断原有的基本养老关系,在新就业地建立新的基本养老保险关系。按照转移规则,原经办机构除转移相关参保缴费的档案材料外,还将其对参保人的义务完整转移到下一个经办机构,但只转移了部分保险费(包括个人账户总额和按照缴费工资基金缴纳12%的保险费)。在此,转让人在转移其对第三人义务的同时,未完全转移其已经获得的对价;而受让人在完全承担了转让人对参保人的义务,却只接收了履行义务的部分对价。受让人因受让而产生的这一差额由自己承担。

---

[1] 据计算,参保人从职工平均工资低的地区转移到平均工资高的地区,养老金会随之降低。参见肖树岩、郭宇庭:《城镇企业职工基本养老保险关系转移接续对个人基本养老金的影响及对策——以北京市和内蒙古自治区本级为例》,载《内蒙古煤炭经济》2017年第21期。

在受让人利益独立的情形下,转让人与受让人权利义务的不平衡导致受让人不愿接收该权利义务的转移。这是困扰职工基本养老保险关系转移制度的问题。制度建立之初,国务院《关于建立统一的企业职工基本养老保险制度的决定》(国发〔1997〕26 号)的规定就被地方抵制或者变通。部分地区在处理职工调动个人账户转移时,为了避免本统筹地区基金的损失,划转地规定职工个人账户不转移或者只转移个人缴费累计部分,而接收地则要求原参保地区划转不应转移的基金,有的要求职工在接受地补缴一定的费用。例如,《深圳经济特区企业员工社会养老保险条例》(已废止)规定,1996 年 7 月 1 日后调入本市的员工,超过市政府规定的调工调干年龄界限的,应缴纳超龄养老保险费。在珠三角的另一些地区也规定,养老保险关系接续时,男性超过 45 周岁、女性超过 40 周岁的,除市政府另有政策规定外,都需要按照有关规定补缴超龄部分的养老保险费(或统筹费)。为了贯彻国务院《关于建立统一的企业职工基本养老保险制度的决定》(国发〔1997〕26 号)的规定,1999 年劳动和社会保障部办公厅下发了《关于严格执行职工基本养老保险个人账户转移政策的通知》,强调"职工因为工作调动而跨统筹地区流动时,在转移个人账户基金的情形下基本养老保险关系转移"。但是,这些文件在各地并未执行,除少数经过组织、人事、劳动部门批准调动可以顺利转移接续基本养老保险关系外,大多数企业职工转换工作单位,流动到其他地区就会遭遇社会保险关系转移难的问题。而且,随着基本养老保险制度覆盖面扩大这一问题的日益突出,对跨统筹地区就业的劳动者来说,他们在不同地区参保,基本养老保险关系还不能顺畅转移,特别是总规模已经达到 1.5 亿人的进城农民工,工作流动性大,许多人在不同城市和多个时段就业参保,而缴费年限不能累计计算。〔1〕 2009 年人社部和财政部经国务院批准发布《暂行办法》的目的就是解决这一问题。与之前的转移规则相比,《暂行办法》部分照顾到接收地的利益,要求他们在接收部分保险费的条件下累计计算参保人的

---

〔1〕 人力资源和社会保障部有关负责人就贯彻实施《城镇企业职工基本养老保险关系转移接续暂行办法》答记者问:实现跨地区顺畅转续保障参保人权益。

缴费年限;为了避免推诿,还明确细化了养老保险待遇支付地,但其执行状态依然不尽如人意。

三、由参保人主导转移衔接手续更加重了转接难度

债的转移是转让人与受让人之间依据协议或者法律而为的行为。债务转让可能影响债权人债权的实现,在协议转让时依法应当经过债权人同意,在依法转让时无须如此。《暂行办法》确定的基本养老保险关系转移转接程序,要求参保人主动衔接两地的参保关系。首先,《暂行办法》明确规定,参保人在跨统筹地区就业时,终止原基本养老保险关系,依法在新的就业地建立新的基本养老保险关系。其次,参保人通过所在用人单位向新的养老保险经办机构申请将原来的基本养老保险关系转移到此处。新就业地经办机构在审核申请人所提交的相关材料后,决定是否批准转移。对符合条件的申请人,经办机构通知转出地转移相关资金和档案材料;否则不予接收参保人原有的基本养老保险关系。本来,参保人只是该债转移行为的利益关系人,但现有的转移程序将其设置为转移行为的一方主体,要求其主导转移接续手续。这一要求使养老保险关系转让方和受让方均可以置身事外,不负责该权益义务转移的行为和后果,养老保险关系的转移成为参保人的个人事务。这种设置不仅加大了转移程序的复杂性,而且大大增加了参保人的负担。

参保人在转移基本养老保险关系时的权利损失,以及面临的办理转移接续手续方面的困难,使大量流动就业人员的基本养老保险关系转移并未随本人流动而转移。现行制度的运行效果并不理想。转移人数明显低于预期,实际转出人数明显低于应当转出的人数。[1] 其中,农民工群体的转移接续尤为困难。[2]

---

〔1〕 参见褚福灵:《职工基本养老保险关系转移现状的思考》,载《社会保障研究》2013 年第 1 期。

〔2〕 参见甄鑫、宋绍智:《农民工养老保险转移接续问题研究》,载《经济研究参考》2014 年第 35 期。

四、基本养老保险关系转移接续的内涵及其由来

基本养老保险关系,是指参保人与保险人之间建立的、以保险费缴纳和保险待遇的支付为主要内容的权利义务关系。其因职工参保人就业或者因经办机构核准居民参保人参保申请而成立,权利义务内容除保险费缴纳和保险待遇支付外,还包括一些程序方面的内容,如参保档案材料、参保事项变化时的调整等。养老保险关系作为社会保险关系的重要组成部分,在理论上被称为公法上的债的关系。[1] 按照债的转移原理,基本养老保险关系的转移,是指在不改变基本养老保险关系内容的条件下,原权利义务完整转移给新的主体。我国基本养老保险按照职业区分为职工保险和居民保险,分别由不同的养老保险经办机构予以经办;同时,职工保险在省级层面实现统筹,各统筹地区独立运行,基金自负盈亏。参保人因职业转换或者就业地点发生变化,需要变更养老保险经办机构时,基本养老保险关系的权利义务从原来的经办机构(保险人)转移给新的经办机构(保险人)。

在职工养老保险制度设置初期,基本养老保险关系作为劳动人事关系的组成部分,随着职工在体制内正常调动而转移。20 世纪 90 年代国家开始进行职工基本养老保险制度构建时,国有企业的劳动人事制度改革尚未启动,职工在不同企业之间经过党委组织部门和政府劳动、人事部门批准调动,并转移劳动关系和相关档案材料。国有企业职工经过组织部门和人事管理部门批准在不同企业之间流动,工龄累计计算,相应风险保障随个人调动由接收企业承担。职工基本养老保险制度改革之初,国家保留了这一传统。1997 年国务院《关于建立统一的企业职工基本养老保险制度的决定》(国发〔1997〕26 号)规定,"职工调动时,个人账户全部随同转移"。该规定要求职工接收地为职工建立新的基本养老保险关系,接收参保人过去的个人账户累计额,并应当累计计算其缴费年限,包括视同缴费年限。这一规定在当时的

---

〔1〕 See Bley/Kreikebohm, Sozialrecht, 7. überarbeitete Auflage, 1993, Rz. 53. 转引自钟秉正:《社会保险法论》(修订四版),台北,三民书局股份有限公司 2019 年版,第 51 页。

背景下有其存在的合理性。在传统的劳动保险制度下，全民所有制企业、事业单位和党政机关社会团体的工人和干部的生、老、病、死等劳动风险保障均由单位提供，而单位背后则是国家承担最后责任。[1] 在统包统配的劳动人事制度下，单位用工需要劳动行政部门下达用工指标，劳动者的正常流动途径就是经过劳动人事行政管理部门或者组织部门的批准后的工作调动。在单位保障的社会保障背景下，劳动者因为工作调动，相关保障自然从原单位转移到新单位。因为国营企业并不是自负盈亏的实体，机关事业单位亦属于国家整体的组成部分，这种随劳动关系转移社会保障责任的制度并无不妥，也不会造成利益失衡。基本养老保险制度建立之初，国家并未区分应当由企业承担养老保障责任的现有职工和参加基本养老保险统筹的新入职职工的有关养老负担的差异，笼统规定全部由养老保险统筹基金承担。而在改革后，职工的养老保险关系尽管与社会保险经办机构之间建构，但却仍被视为劳动关系的组成部分，规定企业职工的养老保险关系随着劳动关系的转移而转移。

在职工基本养老保险地方统筹的制度下，虽然接收地因职工转入所受损失非常明显，但因为人社部等有关主管部门的强力推行，[2] 加之所转入的对象非常有限，该规定的执行状况基本正常。随着职工基本养老保险制度覆盖面的扩大，大量城市灵活就业人员和农民工均纳入了职工基本养老保险体系，国家有关基本养老保险关系转移规则基本未变。2005 年国务院《关于完善企业职工基本养老保险制度的决定》规定，明确要求城镇各类企业职工、个体工商户和灵活就业人员都要参加基本养老保险，并将非公有制企业、城镇个体工商户和灵活就业人员作为参保工作的重点，以此扩大基本养老保险的覆盖范围。随后纳入该体系的是进城务工的农民工，2006 年国务院《关于解决农民工问题的若干意见》(国发〔2006〕5 号)规定，要求在城镇就业并与用

---

〔1〕 参见国务院《关于安置老弱病残干部的暂行办法》和《关于工人退休、退职的暂行办法》。

〔2〕 参见原劳动和社会保障部办公厅《关于严格执行职工基本养老保险个人帐户转移政策的通知》(劳社厅发〔1999〕22 号)；原劳动和社会保障部办公厅回复上海市劳动和社会保障局《关于对户籍不在参保地的人员办理退休手续有关问题的复函》(劳社厅函〔2002〕190 号)。

人单位建立劳动关系的农民工,必须参加基本养老保险。与原有国有企业、集体企业的职工相比,灵活就业人员和农民工的工作流动性更大,对基本养老保险关系的合理、便捷转移的要求更高了。

大规模的人员跨统筹地区就业,基本养老保险关系的接收地,特别是待遇支付地的利益损失问题日益突出。接收地除接收体制内正常工作调动的职工基本养老保险关系转移外,会不同程度地限制或者拒绝接收其他主体养老保险关系的转移。而农民工虽然按照国家规定在城镇就业时参加职工基本养老保险,其养老保险关系跨统筹地区的转移限制更多,农民工事实上只能领取本人个人账户缴费累计额。[1] 所以,职工跨统筹地区转移基本养老保险关系制度的实施基本限于体制内正常调动的职工。

随着劳动用工制度的市场化,其局限性日益突出。国家在完善基本养老保险制度的过程中,虽然关注到跨统筹地区就业和跨身份就业的基本养老保险衔接问题,但相关制度的设置并未遵循制度本身的要求。

第二节 国外关于养老金合并计算规则的实践*

通过上一节的介绍可知,我国在基本养老保险关系转移接续中主要存在被保险人的基本养老保险权益流失、不同的社会保险经办机构之间利益不平衡、基本养老保险关系转移接续程序等问题。虽然我国目前的基本养老保险关系转移接续以国务院和人社部颁发的多项通知和决定为依据,基本解决了转移接续行为各个环节遇到的问题。

根据我国现状,基本养老保险关系转移接续的情况可分为两类:因被保险人身份的转换而产生基本养老保险关系的转移接续即跨身份转移接续,与因被保险人在不同的统筹区域流动而产生基本养老保险关系的转移接续即跨统筹地区转移接续。跨身份转移接续在日本比较典型,而跨统筹地区转移则在欧盟比较典型。

---

〔1〕 参见国务院《关于解决农民工问题的若干意见》(国发〔2006〕5号)。

* 武汉大学法学院2018年经济法学硕士研究生梁文贵、张煜华参与了本节资料搜集和部分内容写作。

一、权益合并到制度合并：日本公共年金制度分割的解决之道

日本的公共年金体系结构繁杂，各个制度之间存在较大差异。公共年金主要由国民年金、厚生年金与公务员共济组合构成，其中国民年金参保对象为全体国民，厚生年金参保对象为私企职工，而共济组合则覆盖公务员与私立学校教员群体。公共年金的各制度彼此相互独立，给被保险人带来了诸多不便。当某一制度的被保险人转换职业，需要从原本参与的年金制度退出，加入新的年金制度中时，其在原本制度下所积累的待遇能否保留、新旧制度之间如何衔接等问题都需要解决。这与我国被保险人在职业转换时面临的待遇转移接续问题存在相似之处。自20世纪50年代以来，日本进行了数次公共年金制度改革，通过调整公共年金的参保对象、待遇标准与体系结构，以应对少子老龄化及严峻的经济增长形式带来的公共年金制度支付危机问题。观之改革过程，公共年金制度呈现合并态势，在一定程度上缓解了年金待遇转移接续的困境。在此，笔者通过分析日本公共年金制度改革的趋势及具体内容，试为我国养老金的待遇转移接续问题提供思路。

（一）日本公共年金合并的制度背景

日本公共年金领域呈现国民年金、厚生年金及共济年金并存的体系架构。年金制度彼此相互独立，在参保对象方面并不重叠，国民年金覆盖自雇者、无业者等，厚生年金覆盖企业职工，共济年金涵盖公务员与私立学校教员。除参保对象不同外，由于每个年金制度都是根据不同群体的需求及实践可能性而建立起来的，其在缴费、待遇给付等方面均有不同规定。[1] 职业选择的多元化与劳动力的自由流动，提高了社会群体对社保领域待遇维持的需求。而此时的公共年金制度彼此间并不存在直接的衔接安排，这使被保险人的待遇接续成为问题。

（二）公共年金合并计算制度

在相互独立的公共年金制度体系下，1961年，日本内阁会议通过《通算

---

〔1〕 如在年金费用的计算方式上，国民年金由政府定额缴费与给付，而厚生年金与共济年金则采取“定额＋收入比例”的计算方式，由“24,000日元定额＋平均标准收入×5/1000×加入月数”构成。

年金通则法》与《创设通算年金制度关系法》,由此产生“通算年金”的年金给付制度[1]。日本设置合并计算的规则,在被保险人的参保期限、待遇计算方式上予以明确规定。

首先,合并被保险人职业转换前后的参保期限。被保险人因职业变化而先后加入两个以上公共年金制度时,其在原先职业条件下缴纳年金费用的年限将被保留,待与后加入年金制度的缴纳费用年限相加。例如,某一国民原先在私企任职并加入厚生年金,后辞职加入国民年金,就可以分别统计其参加各个年金制度的期限并进行参保期限的合并。在原先制度分割环境下,转换职业的被保险人只能被承认单个年金制度的缴费年限,可能因难以满足该年金制度的缴费期间而无法获得年金待遇资格。在通算规则确立后,被保险人不必担心自己因转换职业后加入公共年金制度的年限未达到该年金制度的要求而失去养老金领取资格。

其次,按比例计算被保险人的年金待遇。对于存在待遇转移接续问题的被保险人,法律规定,在其满足年金发放要求时,按照其所参与各个公共年金制度的年限,以比例形式向其发放年金,领取方式为由被保险人在各个制度处分别受领年金。例如,某一国民55岁从公司辞职加入国民年金中,其可以领取两个制度的年金,即60岁开始领取厚生的老龄年金、65岁开始领取国民年金中的通算老龄年金。[2] 又如,某一国民参加国民年金共3年,后转换职业加入厚生年金共21年,满足受领通算年金的期间资格,分别被支付老龄年金。[3] 由于不同年金制度在给付方式、给付数额等方面存在差异,当被保险人满足获取养老金资格时,无论让其按照原先的年金制度从原先制度处受领合并年金,还是由被保险人在职业转换后加入的年金制度进行待遇给付都是不公平的。对于被保险人来说,其可能面临通过缴纳费用所理应得到的年金

---

[1] 参见邱祈豪:《年金合并计算制度之研究》,载《科学与人文研究》2017年第4期。

[2] 参见熊本县政府对于年金的介绍,载 https://www.pref.kumamoto.jp/common/UploadFileOutput.ashx?c_id=3&id=4180&sub_id=1&flid=8&dan_id=1,最后访问日期:2019年1月26日。

[3] 旧法の年金給付⑤[通算老齢・通算退職年金 前編],载 https://ameblo.jp/raijintei/entry-11540406838.html,最后访问日期:2019年1月24日。

待遇低于其实际获得的年金待遇水平的问题。而对于各个年金制度来说,需要进行待遇给付的公共年金制度可能会承担过多的支付压力,其并未收取足额的年金费用,所支出的费用比自己所收取的还要多。故分别受领更能保障公平,以避免影响被保险人的权益和年金制度的正常运行。

观之日本合并计算公共年金的规则可以发现,在转移接续制度的设定上,其并未割裂现有制度,创设出新的制度供被保险人选择。而是在保留原有制度的基础上,为不同制度提供衔接路径,给被保险人待遇接续提供便利。被保险人只要符合相应的年限要求,即可按比例享受双重年金待遇。相较传统独立的年金制度,合并计算规则不仅使被保险人保留了原先的缴费年限,取得了年金给付资格,也使被保险人获得与自己缴费程度相匹配的年金待遇水平。既解决了被保险人年金接续的问题,又能够保障制度公平。

(三)日本公共年金的制度合并

业已形成的合并计算规则并未彻底解决公共年金制度间待遇衔接的问题。日本随后进行了几次公共年金改革,对公共年金制度进行根本合并,打破了原有的相互独立的公共年金体系。其主要经历两次公共年金制度合并阶段:第一阶段,国民年金作为公共年金的基础,所有国民(包含私企职员、公务员)都被强制纳入国民年金体系;第二阶段,厚生年金与私企职员、教职工共济组合合并,所有参保人在缴费制度、待遇给付方面实现统一。

1. 基础年金制度的确定

通过第一阶段的公共年金改革,日本确立了基础年金制度。20 世纪 70 年代石油危机爆发,日本告别了经济高速增长时代,同时,日本老龄化问题突出,公共年金制度中年金的领取人数也急剧增加,[1]公共年金的待遇给付出现困难。故 1985 年日本进行年金改革,对国民年金的参保对象、公共年金体系结构进行修正。将国民年金的参保者范围扩大至全体国民,即合并国民年

---

〔1〕 厚生労働省:《厚生白書》(1984),第 11 页,载 https://www.mhlw.go.jp/toukei_hakusho/hakusho/kousei/1984/,最后访问日期:2019 年 1 月 24 日。

金与厚生年金的基础部分，以此扩大国民年金资产总额，满足年金发放的需求。[1] 法律规定，20～60周岁的居民必须加入国民年金；年满60周岁不到65周岁的个体经营者、20周岁以上65周岁以下的非居住在本国的日本人，可根据意愿自由加入。国民年金的参加对象分为3类：一是自营业者和大学生等；二是加入厚生年金保障的私营企业职工、从共济组合并入厚生年金的公务员等；三是第二类被保险者的被扶养配偶。凡不属于第二、第三类被保险者，均属于第一类被保险者。[2]

基础年金制度连通了其他公共年金制度，其试图在年金发放和负担两个方面实现公平，使各制度间的差别修正成为可能。在基础年金框架下，全体国民的待遇给付和负担是公平的，自营业者和被雇用者之间没有区别。基础年金制度是通过全体国民来支撑的制度，所以能够隔断由于不同时期产业和就业结构的变化所带来的影响，使该制度能够长期有效运行成为可能。[3]

日本处理公共年金待遇接续的主要措施是年限保留与比例规则。无论在独立制度体系还是基础统一的框架下，对被保险人参保年限的认可与按比例计算年金待遇的方式都具有保障被保险人权益、保障各公共年金制度收支动态平衡的作用。同时，基础年金制度作为强制性的公共年金制度，能够为被保险人提供兜底性保障。

2. 制度一元化——雇佣者公共年金合并

随后，日本于2012年进行第二次公共年金制度体系调整，公布实行《雇佣者年金一元化法》，废除公务员共济年金制度，让公务员、私立学校教职员成为厚生年金参保者。[4] 至此，日本形成两层次、一层次一类别的公共年金制度体系。第一层次为国民年金，强制全民参与，提供基础待遇保障；第二层

---

〔1〕 参见[日]高山憲之：《日本公共养老金制度的主要变化：背景及背后的理念》，载《比较》2018年第3期。

〔2〕 参见赵立新：《德国日本社会保障法研究》，知识产权出版社2008年版，第95页。

〔3〕 厚生労働省：《厚生白書》（1984年），第17页，载 https://www.mhlw.go.jp/toukei_hakusho/hakusho/kousei/1984/，最后访问日期：2019年1月24日。

〔4〕 参见厚生劳动省年金局：《被用者年金制度の一元化等を図るための厚生年金保険法等の一部を改正する法律（被用者年金一元化法）（2013）》，载《平成25年度年金制度のポイント》，第54页。

次为厚生年金，由原先的厚生年金、公务员私学教员共济组合合并而成。

由于公务员、私教职工共济组合被并入厚生年金保险体系，且两种公共年金制度在年金费率、缴纳年限等方面实现统一，[1]被保险人在公务员、私企职工之间进行职业的转换不会影响其年金待遇。如此规定也使比例规则不再适用。同时，年限保留规则的计算基础也发生了变化。自2017年8月1日起，被保险人领取公共年金的期限被缩短，原先缴满25年才能领取满额年金，转变为缴纳满10年就可领取相应的年金待遇（年金的计算公式不变，缴纳10年即获得等比的待遇金额），大大提高了年金缴纳的灵活性，为被保险人提供了便利。

日本进行的两次公共年金制度改革，尽管其根本目的在于缓解年金支付压力、淡化各制度矛盾，但在一定程度上也解决了被保险人因职业转换而产生的年金待遇接续问题。待遇接续问题的解决具有阶段性：第一阶段，日本延续了原先的比例计算、年限保留规则，使在初步统一的公共年金制度体系下，被保险人的待遇水平能够与其缴费制度相适应；第二阶段，改变了公共年金制度的体系框架，从根本上改变了产生被保险人年金转移接续问题的公共年金制度内容。

二、欧盟成员国的社会养老保险关系转移接续政策

欧盟由经济社会发展水平各不相同的国家组成，不同的国家具有不同的养老保险制度，目前在欧盟层面尚未形成统一的养老保险制度。而伴随劳动者在各成员国之间的频繁流动，社会养老保险关系也会在各成员国之间发生转移，从而就会产生社会养老保险关系在各成员国之间转移接续的问题。与欧盟类似，由于我国各省的经济社会发展水平差异较大。因此，我国的城镇职工基本养老保险目前仍然由各省统筹，并未实现全国统筹。而随着职工在各省之间的频繁流动，城镇职工基本养老保险关系也会在各省之间进行转

---

〔1〕 共济年金参保者保险费率每年提高0.34%，使公务员在2018年、私立学校教师在2027年达到18.3%的费率，实现了保险费率的统一。

移,从而产生城镇职工基本养老保险关系在各省之间转移接续的问题。

从整体上看,欧盟可以称得上是保障跨地区转移劳动者的社会权利最完善的地区,其社会保障一体化进程始于20世纪50年代。为避免劳动者因跨国就业而导致社会养老保险关系权益受损,欧共体各成员国签订《罗马条约》,确定了欧共体中人员流动自由及服务流动自由,明确规定了各国的雇主在面对欧共体中任意国家的公民时,无论国籍,一律同等对待,即"非歧视性原则"(Non-Discriminatory Rules)。[1] 随后,该原则逐渐细化到跨国就业与社会保障方面。在这样的背景之下,欧盟各国开始意识到要尽快形成能够满足各个国家不同利益需求的一体化制度,其中就包括社会养老保险制度在内的社会保障制度一体化。而由于欧盟各国具体国情千差万别,社会保障制度也各不相同,所以在欧盟现有的框架之内很难做到各成员国适用统一的社会保障制度。因此,为了最大限度地化解矛盾、协调利益,保障在各成员国之间流动的劳动者的社会保障权益,欧盟制定了一系列协调各成员国社会保障制度的规则,其中与协调各国社会养老保险制度相关的规则主要为社会保险制度协调规则(833/2004号规则)及其实施规则(987/2009号规则)。[2] 这两个规则构成欧盟社会养老保险关系转移接续政策的主体部分,为社会养老保险关系在各成员国之间进行转移接续提供了政策依据。通过这两个规则,能够协调各成员国之间的社会养老保险制度,"打破传统国家福利疆域的划分,使得福利请领资格得以超越国界",[3]保障了在各成员国之间流动的劳动者的社会养老保险权益。

具体而言,欧盟的社会养老保险关系转移接续政策可分为4项基本机制,包括分段记录、累计年限、最后接管、比例支付。

(一)分段记录

所谓分段记录,就是劳动者在各参保国的缴费数额、参保年限等参保情

---

〔1〕 See Treaty of Rome(1957),Article 39.

〔2〕 参见黄鼎佑:《论欧盟年金政策之法规、形成方式与分析架构》,载《公共治理季刊》2013年第4期。

〔3〕 施世骏、梁婉玲:《变迁中的欧洲社会模式:考察欧盟年金政策的发展》,载《社会政策与社会工作学刊》2012年第2期。

况由各参保国根据本国的社会养老保险制度分别记录,每一个参保国仅记录劳动者在该国的参保情况,对于劳动者在其他国家的参保情况不予记录。[1] 当劳动者从一国向另一国转移就业时,劳动者在前一个国家的参保记录将会暂时封存在该国,不会随劳动者转移至另一个国家。同时,劳动者在前一个国家中累积的社会养老保险权益也并不跟随劳动者转移至另一个国家,而是暂时封存在前一个国家,待劳动者退休时,再根据劳动者的参保记录,按照相应的计算规则,计算出劳动者可获得的养老金,从而使被暂时封存的社会养老保险权益转化为养老金。例如,某一劳动者从A国转移到B国工作,其在A国的参保记录以及在A国累积的社会养老保险权益将会暂时封存在A国,并不会随之转移到B国,也不会提前发放给其本人。待该劳动者退休时,A国将会根据劳动者在该国的参保记录,按照相应的计算规则,计算出劳动者在A国可获得的养老金,从而使劳动者在A国累积的社会养老保险权益转化为可领取的养老金。[2] 这种参保情况分段记录、社会养老保险权益分段累积的机制,首先,未改变各成员国的社会养老保险制度,保证了各成员国社会养老保险制度的独立性,能够避免因各成员国社会养老保险制度的差异而产生的冲突。其次,也能够保障在各成员国之间进行流动的劳动者的社会养老保险权益。由于劳动者在各参保国中累积的社会养老保险权益并不随着劳动者的流动而发生转移,这就避免了劳动者的社会养老保险权益在随劳动者流动而发生转移时流失。

(二)累计年限

累计年限,是指在劳动者退休后,劳动者在各参保国的参保年限应合并计算,以获得总的参保年限。[3] 这主要是为了使劳动者在各参保国请求给付养老金的条件均能成就。由于各参保国的社会养老保险制度一般都会设

---

[1] Regulation(EC)No 883/2004 of the European Parliament and of the Council of 29 April 2004, Article 52. 1a.

[2] Derek Coulthard, EU Social Security Coordination Rules. The Provisions Concerning Pensions an Overview of the Main Rules in Regulations n°883/2004 & 987/2009, 2011, p. 13.

[3] Alvaro Forteza, *The Portability of Pension Rights: General Principles and the Caribbean Case*, Development Policy Review, Vol. 28, Issue 2, p. 237 – 255(2010).

有最低参保年限,劳动者的参保年限达到最低参保年限为劳动者可以请求给付养老金的条件之一。若劳动者在某一参保国的参保年限达不到该国的社会养老保险制度设定的最低参保年限,则有可能无法领取在该国可获得的养老金。因此,劳动者在各参保国的参保年限应合并计算以获得总的参保年限,只要总的参保年限已达到各参保国的社会养老保险制度设定的最低参保年限,那么劳动者在各参保国的参保年限也应视为已达到各参保国社会养老保险制度设定的最低参保年限,从而使劳动者在各参保国请求给付养老金的条件均能成就。例如,某一劳动者在 A 国的参保年限为 7 年,在 B 国的参保年限为 8 年,A 国与 B 国均规定劳动者的参保年限只有达到 15 年才能请求给付养老金。故,当该劳动者退休后,应将其在 A 国与 B 国的参保年限相加,得到总的参保年限,由于劳动者总的参保年限为 15 年,已达到 A 国与 B 国规定的最低参保年限。因此,劳动者在 A 国与 B 国的参保年限应视为已达到 A 国与 B 国的最低参保年限,从而劳动者可请求给付在 A 国与 B 国中可获得的养老金。这项机制使劳动者请求给付养老金的条件更容易成就,降低了劳动者请求给付养老金的难度,保障了劳动者在各成员国中的社会养老保险权益。

(三)最后接管

由于劳动者在各成员国之间流动的日益频繁,所以有可能出现劳动者在某一成员国的参保年限低于一年的情况。最后接管机制主要就是为了应对该种情况。最后接管机制主要是指若劳动者在某一参保国的参保年限低于一年,从而导致劳动者在该参保国无法享有社会养老保险权益,应由参保人退休前所工作的最后一个成员国负责接管参保人低于一年的参保年限,参保人低于一年的参保年限与参保人在退休前所工作的最后一个成员国的参保年限合并计算,视为参保人在退休前所工作的最后一个成员国的参保年限。[1] 例如,某劳动者首先在 A 国参保,参保时间为 5 个月,

---

〔1〕 Regulation(EC) No 883/2004 of the European Parliament and of the Council of 29 April 2004, Article 57.

且A国规定劳动者参保年限在一年以上方可享有社会养老保险权益,后该劳动者在B国参保直至退休,参保的时间为15年。由于该劳动者在A国的参保年限低于一年,无法享有社会养老保险权益,故该劳动者在A国的参保年限应与在B国的参保年限合并计算,视为在B国的参保年限,由B国给付相应的社会养老保险待遇。这有利于保障劳动者较短暂的参保时间所对应的社会养老保险权益不被剥夺或不受侵害,适应了劳动者流动日益频繁的社会就业大背景。这为我国在职工跨地区就业日益频繁的大背景下完善城镇职工基本养老保险转移接续政策,保障职工的基本养老保险权益提供了有益借鉴。

(四)比例支付

比例支付是计算劳动者在各参保国可获得养老金的规则。在劳动者退休后,当劳动者请求给付社会养老保险待遇时,各参保国要按比例支付规则计算出劳动者在各参保国可获得的养老金。[1] 该计算规则一般经过两个环节,分别是计算理论上的养老金以及实际应支付的养老金。理论上的养老金,是指当劳动者总的参保年限均为在某一参保国的参保年限时,根据该国的社会养老保险制度,劳动者可获得的养老金。实际上应支付的养老金,是指各参保国应向劳动者支付养老金,它由理论上的养老金与劳动者在某一参保国的参保年限占总的参保年限的比例相乘得到。例如,某劳动者先后在A国与B国参加了社会养老保险,参保的年限分别为10年、13年,总参保年限为23年。首先,计算理论上的养老金。A国和B国应根据本国的社会养老保险制度计算出当23年均为劳动者在本国的参保年限时,劳动者可获得的养老金。其次,计算实际应支付的养老金。A国与B国应将已计算出的理论养老金与10/23(劳动者在A国的参保年限占总参保年限的比例)、13/23(劳动者在B国的参保年限占总参保年限的比例)相乘,从而计算出劳动者在A

[1] Regulation(EC)No 883/2004 of the European Parliament and of the Council of 29 April 2004, Article 52. 1b.

国与 B 国可获得的养老金,后向劳动者支付。[1] 此外,若劳动者在某成员国的参保年限超过该国规定的最高参保年限,则该成员国可不适用比例支付规则,直接向劳动者支付该成员国的社会养老保险制度规定的最高社会养老保险待遇。[2]

通过比例支付规则,各参保国只需要根据劳动者在本国的参保年限计算出劳动者在本国可获得的养老金,并将劳动者在本国可获得的养老金支付给劳动者,对于劳动者在其他参保国可获得的养老金,不予计算、不予支付。这就避免某一参保国需要给付应由其他参保国给付的养老金,从而导致各参保国的利益不平衡的情况发生。这为我国解决因城镇职工基本养老保险关系的转移而导致不同的社会保险经办机构的利益不平衡问题,进而解决基本养老关系转移困难的问题提供了参考。

虽然这一机制存在一个明显弊病:由于各成员国对于在本国参加社会养老保险的劳动者的法定退休年龄享有自主规定的权利,各成员国对退休年龄的规定不尽一致,这也就有可能出现某劳动者可能达到某参保国的退休年龄,但是却尚未达到其他参保国的法定退休年龄的情况。此时,该劳动者尚未达到可以全额领取养老金的条件。因此,该劳动者只能领取在该参保国可获得的养老金,而无法领取在其他参保国可获得的养老金,这就导致劳动者无充足的养老金以维持基本生活。但我国的法定退休年龄是统一的,各省对法定退休年龄并不具有自主规定的权利。

此外,在请求给付养老金的程序方面,劳动者可以向任一参保国提出给付养老金的请求,而无须分别向各参保国提出给付养老金的请求。受理劳动者请求的参保国应将劳动者的请求告知其他参保国,由各参保国根据比例支付规则,计算出劳动者在各参保国可获得的养老金。在计算出劳动者可获得的养老金后,各参保国应将劳动者可获得的养老金通过统一的银行账户向劳

---

〔1〕 See Derek Coulthard, EU Social Security Coordination Rules. The Provisions Concerning Pensions an Overview of the Main Rules in Regulations N883/2004 &987/2009,2011,p. 12 – 15.

〔2〕 Regulation(EC)No 883/2004 of the European Parliament and of the Council of 29 April 2004, Article 52. 4.

动者支付。[1] 这就简化了劳动者请求给付养老金的程序，降低了劳动者请求各参保国给付养老金的成本，方便劳动者请领养老金。

第三节 从转移接续到权益合并：我国不同体系养老金衔接规则的法理基础和制度完善

社会保险体系依据参保人的身份设置，是迄今为止许多国家和地区的现状。其优点在于，制度可以契合不同参保人的风险分摊能力，同时满足不同层级主体建立连带团结关系的需要。随着参保人职业生涯多样性趋势的发展，以及不同主体平等保护的需要，尽管各国对传统依据身份而分别建构的社会保险制度进行了不同程度的调整和改革，但还是存在制度分割的状态。为不同体系的参保人建立衔接措施，解决参保人跨身份就业的问题，也是很多国家和地区的选择。上文选取了日本、欧盟范围内的制度加以分析，发现其制度的共性非常明确。“累计缴费年资”和“合并计算权益”是这些地方的共同选择。我国的基本养老保险处于分割状态，不仅有职工保险与居民保险之间的身份差异，而且同一身份的主体亦因统筹地区不同而不同。这种差异实质是，因身份和统筹地区等因素不同导致参保人与基本养老保险人之间建立的基本养老保险关系也不同。劳动者因为流动就业或者改变身份就业时，与不同保险人建立的基本养老保险关系如何处理？是将前一环节的养老保险关系完整转移至新的养老保险关系中，甚或是将其累积的基本养老保险权益转入？或者是封存上一环节的权益直到退休时再累积计算后一并支付？尽管《社会保险法》第 19 条规定了两种方式，但实务中采取的均是转移基本养老保险关系。“基本养老保险关系转移接续”作为一个历史概念，产生于特定背景，适用于特定情形。现行规范将其扩大应用于所有不同养老保险关系衔接的情形，不仅增加了制度运行的成本，而且严重损害了参保人权益，还造成了转出地和接受地新的利

---

〔1〕 Regulation(EC) No 987/2009 of the European Parliament and of the Council of 16 September 2009, Article 45.4、Article 47.2、Article 47.4 – 47.6.

益不平衡。制度的设置应当遵循其本身的法理,基本养老关系衔接的法理基础是调整完善现行制度的基础和依据。

一、参保人职域变动时基本养老保险权益累积的法理基础

(一)参保人不同时间段就业应分别建立基本养老保险关系

参保人职业活动中断或者断交保费引起基本养老保险关系的终止。职工跨统筹地区流动就业或者改变身份就业时,其基本养老保险关系衔接的原理与该行为对既有的基本养老保险关系的影响直接相关。职工参保人在职业活动中断时,其基本养老保险关系应当终止。在现有的劳动人事制度体制下,参保人跨统筹地区就业,意味着终止现有的劳动就业关系,到新的就业地工作。原单位必须在其终止或者解除劳动合同后的一定期限内出具终止或者解除劳动合同的证明,并转移其人事档案。[1] 该劳动者何时在新的工作地就业、以什么身份、在什么地点就业都不一定,新的基本养老保险关系不一定能及时建立。在劳动者以灵活就业人员身份就业的情形下,参保人可能选择不再参保,因为现行的制度是灵活就业人员自愿参加职工基本养老保险体系或者居民养老保险体系。所以,参保人上一就业环节的基本养老保险关系只能因为劳动者就业关系的终止而终止。用人单位也应当申请变更社会保险登记事项,不再为离职劳动者承担保险费缴纳义务和代扣代缴义务。[2]

劳动者因为重新以从属劳动者身份就业或者因为申请,依法建立新的基本养老保险关系。依据现行的社会保险法律,职工基本保险是强制保险。劳动者自其就业之日起,即与社会保险人之间成立职工基本养老保险关系。灵活就业人员或者居民则可以自愿加入职工基本养老保险或者居民基本养老保险。如果劳动者因为变更就业地点或者不缴费,这一基本养老保险关系也会终止。在参保人具有劳动能力的整个过程中,该基本养老保险关系可能多次建立、终止,直至到达法定的退休年龄。参保人因为就业地点的变更和身

〔1〕 参见《劳动合同法》第50条。
〔2〕 参见《社会保险法》第57条。

份的变化,在不同时间段与不同社会保险经办机构之间建立的各个基本养老保险关系,由本人携带并随着本人的流动或者就业而中断,直至进入退休所在地的社会保险经办机构;还是在参保人终止养老保险关系时先封存,直到退休时再累积各地的权益?我国社会保险制度采用的是前者,即要求上一环节的基本养老保险关系转移到下一保险人,由下一保险人承担原有的权利义务关系,直至退休地。这种方式实际上无法运行。

(二)职工基本养老保险关系无法转接

首先,基本养老保险关系的权利义务内容无法转移。养老保险关系的主要内容是保险费和养老金权益。第一,参保人因为转化职域或者变更就业地点,其在原统筹地区累积的养老保险权益根本无法转接。职工参保人进入基本养老保险体系,按月缴纳保险费累积自己在本保险团体中的养老金权益。指数化工资即其缴费基数与本统筹地区的职工平均工资之比,代表参保人所缴保险费在保险团体中的份额,是养老金权益的对价。因为各统筹地区的平均工资不同,参保人在甲地的份额无法等同于在乙地的份额,如何换算亦是一个复杂问题。这不仅涉及各地的工资基数、缴费基数、供养比等要素,而且还有一个时间差。参保人进入下一个保险团体的时间与其享受养老保险待遇的时间差别很大,至少 10 年(我国现行制度规定离退休年龄不足 10 年无须转接)。这些决定了参保人转换就业地点时无法核算上一个环节的权益并转移给下一个保险团体。现行的规则规定,按照待遇支付地的职工平均工资核算参保人的指数化工资,而不是核算该缴费基数在原参保地的指数化工资。这样,参保人在相关保险团体中的份额和贡献无法体现,养老金权益与保险费之间的对应关系亦被打破。第二,保险人征收的养老保险费也无法转移。我国职工基本养老保险名义上是部分累积,实际上是现收现付。参保人的保险费作为风险分摊金不是单独管理的,而是进入风险团体由保险人统一管理,用于支付当期的保险待遇支出(无论是进入个人账户的保险费还是进入统筹基金的保险费均如此)。职工及其所在用人单位缴纳的保险费用于支付保险团体当期退休人员的养老金,结余部分按照原有规定只能用于银行存款和购买国债(现在可以用于境内的众多投资渠道,包括国家重点工程和重大项目建设),[1]相关收益进入统筹基金。参保人缴纳的保险费进入保险团体后并未作为一个整体进行单独管理,其运行状况怎样、价值的增加和减少如何都不得而知,现行参保人养老保险个人余额只是账面数额,无法反映保费价值;参保人缴入统筹基金的保费更是无法从基金总额中予以分离。现在所谓转移个人账户余额和基金12%的额度,只是一个账面数额。

其次,从基本养老保险关系继续性属性来看,无法转移。基本养老保险关系作为参保人与保险人之间依法成立的一种有关养老保险权利义务的关系,属于一种持续关系,相当于继续性债的关系。自养老保险关系建立时起,参保人一直履行保险费的缴纳义务,并因此累积退休后的养老金待遇请求权;社会保险经办机构行使征收保险费的权利,管理养老保险基金,累积参保人权益,对符合条件的主体支付养老金。因为参保人职域的变动和工作地点的变动,现有的劳动关系终止,与之对应的基本养老保险关系无法继续(可能被视为解除、终止或者中止),当事人双方已经履行的权利义务无法恢复至履行之前的状态,即参保人获得已经缴纳的保险费、保险人可以解除一定条件下相关的待遇支付义务,但无法完整地退还参保人已经缴纳的保险费。随着劳动关系的终止,已经履行的基本养老保险权利义务可否作为一个整体转移给新的社会保险人?答案应当是否定的。基本养老保险关系与劳动关系一致,自劳动者与单位的劳动关系成立时起,劳动者每月对社会保险经办机构承担缴费义务,以此累积退休后的养老金期待权。劳动者缴纳的保险费可以转移给保险人,但其对价养老金的期待权不能转移。该期待权的大小与保险费的多少没有直接关联,而是与当地的工资水平、缴费时间的长短相挂钩。如果说,保险人可以将参保人缴费税额和缴费时长(缴费年限)转移给另一经办机构,但并不能转移缴费工资与当地平均工资之间的关联关系至下一经办机构。事实上,我国基本养老保险关系转接的对象亦是如此。所以,基本养老保险的权利义务无法完整地转移出去。况且,债的转移是转让方与受让方之间的关系,在发生转移行为时,当事人无论是由协议确定还是法律规定,

---

[1] 参见《基本养老保险基金投资管理办法》第33条至第35条。

都是明确的。但是,基本养老保险关系在参保人改变就业地点或者就业单位终止时,下一环节的从属就业关系可能并未成立,能否建立基本养老保险关系以及何时建立,都是未确定的,这时只能中止前一基本养老保险,无法将其转移给另一经办机构。因为劳动者在解除劳动关系后,可能没有再与其他用人单位建立劳动关系,此时自然无法建立职工基本养老保险关系;也可能提供独立劳动,在自愿参保原则下,独立劳动者可能选择参加职工保险、居民保险,或者两者都不参加。

二、参保人不同时间段的基本养老保险关系衔接规则

(一)不同时间段基本养老保险关系衔接的一般规则

基本养老保险关系是参保人与养老保险人之间因参保缴费形成的,一方缴费另一方支付退休待遇的权利义务关系。该关系自劳动者受用人单位的雇佣提供从属劳动之日或者依据申请参保之日起开始,到劳动者终止职业劳动或者不再缴纳保险费时终止。当然,导致职工基本养老保险关系终结的事实还包括劳动者永久性地退出养老保险关系的其他事实,如永久定居国外。参保人在其职业生涯中,可能因为暂时中断就业或者放弃参保缴费而终止其基本养老保险关系,但会随着其再就业行为的发生或者申请而重新建立基本养老保险关系。劳动者的缴费义务可能因为暂时未就业或者未以从属劳动者的身份就业而停止,其退休金权益的累积也因此暂停;但此前累积的退休金权益并不会丧失。一旦出现缴费义务产生的法定情形,劳动者依然应当依法履行缴费义务,其退休金权益的累积也相应持续。前者适用强制参保对象(从属劳动者),后者适用自愿参保对象(灵活就业人员和居民)。如果达到法定的待遇领取条件,参保人就享有养老金请求权,直到生命终结。因为参保人并未达到请求养老保险待遇的条件,当参保人在其他地区就业时,依法应重新与该就业地养老保险经办机构建立职工基本养老保险关系,直到参保人退出劳动领域。参保人在退出劳动领域之前,只有缴费义务,不行使待遇给付请求权。

如果将统筹地区的社会保险经办机构作为一个独立的养老保险人,参保

人无论是离开既有的工作单位到统筹地区之外的地区就业,还是变更就业身份,既有的基本养老保险关系应当终止,各方的权利义务关系应当封存。在参保人达到退休年龄时,其是否享有养老金请求权,依法还必须具备参保缴费最低年限这一条件。累计参保人在整个职业生涯中以不同身份和在不同统筹地区就业参保的时间,如果达到法定最低参保缴费年限的要求,即可以依法享受退休金请求权,否则应当依据《社会保险法》第16条的规定,补缴保险费,直到达到法定最低缴费年限要求。各保险人应当独立核算参保人在本统筹区域内参保缴费累积的权益。为了减轻支付成本,法律应当规定将所有权益归集到某一经办机构,由其统一支付给参保人。这正是我国《社会保险法》第19条规定的"基本养老金分段计算、统一支付",即职工跨统筹地区就业时基本养老保险权益处理的方式。

基本规则包括3个方面:第一,基本养老保险关系应当随着劳动关系的终止而终止,但亦应随着劳动关系的再建立而建立。对灵活就业人员和居民而言,其建立和终止通过参保人申请和未缴费实现。第二,不同的基本养老保险关系无须转移接续。在参保人因为跨统筹地区就业或者改变身份就业的情形下,原有的基本养老保险关系无须转移给下一保险人,应当直接封存。第三,在参保人达到法定退休年龄时,统一核算其整个职业生涯累积的权益,归于其中一个社会保险经办机构,由其向参保人统一支付养老金。第四,基本养老保险权益的归集应由社会保险经办机构负责,不能要求参保人主导这一程序。

(二)基本养老保险权益归集的具体规则

具体而言,参保人在不同时间段与不同社会保险经办机构建立的基本养老保险关系的处理规则略有差异。国家建立了全国统一的职工基本养老保险制度,职工参保人在不同统筹地区与社会保险经办机构之间形成的养老保险关系的衔接比较简单,按照《社会保险法》第19条的规定"分段计算、统一支付"即可。各地的缴费年龄合并计算,达到最低缴费年限的退休人员,可以直接申请支付基本养老保险金。具体支付地,可以参照人社部《关于城镇企业职工基本养老保险关系转移接续若干问题的通知》中的规定,累计缴费超过10年的就业地或者户籍所在地。如果累计缴费未达到15年的,参保人可以在退休时按照归集地有关养老保险费补缴的规定,补缴达到15年后,享受职工基本养老保险待遇。

由于职工保险与居民保险的规则差异较大,参保人跨省份就业时其不同时间段的基本养老保险关系衔接规则应当具有一定的特殊性。跨身份基本养老保险关系的衔接主要关涉居民基本养老保险的缴费年限与职工基本养老保险缴费年限的核算合并,以及以职工身份累积的统筹基金权益的核算问题。因为居民养老保险缴费标准低,缴费年限累积的权益主要体现在国家支付的基础养老金权益。该权益的标准亦相对较低,每月88元。[1] 无法与职工用人单位缴费20%累积的养老保险金权益直接兑换。可以考虑参保人在跨身份就业时,各体系的权益分别核算,缴费年限不累计。如果参保人达到退休年龄时,未届满最低缴费年限的要求,允许参保人选择以职工身份或者以居民身份补缴保险费达到法定的最低缴费年限。现行制度在参保人跨身份转移基本养老保险关系时的冲突,主要表现在各参保地不允许农民工参保人退休时在就业地以职工身份补缴保险费。在这一规定下,农民工参保人在退休时,如果未以职工身份缴费届满15年,只能将职工身份的养老保险转移至居民保险体系,而且只转移个人账户累计额,用人单位的缴费无法转移。这导致农民工参保人的权益受到明显损失。如果各统筹地区放开补缴保险费对象的限制,允许没有当地户籍的外地就业人员一样能够在退休时选择以职工身份补缴保险费直到法定最低缴费年限,绝大多数农民工可能会选择补缴,以实现自身权益。

---

〔1〕 参见人力资源和社会保障部、财政部《关于2018年提高全国城乡居民基本养老保险基础养老金最低标准的通知》。